新时代网民意见
表达引领研究

—— 廖华 罗俊梅 陈双荣 钟义锟 著 ——

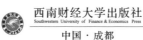
西南财经大学出版社
Southwestern University of Finance & Economics Press
中国·成都

图书在版编目(CIP)数据

新时代网民意见表达引领研究/廖华等著.—成都:西南财经大学出版社,
2023.4
ISBN 978-7-5504-5710-2

Ⅰ.①新… Ⅱ.①廖… Ⅲ.①互联网络—舆论—管理—研究—中国
Ⅳ.①G219.2

中国国家版本馆 CIP 数据核字(2023)第 044849 号

新时代网民意见表达引领研究

XINSHIDAI WANGMIN YIJIAN BIAODA YINLING YANJIU

廖 华 罗俊梅 陈双荣 钟义锟 著

策划编辑:邓克虎
责任编辑:邓克虎
责任校对:乔 雷
封面设计:何东琳设计工作室 张姗姗
责任印制:朱曼丽

出版发行	西南财经大学出版社(四川省成都市光华村街55号)
网 址	http://cbs.swufe.edu.cn
电子邮件	bookcj@swufe.edu.cn
邮政编码	610074
电 话	028-87353785
照 排	四川胜翔数码印务设计有限公司
印 刷	四川煤田地质制图印务有限责任公司
成品尺寸	170mm×240mm
印 张	11.75
字 数	214 千字
版 次	2023 年 4 月第 1 版
印 次	2023 年 4 月第 1 次印刷
书 号	ISBN 978-7-5504-5710-2
定 价	78.00 元

前　言

　　互联网时代，谁掌握了网络社交媒体，谁就拥有舆论话语权。在世界之变、时代之变、历史之变的百年未有之大变局下，做好新时代网民意见表达引领工作，是顺应信息化时代变革的必然举措，是党的意识形态工作的重中之重，更是全面推进中华民族伟大复兴的必由之路。党的二十大报告指出：加强全媒体传播体系建设，塑造主流舆论新格局，健全网络综合治理体系，推动形成良好网络生态。当前，我国正从网络大国迈向网络强国，网络信息技术日新月异，互联网的快速发展和深度应用，深刻改变着新时代网民意见表达的场域、形式及内容，网络已成为新时代网民生产生活方式的重要组成部分，是网民人际交流互动的主渠道。我国社会主要矛盾发生历史性变化，网民群体对更为丰富的精神文化生活的需求更为多元、期待更加强烈。这为加强新时代网民意见表达引领工作带来了机遇。

　　同时，新时代网民意见表达引领研究面临一系列新挑战、新困境。尤其是以网络社交媒体为代表的网民意见表达载体的信息传播日益社交化、移动化、碎片化、个性化、隐匿化，改变了传统的意见表达信息传播体系和互动格局，新形势下网络舆论生态环境日益复杂，舆论斗争日趋激烈，加强网民意见表达引领、壮大主流网络思想舆论的任务更加艰巨。互联网是14亿人民精神生活尤其是10亿网民意见表达的新家园。网络空间天朗气清、生态良好，符合人民利益；网络空间乌烟瘴气、生态恶化，不符合人民利益。在迈向第二个百年奋斗目标新征程中，加强新时代网民意见表达引领，为广大网民特别是青少年营造一个风清气正的网络舆论空间，是互联网事业健康发展的重要保障，是网络更好造福人民群众的必然选择。因此，深入开展新时代网民意见表达引领研究，对弘扬主旋律、传递正能量，全面推进中华民族伟大复兴具有重大意义。

编者

2022 年 10 月

目 录

第一章　绪论

互联网的高速发展深刻改变了网民意见表达的网络舆论环境，新时代下的网络舆论语境已经转变为一种"你说、我说、他说"的新型传播格局，多元思想文化间的交流、交锋、交融日益常态化，网民群体的价值取向和思想观念日趋活跃，出现了主流与非主流、正面与负面网络信息言论同时并存以及网络舆论思潮纷纭激荡的新局面。在网络社交过程中，社会公众，尤其是网民群体表达欲的增强与自由表达途径的增多，使得网络舆论场和网络舆论环境日益复杂多元。在网络社交媒体中产生的非理性网民意见表达便是这复杂多变的舆论场中的突出问题之一。国内网络社交媒体的高速发展为网民的非理性意见表达提供了一定程度的时空场域与传播载体。网络社交媒体日益成为公众获取信息、表达观点、交流情感的重要平台，但在这个大众化、开放性的平台上鱼龙混杂，对国家、政党、社会、网民群体以及网络舆论生态环境等产生了诸多负面影响。基于此，在新时代语境下，从必要性和现实性角度重新审视、科学剖析新时代网民意见表达引领，呈现其真实面貌尤为重要，对正确引导网络舆论，为社会大众提供"正能量"，促进社会团结和谐，凝聚人民力量为全面推进中华民族伟大复兴而努力奋斗，具有重大的理论价值与现实意义。

第一节　研究缘起与意义

一、研究缘起

《中共中央关于党的百年奋斗重大成就和历史经验的决议》指出：党高度重视互联网这个意识形态斗争的主阵地、主战场、最前沿，健全互联网领导和管理体制，坚持依法管网治网，营造清朗的网络空间。互联网已成为人们生活的常态化场域。截至 2021 年 12 月底，我国网民规模达 10.32 亿，互联网普及率超过七成，互联网基础设施建设全面提速，依托互联网的网页、网站、各类应用 App 和社交媒体持续高速发展，我国互联网用户规模保持平稳增长。网民群体中即时通信、网络视频、短视频用户使用率分别为 97.5%、94.5% 和 90.5%，用户规模分别达 10.07 亿、9.75 亿和 9.34 亿（CNNIC，2021）。近年来，随着互联网技术的发展和 Web 3.0 技术的日臻成熟和完善，大数据、人工智能、云计算的运用发展方兴未艾，以微信和微博为代表的各类网络社交媒体如雨后春笋般不断涌现，它们的功能也渐趋完善，互联网技术为新时代规模不断扩张的网民群体在自由开放的虚拟网络空间场域中公开表达个人意见提供了客观条件，但其"双刃剑"性质也日益凸显。毋庸赘言，网络交流空间的形成，一方面促进了网络参与的极大发展，彰显了网民的自由表达权；另一方面也滋生了诸如"网络语言暴力""网络人肉搜索""网络谣言"等网民意见表达的不良现象。基于此，本书基于国内网络社交媒体的视角深入研判、分析和探讨网民意见表达的背景、内涵、表现形式、基本特征，科学剖析网民非理性意见表达的主要成因、消极影响，综合探讨引领新时代网民进行理性科学的意见表达的策略举措，矫正和规治网民意见表达的非理性行为，具有较大价值。

二、研究意义

在"网络媒介社会化、社会网络媒介化"的时代语境下，以网络人际关系为核心的社交媒体构筑起了我国全体网民进行意见表达的壮丽景观。习近平总书记强调："网络空间同现实社会一样，既要提倡自由，也要保持秩序。自由是秩序的目的，秩序是自由的保障。我们既要尊重网民交流思想、表达意愿的权利，也要依法构建良好网络秩序，这有利于保障广大网民合法权益。"① 这为我们更好引领新时代网民的意见表达提供了价值指引和实践遵循。

（一）理论价值

一是有助于加强对网民意见表达引领的理论总结和系统把握。本研究首先旨在聚焦新时代我国网民的意见表达，丰富网民意见表达的相关内涵研究。其次，分析探赜新时代网民意见表达的内在逻辑机理，包括网民意见表达的形式、特征、原则、路径及影响因素等内容，并对新时代引领网民意见表达的价值意蕴、时代境遇进行分析研判。最后，结合文本挖掘理论和方法，提出引领

---

① 习近平. 习近平谈治国理政：第二卷 [M]. 北京：外文出版社，2017：533-534.

新时代网民意见表达研究的实践策略，为引导广大网民理性识别负面舆论，提高自身认知水平，自觉健全网络表达方式，积极营造健康绿色安全文明的网络社交媒体传播新环境提供优化策略与可行性建议，有助于进一步丰富网民意见表达引领的理论内容，也能够为今后学界开展该研究提供一定的理论素材，加强各位学者对新时代网民意见表达引领的全面认识与系统把握。

二是有助于拓展学界新时代网络舆论问题的研究视域。当前学界关于网民意见表达问题的研究主要涉及网民意见表达的现状、特点、原则、乱象及其治理等方面。聚焦新时代这一历史方位和网民意见表达引领这一实践领域，还较为缺乏系统研究的高水平理论成果。尤其是关于网民意见表达的内涵要义，新时代网民意见表达引领的内在机理、现状剖析及其路径策略等问题，在当前学术领域研究中还处于起步阶段。通过重新系统分析新时代网民意见表达的内在机理，分析其存在的现实境遇及其动因，提出完善举措，有利于进一步深化网民意见表达问题研究的内涵、拓展其外延和理论域。此外，当前国内学界从思想政治教育的视角聚焦新时代网民意见表达引领的学理研究还处于萌芽期，说明本书的研究具有一定的学术视域上的拓荒价值，能够弥补相关研究的不足，为以后学界系统探究网络现象打开一扇新的学术研究窗口。

三是有助于为新时代思想政治教育工作提供学理支撑。从学理上探讨新时代网民意见表达引领问题，既是对新时代思想政治教育学和新闻学的补充、丰富和发展，也是对思想政治教育理论研究视野的拓展，更是为新时代扎实开展思想政治教育实践工作提供了更为丰厚的理论支撑，具有较高的学术拓展价值。深入开展新时代网民意见表达引领研究，有助于深入剖析思想政治教育立德树人、以文育人的具体规律与内在逻辑，在充实和丰富思想政治教育方法论的基础上，也使思想政治教育研究超越了以往的传统方法论。譬如，以社会学、教育学、心理学、新闻传播学和语言学等多学科交叉融合的视角阐释和解读新时代网民的思想引领和党的意识形态领导等问题，凸显了学术研究的经世致用性与现实关切性。事实业已证明，新时代思想政治教育工作的有效开展须臾不可脱离"网络"这一重要场域中相关问题研究的理论指导。

（二）实践意义

一是有助于推动社会主义网络强国建设。加强新时代中国特色社会主义网络强国文化建设，网民的意见表达引领工作是题中应有之义。党的十八大以来，以习近平同志为核心的党中央高度重视互联网的发展和治理工作，对统筹协调经济、政治、文化、社会等各领域的网络安全和信息化重大问题，提出了一系列新思想、新理论、新论断,为新时代网信事业发展提供了根本遵循。习近平总书记站在守住我国主导意识形态阵地的高度,深刻指出,"管好用好互联网,是新形势下掌控新闻舆论阵地的关键"①,我们必须科学认识网络传播规律,准确把握网上舆情生成演化机理,不断推进工作理念、方法手段、载体渠道、制度机制创新,"提高用网治网水平,使互联网这个最大变量变成事业发展的最大增量"②。当前,深入研究新时代网民意见表达及其引领,准确把握网民意见表达引领的内涵要义,深入剖析其内在机理、现实境遇及其引领策略,从人民群众尤其是网民群体的网络生活中寻找素材、挖掘资源、研究问题,对开创社会主义现代化强国建设新局面至关重要。

二是有助于应对网络领域的复杂形势与风险挑战。伴随着改革开放的深入推进和我国社会主要矛盾的转变,"互联网+"技术高速发展,各类网络新媒体"异军突起",各类社会问题与现实矛盾纷纷凸显。而在互联网的现代性语境下,各类热点事件、新闻资讯、舆论信息的传播速度快、范围广、影响大,牵涉的利益主体复杂多样,极易在各类网络平台或各类社交 App 引发大规模的负面网络舆情,形成"牵一发而动全身"的负面传播链条。基于此,分析研究引领新时代网民意见表达的实践优化策略,有助于科学引导广大网民提高网络舆情辨识能力和自身认知水平,提升网络各大平台工作者的业务本领和职业素养,对正确引导网络舆论,为社会大众提供"正能量",促进社会团结和谐,凝聚人民力量为全面推进中华民族伟大复兴而努力奋斗,减少和防治负面舆情现象的产生,具有极大的现实意义和实践价值。

三是有助于引导新时代青年网民在理性表达中坚定理想信念。习近平总书记指出:"青年是整个社会力量中最积极、最有生气的力量,国家的希望在青年,民族的未来在青年。"③ 一方面,青年一代的"知识体系搭建尚未完成,价值观塑造尚未成型,情感心理尚未成熟"④,是最需要价值观塑造和思想引领的社会群体。青年正处于"拔节孕穗"阶段,正如习近平总书记所言,"现在,网络空间情况复杂,主流当然是好的,但也有很多杂音噪音,甚至有很多

① 中共中央党史和文献研究院.习近平关于网络强国论述摘编 [M].北京:中央文献出版社,2021:3.
② 中共中央党史和文献研究院.习近平关于网络强国论述摘编 [M].北京:中央文献出版社,2021:23.
③ 习近平.在纪念五四运动 100 周年大会上的讲话 [M].北京:人民出版社,2019:6.
④ 中共中央文献研究室.习近平关于青少年和共青团工作论述摘编 [M].北京:中央文献出版社,2017:37.

负面言论。这个战场很重要，对青年人影响很大，很多青年都是在网上接受信息的。开展网络斗争、加强网络管理、弘扬网上主旋律，这项工作大家都要做"①。另一方面，良好的网络文化育人环境是青年成长成才与全面发展的重要保障。引领新时代青年网民进行正确意见表达的过程，就是致力于营造清朗健康、和谐文明的网络舆论环境，"既要尊重网民交流思想、表达意愿的权利，也要依法构建良好网络秩序，这有利于保障广大网民合法权益"②，更好助力青年在网络空间正确理性言说的过程中，铸牢理想信念根基，不断成长成才和全面发展。

第二节　国内外文献的研究现状评述

近年来，学界关于"网络意见表达"的相关文献研究成果较多，但关于"网民意见表达"的专著成果还较为贫瘠。进入 21 世纪以来，互联网技术迅猛发展，"网络"这一重要的理论与实践命题成为学界的关注焦点，学者们从不同的视域和维度纷纷展开研究。其中，关于从"网民意见表达"的视角的研究成果渐次增多，尤其是关于"网络意见表达"在传播学、社会学、心理学等领域的相关研究成果数量明显增多。因此，本节系统分析了国内外文献的相关研究成果，以期为今后的研究提供经验借鉴与理论基础。

一、国内文献的研究现状透视

全面梳理和探讨新时代网民意见表达引领的主要议题、机理内容、现实境遇和对策举措，系统把握该主题研究的学术前沿，既是增强党和国家思想政治教育工作实效性的现实之需，也是进一步推进新时代网民意见表达引领实践的发展之要。为此，我国学术界也在不同的领域纷纷展开了关于"网民意见表达"的初步探讨和研究，学者们分别从政治建设领域、新闻传播领域、网络舆论领域、媒体报道领域等方面展开了研究。

---

① 中共中央党史和文献研究院. 习近平关于网络强国论述摘编［M］. 北京：中央文献出版社，2021：49.
② 习近平. 习近平谈治国理政：第二卷［M］. 北京：外文出版社，2017：533-544.

（一）研究的基本情况

1. 相关研究成果逐渐增多

为爬梳"新时代网民意见表达引领"的研究现状，笔者首先在中国知网（CNKI）"中国学术期刊网络出版总库"以"网络意见表达"和"网民意见表达"为主题词分别进行检索。截至 2022 年 5 月底，共检索到与"网络意见表达"研究相关的文献 232 篇，其中期刊文献 192 篇（核心期刊的文献 78 篇），硕博论文 33 篇，会议 4 篇，报纸 3 篇，发文量集中在 2010—2022 年；检索到与"网民意见表达"研究相关的文献 101 篇，其中期刊文献 43 篇（核心期刊的文献 13 篇），硕博论文 55 篇，会议 3 篇，发文量集中在 2015—2020 年。在期刊论文方面，关于"意见表达"的研究，虽然当前研究成果相对较多，但对此研究的层次不高，高水平论文较少；关于"网民意见表达"的研究成果较少，研究水平与研究成果的质量亟待提升。其次，在以"网民意见表达"为主题词的期刊检索中，发现排在前四位的期刊为《东南传播》《青年研究》《中国报业》《新闻与传播评论》。最后，在著作方面，当前相关研究比较全面的有靖鸣等的《网络意见领袖及其表达》，崔莹、张爱军的《微博舆论导向研究》，孙忠良的《微博问政与执政党的民主建设研究》，余红、李瑞芳的《互联网时代网络舆论发生机制研究》。

2. 相关研究主题日益多样化

本书通过对所检索的文献进行整理和分析发现，大多数的研究主要集中在网民意见表达的心理动因、网络意见表达与网民参与的关系逻辑、不同类别的网民群体意见表达的乱象与成因、现实困境及其引导策略和治理路径等方面。从整体视域来看，国内学术界在"新时代网民意见表达引领"的相关研究方面，当前还尚处于梳理、总结和分析的初步阶段，与此相关的研究成果正朝着丰富多样的主题研究和实证分析的方向稳步发展。

3. 综合使用多种研究方法

通过对相关文献和资料进行整理分析，发现大多数论文都采用了文献研究法与传统的定性分析法，部分论文使用了实证调查法等其他研究方法。笔者以原作者的研究方法为统计标准，对中国知网中检索到的 55 篇硕博论文进行统计分析，发现几乎所有论文均采用了文献分析法，约三分之一的论文采用了案例分析法和实证调查法。因此，可以发现，当前学术界在关于新时代网民意见表达引领的研究中，主要使用了文献分析法、案例分析法和实证调查法。此外，少数专家学者还采用了跨学科分析法、逻辑分析法、归纳分析法以及系统分析法等方法，多种研究方法的综合使用有利于增强研究内容的学理性、实践性与科学性。

（二）研究的主要内容

"网络舆论"问题一直备受学界的重视和关注，是专家学者开展学术研究的重要领域，可谓常研常新。近年来，有关"网络舆论"的相关研究颇为丰富，取得了许多高质量、高水平的专业性研究成果。与此同时，学界也产生了一系列关于"网络舆论"问题的跨学科研究成果。如教育学、心理学、社会学、哲学、伦理学等学科领域的相关研究，相关问题主要集中在网络舆论乱象的现状分析、教育引导、治理路径等方面。但关于"新时代网民意见表达"的研究成果较为有限，主要散见于一些期刊文献、硕博学位论文、报纸和零星的学术专著之中，其中，理论化、系统化、专业化的研究成果寥寥无几。

爬梳国内关于新时代网民意见表达引领研究的相关理论成果，主要围绕"网络意见表达""网民意见表达引领"两个方面的相关内容展开。就"网络意见表达"而言，已有研究内容主要包括网络意见表达的表现形态、基本特征、影响因素、伦理机制、划分边界、动因剖析等；就"网民意见表达引领"而言，已有研究内容主要包括网民意见表达引领的现实境遇、认同机制、引导策略以及路径选择等。

1. 关于网络意见表达的研究

国内学界关于"网络意见表达"的研究，主要集中在网民意见表达的表现形式、基本特征、影响因素、伦理机制、划分边界、动因剖析等方面，可以概括为形式特点论、关系建构论、网络意见领袖论、多重视域论、影响因素论、结构边界论六个层面。

（1）形式特点论。关于意见表达的存在乱象、表现形态、原因剖析、主要特点等研究，专家学者从不同维度、不同视角提出了各自的理论解读。蒋万胜等（2013）从新闻传播学的视角探讨了网络舆论中衍生出的"理性与非理性"意见表达的双重形式，认为理性表达旨在澄清网络事件中的谬传，还原事实真相，引导人们权衡利弊、谨慎行事；而非理性表达会使人们依照已有经验和价值判断在网络事件中以偏激形式发表意见、展示观点，引发逾越道德底线和冲破法律藩篱的言行①。黄荣贵、辛艳艳（2014）提出微博用户的网络表

---

① 蒋万胜，张芝龙，刘晓荣，等. 网络舆论中的双重表达及其博弈 [J]. 西南交通大学学报（社会科学版），2013（3）：1-7.

达可分为生活休闲、网络互动、市场营销、学习发展四大类，并在此基础上比较了"专业技术人员与知识分子"和其他职业群体网络表达的异同①。周静（2014）认为网民在网络政治参与中出现了"群体极化"、"民主哄客"、意见领袖被吹捧、"网络水军"泛滥和"人肉搜索"等非理性表达现象，提出了规制网民政治参与非理性表达的四重路径②。向长艳（2017）总结了新时代自媒体意见表达存在的虚假性表达、情绪性表达、低俗表达以及暴力表达四种表达乱象。她认为自媒体意见表达出现乱象主要归因于网络传播参与主体的差异性明显、网络虚拟空间对现实空间消解的规则约束、相关立法的缺失致使网络监管缺位三个方面，并对此提出了治理自媒体意见表达乱象的四道防线③。张悦（2017）基于政治学行动剧目的理论视角，从主观选择与现实约制两个维度探讨了网民意见表达的形成及其原因④。何云庵、张冀（2019）认为，青年焦虑性的网络意见表达方式，主要表现为"戏谑狂欢中的隐性抵抗"，即由面对现实的无力感引发的戏谑表达与由感到社会不公正产生的对抗表达话语，并对其实质表现和引导路径进行了时代反思⑤。潘红霞、赵立英（2019）认为，青年学生意见表达具有快捷化、直接化、盲从化、情绪化、去个体化以及个性化的多维特征⑥。高宁（2020）认为新媒体时代下大学生网络意见表达呈现"碎片化、复杂化、主观化"的特点⑦。章翎茜、罗婷、张亚玮（2020）提出网络意见表达具有主体平等、客体多元、内容存在偏差等具体特点⑧。

（2）关系建构论。鲜有学者基于网民群体和网络意见表达的关系互动论域，来探讨二者的关系建构问题。向长艳（2016）从参与主体、参与途径、参与实效以及文化基础四个方面集中探讨了自媒体意见表达与公民

① 黄荣贵，辛艳艳. 专业技术人员及知识分子在微博空间的网络表达 [J]. 新闻记者，2014（12）：24-29.

② 周静. 网民政治参与非理性表达及其规制 [J]. 人民论坛，2014（8）：37-39.

③ 向长艳. 自媒体意见表达乱象、原因及治理 [J]. 新闻爱好者，2017（6）：52-57.

④ 张悦. 主观选择与现实约制：网民意见表达的行动剧目成因研究 [J]. 思想战线，2017（1）：124-131.

⑤ 何云庵，张冀. 戏谑狂欢中的隐性抵抗：网络青年意见表达的话语焦虑及其反思 [J]. 思想教育研，2019（5）：103-108.

⑥ 潘红霞，赵立英. 智媒时代青年学生意见表达及舆论引导 [J]. 未来传播，2019（6）：103-107.

⑦ 高宁. 新媒体时代下大学生网络意见表达与正向研究 [J]. 才智，2020（13）：150.

⑧ 章翎茜，罗婷，张亚玮. 新媒体时代大学生网络意见表达与正向引导研究：以南昌市大学生为例 [J]. 新闻文化建设，2020（6）：45-46，104.

参与的关系建构①。晏齐宏（2020）运用传播结构与用户媒介实践的二元性的分析框架，提出对媒介平台的接触在绝对数字上正向调节了信息关注对青年网络政治意见表达的影响，但接触不同媒介平台的调节作用有很大差异②。该问题的探讨有助于我们在研究中更好地厘清意见表达与网民这一"现实的人"之间的逻辑关系。

（3）网络意见领袖论。网络意见领袖论是研究网民意见表达相关命题的核心理论之一。学者们打破传统媒介意见领袖理论的思维藩篱，立足新的网络时代背景，展开了卓有成效的探讨。姜波（2015）认为，网络意见领袖作为新的舆情控制主体，其思想动态发展实现了由单一性向多元化、由草根性向草根与精英的混合化、由完全匿名化向身份显性化、由中心化向扁平化的网络"微集团"的转变和发展，并提出了培育引导网络意见领袖与开展网络制度化治理两条现实路径③。朱洁（2015）分析论证了不同阶层网络时评意见领袖的意见表达，并从"失意者""挣扎者""反思者"三维向度分析了网络时评意见领袖意见表达的心理动因④。潘月游（2015）着眼于大学生网络意见领袖，从表达主体、表达渠道和表达内容三个方面对大学生网络意见领袖表达机制开展了深入调研，在此基础之上提出了四点合理引导的建言⑤，为新时代网民的意见表达引领提供了新的对策路向启示。

（4）多重视域论。学者们聚焦"网络意见表达"，进行了多论域、多视角、多层次的综合性探究，取得了一系列丰硕的理论成果，为本书研究的深化展开提供了有益的思维启迪。薛国林、刘志杰（2009）通过探讨论证了"打酱油""俯卧撑""躲猫猫"等网络热词折射出的网民参与公共事件、进行表达意见的社会态度⑥。吴惠凡（2013）以媒介融合为分析视域，提出了媒介融合背景下的意见表达方式具有叙事与议论并重、文字与声画并用、传统语言与网络语言并存的三维特征，并引发了无序化、群级化等问题⑦。夏临（2016）

① 向长艳. 自媒体意见表达与公民参与的关系建构 [J]. 云南行政学院学报, 2016 (1)：133-137.

② 晏齐宏. 二元性互构：选择性接触影响下的青年网络政治意见表达 [J]. 新闻大学, 2020 (9)：56-78, 121.

③ 姜波. 网络意见领袖思想动态调查研究 [J]. 中国青年研究, 2015 (5)：76-81.

④ 朱洁. 网络时评意见领袖的意见表达与心理动因 [J]. 青年记者, 2015 (26)：20-21.

⑤ 潘月游. 大学生网络意见领袖的表达机制与合理引导 [J]. 教育与职业, 2015 (20)：112-114.

⑥ 薛国林, 刘志杰. 一种曲线的意见表达："网络热词"折射出的社会态度 [J]. 新闻记者, 2009 (6)：20-22.

⑦ 吴惠凡. 媒介融合背景下意见表达方式的变化与反思 [J]. 国际新闻界, 2013 (11)：6-18.

从阅读史的视角探讨了网络意见表达的生态演变过程以及网络意见表达的异化现象①。周宇豪（2016）认为现代网络媒介的发展为公民参与公共事务、自由表达个人意见提供了快捷有效的平台和渠道。对此，他从表达权的视域探析了网络反腐的意见表达的三维特征和存在的现实问题②。卢晓华（2016）立足新媒体的环境背景和维吾尔族的对象视域，认为新媒体为维吾尔族的意见表达和多民族间的沟通共识提供了新的可能，开拓了研究视野，助力于洞悉整个中国③。李晓云（2017）认为公众意见的有效表达与实现对畅通民意与"官意"交往具有重大价值意义，因此基于网络群体性事件的视角，分析探讨了公众意见表达的相关概念和形成机理④。晏齐宏（2018）基于赋权理论的视角，从平台赋权、实践赋权、心理赋权等维度分析论证了互联网对新生代农民工意见表达意愿的影响机制⑤。张晓月（2019）从伦理学视域分析了网络社群的意见表达的行为逻辑、反向退缩、表达原则⑥。贾建平（2019）认为当前我国自媒体言论在表达的规制上存在失衡现象，为实现权力与权利的配置均衡，需从立法的价值取向、规制主体、利益保障和规制机制以及规制程序等方面着手完善⑦。汤雪灏（2020）聚焦"抽象"文化探讨了青年亚文化视角下的话语争夺、意见表达与网络狂欢问题⑧。吴风、谭馨语（2021）以社交动机为视角，梳理了大学生微信朋友圈意见表达策略选择的影响因素，探析其社交媒体应用的深层脉络动向，为继续完善国家网络空间治理体系提供了有益学术思考⑨。罗俊梅等（2021）基于网民意见表达中的"高级黑"现象视角，探讨了网络

① 夏临. 阅读史视角下的网络意见表达 [J]. 新闻界，2016（24）：65-72.
② 周宇豪. 网络反腐意见表达的特征与问题 [J]. 青年记者，2016（36）：34-35.
③ 卢晓华. 新媒体环境下维吾尔族的网络表达和认同机遇 [J]. 青年记者，2016（15）：76-77.
④ 李晓云. 网络群体性事件中公众意见的表达与引导 [J]. 新闻爱好者，2017（2）：56-59.
⑤ 晏齐宏. 互联网对新生代农民工意见表达意愿的影响机制：基于赋权理论的分析 [J]. 新闻与传播评论，2018（5）：92-107.
⑥ 张晓月. 新时代网络社群意见表达的伦理向度与矫治路径 [J]. 河南师范大学学报（哲学社会科学版），2019（2）：30-35.
⑦ 贾建平. 平衡论视角下自媒体意见表达权的行政法规制 [J]. 警学研究，2019（5）：86-90.
⑧ 汤雪灏. 话语争夺、意见表达与网络狂欢：青年亚文化视角下的"抽象"文化透视 [J]. 天府新论，2020（5）：143-152.
⑨ 吴风，谭馨语. 社交动机自我呈现：弱关系主导下社群意见表达策略的实证研究 [J]. 现代传播（中国传媒大学学报），2021（6）：157-162.

社交媒体中存在乱象的实质、危害及其应对之策①。以上学者的研究内容为本书研究基于多理论视域探析网民意见表达引领提供了有益的理论资源借鉴。

（5）影响因素论。分析网络意见表达的影响因素是现状研究不可或缺的一环。学者们采用单一的定性分析或定量分析，或者采用二者相结合的分析方法，对影响网络意见表达的相关影响因素进行了多维度的理论阐发。廖圣清（2010）基于《上海市城市居民与媒体使用调查》的数据，认为上海市民对于政治和民生问题严重性的评估、意见表达的意向和内在效能及其年龄和教育程度等因素，对其意见表达频率产生重大影响②。虞鑫、王义鹏（2014）运用多阶概率抽样法，通过定性和定量相结合的方式深入探讨了社交网络环境下大学生公开意见表达的影响因素，认为大学生在网络中的意见表达与社会资本、自我审查意愿、社交网站和网络论坛、网络议题兴趣度等因素紧密相关③。周葆华、吕舒宁（2014）以"沉默的螺旋"和"意见气候感知"为核心，运用问卷实证调查探讨了媒体意见气候感知、媒体接触、政治效能等因素对大学生网络意见表达的深层次影响④。廖圣清（2017）采用实证调查的方法，集中从意见气候、社会孤立恐惧、自我审查、议题重要性、个人特征、媒介报道、跨文化等影响因素方面，探讨了上海市大学生的意见表达状况⑤。郭林林等（2018）以理性行为理论为基础，构建了网民意见表达意愿影响因素模型，并讨论了正向情境、负向情景、中性情境等不同议题情景下，网络社区特征和网民经验对网民心理、意见表达意愿的影响机制⑥。孙旭春（2019）认为影响大学生网络意见表达的主要因素包括大学生个体心理及行为偏差、高校课程及教育体系不完善、网络环境及网络法规不健全、政府监管及惩治力度未趋严四个

① 罗俊梅，李凯，管前程. 网络社交媒体中"高级黑"现象的实质、危害与应对［J］. 江南论坛，2021（6）：33-35.

② 廖圣清. 上海市民的意见表达及其影响因素研究［J］. 新闻大学，2010（2）：41-49.

③ 虞鑫，王义鹏. 社交网络环境下的大学生公开意见表达影响因素研究［J］. 中国青年研究，2014（10）：96，97-104.

④ 周葆华，吕舒宁. 大学生网络意见表达及其影响因素的实证研究：以"沉默的螺旋"和"意见气候感知"为核心［J］. 当代传播，2014（5）：34-38.

⑤ 廖圣清. 新媒介技术环境下上海大学生的意见表达研究［J］. 新闻大学，2017（6）：104-112，155.

⑥ 郭林林，邵秋雨，霍凤宁，等. 不同议题情境下网民意见表达意愿影响因素的实证研究［J］. 电子政务，2018（6）：43-54.

方面①。

（6）结构边界论。"网络"问题的逻辑结构和边界限度一直是学界关注的焦点。部分学者聚焦"网络意见表达"这一命题，对其结构和边界问题进行了多元方法论的探讨。邵娜（2015）运用历史考察和理论分析的方法，围绕传统大众传播媒介对"中心—边缘的意见表达结构"进行了多层次的深入剖析②。向长艳（2018）从人格权益、国家利益和公序良俗三个层面探赜了自媒体意见表达的三维边界，基于道德视角、正义视角和法治视角分析了限制自媒体意见表达的理论基础，提出了公法规制、司法引导、行业自律三条规制举措③。魏丽婷（2019）就如何划定自媒体意见表达的边界问题进行了深入思考，提出了制定专项立法、谨慎对待介入司法、完善行业规范、建立监管机制四个维度的解决路径④。

以上研究表明，关于"网络意见表达"的相关研究，自提出之后一直备受学界的关注。当前学界对该命题的研究已取得一定成果，从已有研究成果来看，关注网络意见表达，有从整体进行研究的，有从过程进行研究的，也有从不同视域进行互动关系、结构和边界探讨的，相关研究也正在逐步拓展与深化。总体而言，"网络意见表达"研究呈现以下态势：

一是关于网络意见表达的研究内容主要集中于意见表达的表现形态、现状特征、影响因素、边界结构等方面。当前学界关于网络意见表达的内涵要义、形式特点、影响因素等，从不同维度进行了解析和阐释，对其主要表现、基本特征等内容基本取得了共识。学者们从理论阐释和实证研究两个维度提出了自己的独到见解，但都指出要结合时代发展与网民现实需求的个性与共性特点，具体分析不同年龄阶段、不同职业类型网民群体的"意见表达"。

二是关于网络意见表达的研究框架已基本形成，浅层次研究比较多。学界关于网民意见表达的内涵、形态、特点、现状、动因以及影响因素等各个层面的研究，基本形成了网络意见表达的研究框架，为未来的深入研究搭建了一个坚实的理论平台。但就研究的层次而言，当前学界关于网络意见表达的学理性

① 孙旭春. 大学生网络意见表达理性化方式构建路径研究 [J]. 中国集体经济, 2019 (30)：117-118.

② 邵娜. 网络时代意见表达结构及其社会治理效应 [J]. 理论月刊, 2015 (5)：146-151, 172.

③ 向长艳. 论自媒体意见表达自由之边界及其限制 [J]. 河南社会科学, 2018 (9)：106-110.

④ 魏丽婷. 如何划定自媒体意见表达的边界 [J]. 人民论坛, 2019 (8)：114-115.

阐释研究较多，有关实证调研方面的创新性研究较少。

三是关于网络意见表达的研究方法，主要以文献研究法等传统研究方法为主。从关于榜样文化已有研究成果使用的研究方法来看，多数研究采用文献研究法、问卷研究法、定性分析法、案例研究法等进行研究，只有少部分采用了观察法、个案访谈法、实践调研法等实证研究方法。

2. 关于网民意见表达治理的研究

互联网的数字化互动方式深刻影响着人民群众意见表达的内容和方式，加剧了现代社会的网络治理困境。对此，部分学者从"网络社会治理"出发，探讨了其面临的现实困境及其应对举措。譬如，邵娜（2015）从政策议程和公共舆论两个维度探讨了网络时代去中心化的意见表达对社会治理带来的新挑战，并从"表达引导、信息共享、合作治理"三个层面提出了提升意见表达结构社会治理效应的应对举措①。张萌（2017）阐发了意见表达的发展困境，认为多元化的价值取向会导致共同理想信念的淡漠、社会凝聚力的下降，从而妨碍社会的良性发展②。张晓月（2019）从"构建网络集体行动秩序、引领社会主义核心价值观、完善网络表达行为边界、实现网络伦理规范"四个方面探讨了新时代网络社群意见表达的矫治策略③。管前程、罗俊梅（2021）认为网络空间治理是社会治理的重要领域，提出通过"善用教育引导、化解社会矛盾、强调守土有责、坚持正本清源"防范与治理新时代网络意见表达中的"低级红""高级黑"现象④。

上述研究表明，近年来学者们在深入研究网络意见表达问题的基础上，更加注重从社会治理的高度来审视和探讨网络意见表达面临的困境和挑战，为本书研究的顺利开展提供了宝贵的理论根基。但总体而言，相关研究文献屈指可数，且该主题的理论问题研究还不太全面和深入，缺乏一定的高质量、高水平研究成果，这也是本书研究需要着重关注和优化的重要内容。

3. 关于网民意见表达引领的研究

近年来，党和国家高度重视网民意见表达的教育引导问题。学者关于网民

---

① 邵娜. 网络时代意见表达结构及其社会治理效应 [J]. 理论月刊, 2015 (5): 146-151, 172.

② 张萌. 新媒体背景下媒体意见表达的多元与整合 [J]. 新闻战线, 2017 (10): 136-137.

③ 张晓月. 新时代网络社群意见表达的伦理向度与矫治路径 [J]. 河南师范大学学报（哲学社会科学版）, 2019 (2): 30-35.

④ 管前程, 罗俊梅. 治理网络"低级红""高级黑"现象的路径分析 [J]. 领导科学, 2021 (12): 112-116.

意见表达引领的研究主要集中于"引导策略说""引导机制说""建构路径说"三个方面。

学者们基于不同视角对网民意见表达引领现状进行了或定量或定性的考察，总结提炼了多维度的引导策略、引导机制和建构路径。一是"引导策略说"。刘瑞瑜（2016）提出从社会主义核心价值观、建立网络意见领袖、坚持以人为本、发挥校园媒体作用四个方面加强大学生网络意见表达的教育引导①。李晓云（2017）指出，网络群体性事件的引导在很大程度上取决于公民的理性参与和政府的积极应对，因此提出了三条引导网络群体性事件中公众意见的路径②。郭慧梅（2019）从新媒体表达的去中心化和多元化、互动性和碎片化、裂变式和群体极化三个方面分析了新媒体时代研究生网络意见表达面临的现实困境，并提出了研究生网络意见表达的三重教育引导策略（主体发展策略、信息调控策略、环境优化策略)③。潘红霞、赵立英（2019）提出青年学生发表的网络意见一旦集聚和裂变，就会演化为网络舆情。因此，需从打通"两个舆论场"、重构话语体系、技术赋权数据驱动、建立"网络评论员"队伍以及提高网络素养水平五个方面正确引导学校网络舆论④。王蕊（2020）提出从了解学生所思所想、加强高校思想政治教育主导地位以及培养大学生意见领袖三个方面着手加强全媒体时代下大学生网络意见表达的积极引导⑤。肖彤、邓利霞（2020）认为，可以从发挥思想政治教育作用、加强网络思想政治教育、培育校园网络意见领袖、发挥校园媒体作用以及提升大学生自身素质五个方面来教育引导大学生的网络意见表达⑥。高庆雷（2020）认为要引导大学生正确表达意见，需从拓宽意见表达渠道、提升辅导员的细致性、重视学生价值观培养以及增强服务意识等方面着手⑦。张新娟（2020）采用实证研究的

① 刘瑞瑜. 大学生网络意见表达及教育引导策略 [J]. 新闻战线，2016 (4)：123-124.

② 李晓云. 网络群体性事件中公众意见的表达与引导 [J]. 新闻爱好者，2017 (2)：56-59.

③ 郭慧梅. 新媒体时代研究生网络意见表达的教育引导：现实困境与路径选择 [J]. 学位与研究生教育，2019 (2)：51-55.

④ 潘红霞，赵立英. 智媒时代青年学生意见表达与舆论引导 [J]. 未来传播，2019 (6)：103-107.

⑤ 王蕊. 全媒体时代大学生网络意见表达特点及引导策略研究 [J]. 传播力研究，2020 (22)：166-167.

⑥ 肖彤，邓利霞. 大学生网络意见表达及教育引导策略探析 [J]. 科技视界，2020 (4)：142-143.

⑦ 高庆雷. 新媒体时代大学生意见表达的渠道偏好研究 [J]. 公关世界，2020 (10)：120-121.

方式，提出应对全媒体时代大学生网络意见表达的六点策略，即利用高校网络论坛、重视大学生社团"意见领袖"、加强网络舆论教育、建立常态化宣传机制和主流媒体、重视大数据应用、提升辅导员网络素质①。高娟娟（2020）认为，解决全媒体时代下大学生网络意见表达存在的问题，需从加强高校大学生网络意见表达的应对工作——重视理念、引导队伍建设以及舆情应对机制三个方面正向引导。赵玲（2020）分析了新时代大学生网络意见表达的现状表征，提出从研究网络文化和强化监督管理两个层面着手规范和引导大学生进行正向网络发言，净化网络舆论环境②。吴洲欣等（2020）认为实现对新媒体时代大学生网络意见表达的正向引导，需着眼于加强媒介素养教育、重视学生社会心理、以大学生为主体③。刘文涛（2020）通过梳理、分析高职学生意见表达的特点、选择偏好及其影响因素，提出从打通学生意见表达通道、注重辅导员工作、重视培养学生"意见领袖"、强化服务学生意识等方面正向引导高职学生的意见表达④。张燕斌、李志平（2020）提出网络信息时代激发了大学生的表达欲望，但夹杂着冷静理性与盲目从众的正反方向认知，对此需要在坚持舆论进攻和舆论防守相结合、线上交互和解决实际问题相结合、硬性规定和软性引导相结合三个"有机结合"中切实加强高校网络舆论的教育引导⑤。二是"引导机制说"。秦永和、徐璐（2017）从引导机制的"向心化""系统性"和"虚实联动"三个方面论证了如何引导大学生更好地进行网络意见表达⑥。章翎茜、罗婷、张亚玮（2020）基于南昌市大学生网络意见表达现状的实证研究，提出了构建大学生网络意见表达引导机制的四维向度，即加强思政教育、培养意见领袖、构建交流平台、建立干预机制⑦。三是"建构路径说"。孙旭

① 张新娟. 全媒体时代大学生网络意见表达现状调查及应对策略分析 [J]. 西部素质教育，2020（10）：11-13.

② 赵玲. 新时代大学生网络意见表达正向引导教育体系的应用研究 [J]. 公关世界，2020（8）：123-124.

③ 吴洲欣，桂美娜，吴可佳，等. 新媒体时代大学生网络意见表达与正向引导 [J]. 传播与版权，2020（3）：163-164，167.

④ 刘文涛. 新媒体时代高职学生意见表达的正向引导探析 [J]. 公关世界，2020（12）：145-146.

⑤ 张燕斌，李志平. 大学生网络意见表达特征及教育引导的策略 [J]. 广西青年干部学院学报，2020（4）：11-13.

⑥ 秦永和，徐璐. 浅析新媒体时代大学生网络意见表达引导机制的构建 [J]. 思想教育研究，2017（2）：88-91.

⑦ 章翎茜，罗婷，张亚玮. 新媒体时代大学生网络意见表达与正向引导研究：以南昌市大学生为例 [J]. 新闻文化建设，2020（6）：45-46，104.

春（2019）提出了从大学生群体、高校教育、社会及网络等层面来实现大学生网络意见表达理性化的构建理路①。

通过以上综述可以看出，国外学者大多是从不同的视域，尤其是聚焦榜样教育开展对榜样问题的分析研究，这与本书的研究立足文化学的视角，将"榜样"上升为"榜样文化"进行解析探究有所不同。尽管如此，国外很多关于榜样现象的认识、榜样问题的剖析与本书的研究在本质上具有一致性，都旨在获得关于榜样和榜样文化本质规律上的认识。因此，国外关于榜样、英雄、榜样教育、榜样认同等问题的研究成果为本书从文化学研究中国共产党榜样问题提供了诸多启示，也为后续关于中国共产党榜样文化建设的实践路径提供了理论支撑。可见，在整理和分析国外文献资料的基础上借鉴国外相关研究成果，对于中国共产党榜样文化建设的深入研究有着重要的参考价值。

（三）国内研究评析

学者们关于新时代网民意见表达引领的研究视野较为广阔，兼顾了宏观与微观层面的相关问题域，分别从形态论、关系论、认识论和方法论等角度展开了关于网民意见表达的学理研究，呈现多角度、多论域、多样化的趋势，为今后网民意见表达的持续深化探讨提供了更进一步的研究方向，也为本书研究奠定了厚实的学理基础，提供了多维度的研究视域和有益的思路借鉴。这有利于笔者在此基础上进一步整合相关理论资源，结合时代发展特色与网民现实需求，继续深化探索新时代网民意见表达引领及其路径举措，但仍存在部分研究成果的分析深度不够、核心议题有待继续挖掘、论文整体水平与质量有待提高等问题，亟须创新和打破传统的网民意见表达研究范式，这也为本书的研究立足现有理论成果、继续从学理上系统探究相关问题提供了较大的上升空间。

二、国外文献的研究现状透视

（一）研究的基本情况

通过广泛地搜集、整理、翻译和研读国外相关文献资料和学术著作发现，尽管国外学界关于"网络""意见表达"两个问题的研究起步较早，但从教育学、德育学的视角研究"网民意见表达"的成果相对较少。一方面，在研究领域中，国外学界大部分都是从语言学、文化学、社会学、政治学、心理学和

---

① 孙旭春. 大学生网络意见表达理性化方式构建路径研究 [J]. 中国集体经济，2019（30）：117–118.

医学等领域进行深入研究，鲜有从思想政治教育学的视域来研究"网民意见表达"的问题；另一方面，在研究方法上，国外学界注重采用实证研究法和跨学科研究法等方法。同时，相关研究成果较为零星和分散，尚未检索到运用某一理论研究而形成的完整系统的成果，缺少整体性的、专业性的理论体系与研究范式，但检索到的相关研究成果都为新时代网民意见表达引领研究提供了较为珍贵的理论素材与资源借鉴。

（二）研究的主要内容

国外文献关于榜样问题的研究，主要集中在意见表达、网络意见领袖、网络意见表达三部分内容。关于该问题研究的文献、主要代表人物及其思想观点如下：

1. 关于意见表达（expression of opinion）的研究

以"expression of opinion"为标题，在 Web of Science 数据库中进行检索，发现截至 2022 年 5 月底的相关研究成果中，"期刊论文"有 123 篇、综述论文有 7 篇、社论材料有 4 篇。国外学者关于"意见表达"的研究始于 1904 年，第一个研究峰值是在 2009 年，达到 10 篇。近十年来的研究成果大体呈上升趋势。国外学界从不用维度和视角，采用定性与定量相结合的方法，对意见表达问题进行了综合研究，相关研究主要包括以下五个方面：

（1）关于意见表达的实证研究。有学者以实证研究的方式调查了大公司监控活动感知对社交网络服务中意见表达的中介作用。调查结果表明，具有高度政治认同的个人会更加自由地表达其对大公司的看法，因而可能会对自己的意见表达进行自我审核（Sangho Byeon，2014）①。有学者基于寒蝉效应的视角，以实证研究的方式调查了韩国企业集团成员的不同认知如何影响成员的意见表达。研究结果表明：一是涉足企业集团越多，寒蝉效应越强；二是对企业集团的态度越积极，寒蝉效应越强；三是对企业集团非人格化的信念越强，寒蝉效应越强；四是不同认知的个体比不参与企业集团的个体表现出更强的寒蝉效应（Sangho Byeon，Sungeun Chung，2013）②。美国海斯堡堪萨斯州立学院教授约翰逊认为，当一个人对公共事务发表了自我意见，并在这些意见中给出了

① SANGHO BYEON. The mediating effect of perception of large corporations' surveillance activities on expression of opinions in social network service ［J］. Korean Journal of Journalism & Communication Studies，2014，58（2）：337-364.

② SANGHO BYEON，SUNGEUN CHUNG. The effect of incongruency between attitudes and beliefs toward conglomerates on expression of opinions in Korea ［J］. Korean Journal of Broadcasting and Telecommunication Studies，2013，27（6）：146-185.

他的信任，其结果对社会心理学和判断心理学都具有重要意义。相关调查结果表明，持有极端观点（极端激进或极端保守）的人更有信心。作者将极端分子的过度自信归因于对其职位缺乏安全感的一种补偿（Donald M J，2010）①。芭芭拉·马瑟（Barbara M）和丽莎·菲利普斯（Lisa P）认为支持偏见的信仰不被社会所接受，但偏见的态度和歧视行为仍然存在②。

（2）关于意见表达的语义解读。墨西哥学者基于对学术论文语料库的语言分析，探讨了大学生在学术研究的最后课程中用于构建和表达意见的话语资源。结果表明，观点的构建和表达需要掌握与语音的插入和处理、文本结构相关的话语资源，尤其是话语视角的构建（2013）③。克劳迪娅·施特劳斯（Claudia S，2004）从文化学的角度探讨了关于意见表达的语用约束问题，认为巴赫金式的话语分析方法与对话分析、礼貌理论和认知模态分析在个体意见表述过程中形成了鲜明对比，并用美式英语用法的例子阐释了意见表达中表明文化立场的四个指标，即高度争议意见、一般争议意见、普遍意见和理所当然的意见④。

（3）关于意见表达的作用影响。韩国学者分析了一个人的意见、感知的公众意见和感知偏差对意见表达的影响（Sun-Hee Park，Hye-Kyoung Han，2008）⑤。古德曼·大卫（David G，2004）基于公共政治的视角，提出公民在公共场合进行文明谈话即意见表达的能力，不仅是决定私人行为的总和，而且是一个地方加强国家民主、促进政治发展活力的关键标志⑥。沃尔克·穆勒-本尼迪克特（Volker M，2001）通过使用协同模型来验证"沉默的螺旋"给意

① DONALD M J. Confidence and the expression of opinion [J]. The Journal of Social Psychology, 2010, 12 (1): 213-220.

② BARBARA M, LISA P. "What do other people think?": the role of prejudice and social norms in the expression of opinions against gay men [J]. Australian Journal of Psychology, 2003, 55 (3): 184-190.

③ CASTRO A, MARIA C, MARTIN. The expression of opinion in academic text written by university students [J]. Revista Mexicana de Investigación Educativa, 2013, 18 (57): 483-506.

④ CLAUDIA S. Cultural standing in expression of opinion [J]. Language in Society, 2004, 33 (2): 161-194.

⑤ SUN-HEE PARK, HYE-KYOUNG HAN. The influence of one's opinion, perceived public opinion, and perception bias on expression of opinion [J]. Korean Journal of Communication & Information, 2008 (8): 168-204.

⑥ DAVID G. Democracy and public discussion in the progressive and new deal eras: from civic competence to the expression of opinion [J]. Studies in American Political Development, 2004, 18 (2): 81-111.

见表达带来的压力程度和对舆论强化效应的影响①。

（4）关于意见表达的行为特征。澳洲学者克雷格·麦加蒂等（Graig M,et al., 2009）认为，集体行动的相关研究进展主要取决于社会认同方法的广泛应用。因此，作者基于意见表达共享的集体身份，提出了集体行动是对意见群体结晶或实例化的重要反映②。

（5）关于意见表达的认知评价。美国学者里根·朱迪、史密·斯劳伦、迈尔斯·埃里克（Regan J, Smith L, Miles E, 2009）从医学的视角分析了病人对医生满意度的评价主要表现为意见表达还是诽谤的问题③。彼得里奇·格雷戈尔、品特·安德烈（Petric G, Pinter A, 2002）通过结构方程建模方法对沉默螺旋理论进行了检验，理论模型结构表明：①社会认知有重要作用；②复杂的社会认知机制塑造了意见表达的意愿；③孤立的恐惧一定程度地解释了意见表达的意愿④。

2. 关于网络意见表达（network opinion expression）的研究

利用 Web of Science 数据库检索主题词"network opinion expression"，截至2022年5月底，检索"论文"结果共计855条、综述论文169条、会议339条、书籍3条、社论材料15条。国外学界在20世纪60年代就开始关注"网络意见表达"这一命题。2016—2021年为研究的高峰期，平均每年发文量为133篇。其相关研究主要集中在学校教育、网络安全、社会舆情、政治稳定等各个领域。譬如，Zhu等人（2021）提出了一种窗口约束的潜在狄利克雷分配（LDA）主题模型，旨在利用意见态度词的位置信息提高网络意见特征词提取的准确性，并保证网络意见特征词和意见态度词的同步。通过将结果与现有模型进行比较，证明了其提出的"两阶段意见领袖"挖掘方法有助于减少运行

---

①　VOLKER M. Wie viel meinungsdruck erzeugt die "schweigespirale"? eine abschätzung des selbstverstärkungseffekts der öffentlichen meinung mit hilfe des synergetischen modells / how much pressure does the "spiral of silence" put on the expression of opinion? an estimation of the reinforcement effect of public opinion using a synergetic model [J]. Zeitschrift für Soziologie, 2001, 30（2）：103-115.

②　CRAIG M, BLIUC A, EMMA F T, et al. Collective action as the material expression of opinion-based group membership [J]. Journal of Social Issues, 2009, 65（4）：839-857.

③　REGAN J, SMITH L, MILES E. Patient satisfaction reviews：expression of opinion or defamation? [J]. Tennessee Medicine：Journal of the Tennessee Medical Association, 2009, 102（3）：41-42.

④　PETRIC G, PINTER A. From social perception to public expression of opinion：a structural equation modeling approach to the spiral of silence [J]. International Journal of Public Opinion Research, 2002, 14（1）：37-53.

时间，并正确找到具有更强领导力的意见领袖①。Liang 等人（2019）通过提出一种称为 LT-S 的新型扩散模型和两个影响扩散函数，旨在基于实时边缘技术和传播路径技术，探讨了签名社交网络意见形成中的影响力最大化的问题②。Liu 等人（2011）分析探讨了高校网络舆情发现与监测系统的一些重大基础研究。一是使用 Libnids 网络安全开发包在校园网出口抓包的方法；二是分析了 HTTP、POP3 和 STMP 包的内容；三是通过上述步骤获得的数据提供了理想的数据准备，以用于高校网络舆情发现与监测系统③。还有学者针对当前舆论应对方式的陈旧、低效等弊端，根据突发公共事件的特点，以测量模型与实证研究的方式，考察了包括网络意见表达在内的政府应对突发事件和网络舆论能力的关键要素（Zhang, et al., 2016)④。由是观之，国外学界从不同的视域，结合理论阐释和实证研究的方法，对该问题展开了一系列研究，但从学校德育或思想政治教育的视角进行研究的成果相对较少。

3. 关于网络意见领袖（online opinion leader）的研究

在 Web of Science 数据库中以"online opinion leader"为主题词进行检索，相关期刊研究成果有 719 篇。国外学界关于"网络意见领袖"的相关研究起步于 1990 年，随着互联网技术的快速发展和运用，"网络意见领袖"的研究成为国外学者的研究热点。2018—2021 年是国外研究的高峰期，在研究内容的广度、深度、厚度方面取得明显进展。其相关研究主要集中在以下三个方面：

（1）关于网络意见领袖的含义解读。国外学界关于"网络意见领袖"的概念界定尚未形成统一共识，在研究中使用较多的是"关键意见领袖""网络舆论引领者""在线意见领袖"等。贾恩等人（Jain L, et al., 2020）认为：网络意见领袖也被称为意见制造者、思想引领者或影响者，主要得益于社会网络为不同用户提供了交流合作。在合作中起思想主导或行为影响的那一部分

---

① ZHU, TALHA MUHAMMAD, KHALAF OSAMAH IBRAHIM. Research on the path of network opinion expression in AI environment for college students [J]. Computational and Mathematical Methods in Medicine, 2021 (2021): 792-802.

② LIANG, SHEN, LI, et al. Influence maximization in signed social networks opinion formation [J]. IEEE ACCESS, 2019 (7): 837-852.

③ LIU, XU, XU. The content acquisition method of libnids-based university network public opinion [J]. Applied Mechanics and Materials, 2011, 1280 (63-64): 775.

④ ZHANG, YU, CUI, et al. Research on government's response capability to network opinion on public emergencies: measurement model and empirical analysis [J]. RISTI-Revista Iberica de Sistemas e Tecnologias de Informacao, 2016 (E11): 248-262.

人，就被称之为"网络意见领袖"①。在古普塔等人（Gupta D, et al., 2021）看来，"网络意见领袖"是利用互联网平台介绍和分享自己的产品、影响消费者购买意愿和拥有大量网民粉丝的人②。金姆等人（Kim E, et al., 2016）认为，网络意见领袖是在互联网平台上向网络用户提供各类信息、建言以及对同辈群体产生积极影响的人。同时，这部分信息又可以被网民用以进行人际交流和沟通③。还有部分学者指出："网络意见领袖是可以依托自己的专业能力和知识素养来影响和改变他人观点和看法的具有批判性的关键人物"④。总体而言，国外学界关于"网络意见领袖"的含义界定，主要着眼于网络意见领袖是网络空间中的活跃分子、传播网络信息的关键纽带、能够对其他网民价值观念产生重要影响三个方面。

（2）关于网络意见领袖的行为表征。国外学界通过考察网络意见领袖的行为表现，具体分析了网络意见领袖在网民意见表达中发挥的重要影响。有学者认为，网络意见领袖通常凭借其高势位的身份地位，给出专业性和权威性的产品意见（Li, Du Timon C, 2011）⑤。Liu等人（2019）指出，网络意见领袖较之于一般网民群体，拥有更优质的教育资源以及更高的社会名望和网络地位⑥。蒙泽等人（Mengze S, et al., 2014）论证了影响网络意见领袖的两个重要因素，即社会声誉与推举动因⑦。Huang等人（2020）分析了网络意见领袖不同于一般网民的独特属性，主要表现为：一是受过优质的高等教育；二是具

① JAIN L, KATARYA R, SACHDEVA S. Recognition of opinion leaders coalitions in online social network using game theory [J]. Knowledge-Based Svstems, 2020, 203 (5): 1-20.

② Gupta D, Rajaraman S, Bharati J. Influencer versus peer: the effect of product involvement on credibility of endorsers [R]. Information and Communication Technology for Intelligent Svstems, 2021: 566.

③ KIM E, SCHEUFELE D A, HAN J Y, et al. Opinion leaders in online cancer support groups: an investigation of their antecedents and consequences [J]. Health Communication. 2016 (2): 143.

④ JAIN L, KATARYA R. Discover opinion leader in online social network using firefly algorithm [J]. Expert Systems with Applications, 2019 (122): 1-15.

⑤ LI, DU TIMON C. Who is talking? an ontology-based opinion leader identification framework for word-of-mouth marketing in online social blogs [J]. Decision Support Systems, 2011, 51 (1): 190-197.

⑥ LIU JIAQI, ZHANG ZHENPING, QI JIAYIN, et al. Understanding the impact of opinion leaders' characteristics on online group knowledge-sharing engagement fromn-group and out-groun perspectives: evidence from a Chinese online knowledge-sharing community [J]. Sustainability, 2019, 11 (16): 1-28.

⑦ MENGZE S WOJNICKI A. Money talks…to online opinion leaders what motivates opinion leaders to make social-network referrals? [J]. Journal of Advertising Research, 2014, 54 (1): 81-91.

有较强的社会交往能力和行动力；三是对自身的生活经历和知识具有深邃的洞察力和丰富的理解力；四是善于深入人民群众，得到社会大众的广泛支持和认可①。由此观之，尽管国外学界从不同视角阐释了网络意见领袖的多维行为表征，但都在网络意见领袖具有的独特学识、修养、能力、气质等方面达成了普遍共识。

（3）关于网络意见领袖的价值作用。国外学界从不同的维度具体论证分析了网络意见领袖和作用。其一是教育引领维度的价值作用。Liu 等人（2019）认为，网络意见领袖因其高势位的影响力，能够在知识共享中对其他网民的价值观点、思想行为、态度看法等产生重要积极作用。即是说，网络意见领袖对于网络知识共享社区的可持续开发和运营可产生重大促进价值②。Li 等人（2013）指出：网络意见领袖发表的意见看法，对其学习者实现自己的学习目标具有直接的指导意义③。其二是社会发展维度的价值作用。譬如，凯瑟琳（Katherine G，2020）认为网络意见领袖在社会公共卫生信息的精准传播方面具有重大价值。首先，网络意见领袖能够有效减少不怀好意之人利用新型冠状病毒感染疫情污蔑、攻击诸如亚裔或非裔美国人等特定人群；其次，网络意见领袖有利于引导社会大众在全球疫情扩散期间养成健康的公共卫生行为习惯，如戴口罩、勤洗手、保持好社交距离等；最后，网络意见领袖还有助于增进社会网民对公共医疗卫生机构的信赖感④。其三是商业营销维度的价值作用。亚历克斯等人（Tsang ASL, et al.，2005）分析了网络意见领袖在市场营销传播中的重要地位，指出"较之于商业信息，他们向消费者提供的非正式的、非商业化的消费信息和建议，更容易获得消费群体的认可和信任"⑤。哈尔比与巴达唯（Al-Harbi AI Badawi NS，2021）发现了网络意见领袖在有机食品购买中的决定性影响。他们认为，信任和善心分别是衡量购买信赖度的认知

---

① HUANG, LIANG, CHEN. Identification of opinion leaders and followers: a case study of green energy and low carbons [J]. Applied Sciences, 2020 (23): 3-18.

② LIU, ZHANG, QI, et al. Understanding the impact of opinion leaders characteristics on online group knowledge-sharing engagement from in-group and out-group perspectives: evidence from a chinese online knowledgc-sharing community [J]. Sustainability, 2019, 11 (16): 1-28.

③ LI, MA, ZHANG, et al. An improved mix framework for opinion leader identification in online learning communities [J]. Knowledge Based Systems, 2013 (43): 43-51.

④ KATHERINE G. Applying the popular opinion leader intervention for HIV to COVID-19 [J]. AIDS and Behavior, 2020 (12): 3291-3294.

⑤ TSANG ASL, ZHOU NAN. News group participants as opinion leaders and seekers in online and of line communication environments [J]. Journal of Business Research, 2005 (9): 1186-1193.

指标与情感指标。那么，在有机食品的购买决定意见中，网络意见领袖的善心作用的影响高于诚信作用的影响①。除了上述三种价值作用，国外学界还在经济、政治、文化等领域进行了相关研究。

（三）国外研究述评

通过以上综述可以看出，国外学界大多是从不同的视域尤其是聚焦网络意见表达、网络意见领袖开展分析研究，与本书的研究立足思想政治教育学的视角，将"网络意见表达"上升为"网民意见表达引领"进行解析探究有所不同。尽管如此，国外很多关于网络意见表达现象的认识以意见表达问题的剖析与本书的研究在本质上具有一致性，都旨在获得关于网民意见表达本质规律的认识。因此，国外关于意见表达、网络意见表达、网络意见领袖等问题的研究成果为本书的研究从思想政治教育的视域研究新时代我国网民意见表达引领问题提供了诸多启示，也为后续关于网民意见表达引领的路径举措研究提供了理论支撑。可见，在整理和分析国外文献资料的基础上，借鉴国外相关研究成果对于新时代网民意见表达引领的深入研究有着重要的参考价值。

第三节 研究思路与方法

一、研究思路

第一章绪论，主要介绍本书的研究缘起与意义，国内外文献的研究现状及总体评价，研究内容、写作思路与研究方法以及研究的创新与不足。本章主要为本书的主体部分分析研究新时代网民意见表达引领研究做好铺垫工作。

第二章新时代网民意见表达引领研究的基本概念与理论基础。本章首先对网民意见表达及其引领的相关概念进行界定，包括对意见表达、网络社交媒体等相关的概念、内容、特点等的分析梳理；其次对新时代网民意见表达引领的概念进行界定；最后，聚焦马克思主义经典作家、中国共产党人关于网民意见表达的相关论述，并借鉴国外相关思想理论的资源，分析研究新时代网民意见表达引领的主要理论基础，以为后续研究的深入开展提供学理积淀和理论指导。

---

① AL-HARBI AI BADAWI NS. Can opinion leaders through instagram influence organic food purchase behaviour in Saudi Arabia? [J]. Journal of Islamic Marketing, 2021（2）：14-24.

第三章新时代网民意见表达引领的价值意蕴。本章主要聚焦个体、国家、政党、世界四个维度，分别从强化政治参与意识、规范政治参与行为、提升政治参与能力分析公民政治参与的优化；从推进舆情治理与维护社会稳定、提升政府的公信力、深化我国政治民主阐析政府治理能力的提升；从抢占网络意识形态阵地、提高网络意识形态领导能力、维护网络意识形态安全阐述我国意识形态领导权的巩固，以及国际层面网络命运共同体的建构。

第四章新时代网民意见表达引领的现实境遇。以第二至三章的论证内容为基础，首先通过选取相关热点事件作为典型案例梳理剖析新时代网民意见表达引领的现实机遇；其次，研判其存在的现实挑战和乱象困境，并在此基础上综合采取案例分析法、文献研究法与跨学科分析法三者相结合的方法，透过现象看本质，深入探赜新时代网民意见表达引领困境的多重原因及其影响因素；最后，紧密围绕影响政党的思想政治建设、扩大负面网络舆论的影响、阻碍网民的身心健康发展、弱化意见表达生态的改善、降低意见表达引领的实效五个方面分析新时代网民非理性意见表达的消极影响，以为后续内容的分析研究奠定科学基础。

第五章新时代网民意见表达引领的实践策略。依据前面章节内容的学理探讨和分析，提出具有针对性和可行性的应对举措：坚持正本清源，强化主体话语体系构建把关功能；善用教育引导，提高网民理性认知水平与辨别能力；加强疏通调节，培育健康成熟从容平和的社会心理；强调守土有责，提升网络社交媒体社会公信力；注重环境创设，营造文明健康的网民意见表达环境。

二、研究方法

本书的研究方法包括以下四种：

1. 文献研究法

文献研究法主要是在对相关文献资料的搜集、整理的基础上，对其进行学理性的分析，以形成对研究内容的科学性认识和对问题的深层次把握。本书的研究需要积累以新时代网民意见表达引领为主要研究内容的思想政治教育学、新闻传播学、认知心理学、社会学等各领域的大量著作及文献资料，整理相关重要文件、会议精神、理论基础和相关领导人的讲话，以此为基础，依据本书的研究目的，对文献资料进行解析，并从中探寻新时代网民意见表达引领研究的切入点和创新点，以为本书的深入研究奠定理论根基与写作基础。

2. 案例分析法

案例分析法作为社会系统研究方法的一种，能够通过对相关研究案例的个性化分析，加深对研究内容的深刻描述与系统理解。本书以新时代网民意见表达为研究对象，重点选取近年来网络舆论的相关热点事件和典型案例进行分析，解读网民意见表达的表现形式、特点原则、心理动因等内容，力图通过对变量的多维度考察，以小见大，深化人民群众对网民意见表达引领的认知，使研究结论更有现实针对性和实践操作性，这也是本选题在研究过程中的独特之处。

3. 唯物辩证分析法

本书的研究和撰写既要注重理论的严谨，又不可忽视发展实际。虽然新时代网民意见表达引领研究本身是一个理论问题，但网民意见表达中的各种乱象却是社会生活中存在的现实问题。为此，需要坚持主观与客观、理论与实际相统一，充分运用矛盾分析方法，梳理已有相关研究成果，实事求是地分析引领新时代网民意见表达的时代价值、现实困境、成因与影响等，抓住主要矛盾。综合运用归纳与演绎、分析与综合、抽象与具体等辩证思维方法，分析研究引领网民意见表达的路径举措，为规制和治理网民的非理性化表达提供引领策略和优化建议。

4. 跨学科研究法

新时代网民意见表达引领研究是一个多元复杂的系统工程，研究过程中始终坚持以问题为导向，研究理论视野涵盖了思想政治教育学、社会学、新闻学、传播学、政治学、认知心理学及语言心理学等多学科领域的理论，力图对各学科与网络社交媒体和网民意见表达相关的前沿理论成果进行爬梳、综合、整理与分析，以增强研究内容的科学性与实效性。

第四节　研究创新与不足

一、研究创新

1. 选题视角创新

目前学术界关于新时代网民意见表达引领的研究成果相对较少，大多是从新闻传播学、政治学、心理学等学科视角进行研究，且研究成果屈指可数，鲜见学者基于思想政治教育的视角来研究网民意见表达的引领问题，突显了该选题研究的选择空间和创新视角。本书写作目的在于创新性地探讨和分析如何引领新时代网民的意见表达，致力于提出当前网民意见表达的教育引领策略，以期为当前网络社交媒体存在的各种网络舆论乱象研究提供有益借鉴，并为对该问题的科学认识提供一定的参考价值。

2. 研究内容创新

如何从生活实际出发，解决网络时代网民意见表达中的各种乱象，提升网民的认知水平和网络媒介素养，坚持正确的网络舆论导向，打造健康文明绿色安全的网络媒体传播矩阵，维护社会和谐稳定，为广大网民营造风清气正的网络舆论环境，是新时代互联网空间亟须解决的重要问题。本书以网络社交媒体为研究背景，以网民意见表达为研究对象，深入分析研究网民意见表达的基本内涵、表现形式、基本特征、心理动因，引领网民意见表达的时代价值及其现实境遇，继而提出具有针对性和可操作性的引领举措，力求实现对新时代网民意见表达引领的系统研究，为解决社会生活中实际存在的网络舆论乱象提供理论参考与实践指导。

3. 研究方法创新

目前学术研究的选题难度不断加大，思想政治教育学科亦是如此，因此为弥补学科局限和促进学科新发展，需要运用跨学科研究方法，拓宽选题研究视野，夯实研究的理论基础。本书以马克思主义研究方法为基础，综合运用教育学、社会学、新闻学、传播学、认知心理学、语言心理学等学科的研究方法，既能充分体现思想政治教育学科的意识形态属性，也能充分吸取借鉴其他多种学科的研究优势，以便增强研究过程和结果的学理性和科学性。

二、研究不足

受制于笔者学术水平和科研思维，本书的研究内容还存在诸多薄弱环节，致使整体性研究存在不足，部分问题有待进一步挖掘和探讨。

1. 研究的现实关照度尚待提升

明确的问题导向和问题意识是科学研究的必备前提，有助于联系现实、切实解决现实问题。本书的研究结构和整体内容主要侧重于理论化研究，对网民意见表达引领的现实问题虽有关照和论述，但还不够深刻，需要在以后的研究中加强理论与实践的紧密结合，增强理论指导现实、促进实践的关照度。

2. 研究内容的理论阐释尚需深化

立足新时代的网民意见表达现状，科学把握引领其发展的概貌，无论在理论上还是实践上，都是一个大课题、大难题。加之自身研究能力和已有研究材料、研究条件的局限性，要深化新时代网民意见表达引领机理内容的学理探讨，无疑是一项十分艰难的工作。以上这些现实问题在很大程度上决定了本书关于引领网民意见表达的内容价值、现实境遇、路径举措及其内在规律等方面的理论阐释还需进一步地深化和发展。

3. 研究的部分理论观点尚未成熟

本研究所提出的理论阐释、论证的主要观点，还需要进行更加深入细致的探究和思考。除了运用已有的理论内容进行剖析，还需进行深层次的历史追溯、理论询证，并用相关学科资料和实证数据予以支撑和佐证，使理论更具完整性和说服力。这也就决定了已有的科研探索和努力仅仅是一个新的起点，新时代网民意见表达引领研究还需跟随认识和实践的发展不断地丰富和成熟。

第二章 新时代网民意见表达引领研究的基本概念与理论基础

新时代的网民意见表达引领，既是一个实践问题，也是一个理论命题。因此，需要从关涉的基本理论出发廓清研究对象，明晰何为网民、意见表达、网络社交媒体及其之间的现实逻辑关系。本章主要围绕基本概念界定和相关理论基础等基本理论问题予以展开，力图为后续内容的系统研究奠定坚实的理论根基。

第一节 新时代网民意见表达引领研究的概念解读

网民意见表达引领是与互联网技术在我国网民群众中不断"生根发芽"相伴生的一种社会实践活动。自 1994 年互联网进入我国民众视野以来，它在近 30 年的时间里对我国的社会发展、人们的价值观念和行为方式带来了深远的影响。它作为我国社会民众进行意见表达的重要平台，其发挥的重要作用不言而喻。在互联网 web 3.0 时代背景下，党和国家高度重视网民意见表达的引领工作，这就需要我们系统分析、科学探赜新时代网民意见表达的引领研究，为网民意见的健康畅通表达开辟更加风清气正的空间场域。本节聚焦网民意见表达，力图对相关概念进行分析和阐释。

一、网民与网络社交媒体

随着我国互联网科技的迅猛发展，移动互联网、大数据、人工智能、云计算等不断融入人们的日常学习、工作和生活，标志着我们正处于网络社交媒体时代的"黄金期"。网络社交媒体为网络用户（网民）自主选择和参与自己喜爱的话题、事务，自由发表个体的思想见解言论提供了立体化、隐秘化的场域。因此，谈及网民，必然少不了网络社交媒体。网络社交媒体是网民发表意见、开展网络活动的主要媒介载体。科学梳理和厘定网民和网络社交媒体的内涵要义是有效研究网民意见表达引领的前提基础。

（一）网民

"网民"一词虽然使用广泛，但其概念还尚未在学界形成具有共识性的权威界定。该词最早由米歇尔·霍本（Michael Hauben）提出，他认为"网民"是指以非地理区域为依据所形成的，具有社区意识的、相互发生行为联系的一群网络使用者①。霍本将"网民"概念划分为两种：一种是泛指任何一位网络使用者，包括黑客、网瘾沉溺者、病毒制造者等；另一种是指特定的对广大网络社会（或环境）具有强烈关怀意识，并合力努力构建一个有益于社会大众的网络社会的一群网络使用者（此处不包括黑客、网瘾沉溺者、病毒制造者）。即是说，并非所有"网络使用者"或"网络受众"都能够被称为"网民"，只有那些在特定网络活动中"具备一定的特征与特质的网络使用者"，即在个体自我意识上、对使用网络的态度上、网络活动的特征上以及网络活动的行为效果上等表现出一定特点的使用者，才可被称为真正的"网民"。中国互联网络信息中心（CNNIC）发布的第 49 次《中国互联网络发展状况统计报告》显示，截至 2021 年 12 月底，我国网民规模达 10.32 亿，较 2020 年 12 月增长 4 296 万，互联网普及率达 73.0%。可见，网民在现代性语境下的"微内容"时代扮演着重要角色。

"网民"是指所有通过计算机和互联网进行网络活动的人，即"网络使用者"。《信息网络辞典》把网民（netizen）定义为互联网的用户，是 citizen 和net 缩写而成的新词。如果把互联网作为一个虚拟的"社会"，其用户就相当于该虚拟"社会"的"公民"，使用该词意在强调责任的参与②。CNNIC 将"网民"释义为过去半年内使用过互联网的 6 周岁及以上的中国公民。通常意义上，"网络使用者"的概念较为宽泛，意指所有将其终端（包括计算机、移动终端等）连接上互联网进行网络活动的人。该词还可以进一步追溯为"网络受众"，意在强调网络使用者使用特定类型的网络终端所进行的一定的网络行为活动，如信息查询、信息搜集等行为。"受众"一词是由传统媒介的相关研究承袭而来，因此具有浓厚的"单向性传播"和"被动性接受"的特点，导致"网络受众"这一概念难以有效解释互联网的双向互动过程，故不太具有普适性。譬如，巢乃鹏教授于 2002 年撰写的《网络受众心理行为研究——

---

① 郭玉锦，王欢.网络社会学［M］.北京：中国人民大学出版社，2005：78.
② 李进良，倪健中，中国移动通信联合会.信息网络辞典［M］.北京：东方出版社，2001：276.

一种信息查寻的研究范式》一书就是基于"网络信息查询"这一特定网络活动对"网络受众"展开研究的。有鉴于此,国外有研究者认为网民一词更能突显和解释网络对人类社会生产生活的重大影响。

(二)网络社交媒体

1. 网络社交媒体的定义解读

网络社交媒体是指网络社交媒体用户基于 web 3.0 技术与移动通信组建的关于内容生产与信息交换的交互性平台,是网络用户彼此间分享和交流信息、意见、观点和经验的链接工具,"它兼具媒体性与社交性,倡导注册的社交媒体用户根据个人兴趣爱好、认知偏好和专业知识等进行内容生产与创造,并通过一定的网络社交关系实现用户之间的信息沟通、交流与传递"[①]。现阶段,国内网络社交媒体主要包括微博、微信、QQ、播客、博客、在线社区、论坛以及各类社交网站等。网络社交媒体在互联网与 web 3.0 技术的沃土上如雨后春笋般蓬勃发展,以"爆炸式"状态传播的信息已成为网络时代网民日常生活、工作、学习中的重要组成部分。

(1)服务理念的角度。网络社交媒体的核心是"注重以网民,即目标用户为中心,力求为用户提供多元化的交流与联系,并让用户真正享受使用网络社交媒体的过程"[②]。网民在网络社交媒体中可以找到适合自己的专属互动空间与独立天地,并有效地利用互联网技术和多种联系渠道实现个体网络人际交往圈的实时扩张,这不仅拓宽了网络用户的交往空间,还一定程度地扩大了网络用户彼此间交流传递信息的接触面与影响力。

(2)内容生产的角度。网络社交媒体一方面允许每一位注册网络用户在基于遵守网络社交媒体基本规范的基础上传播或发布任何内容,如各类文字、图片、表情包、视频、音频、链接等;另一方面,任何网络用户皆可在网络社交媒体中以搜索或检索的方式实时获取其他网络用户公开发布的内容,这在一定程度上打破了内容分享、信息传播、沟通互动的时空限制。

(3)信息传播的角度。网络社交媒体具有快速、高效的信息传播水平和宽领域、大范围的影响力。一是网络社交媒体借助 web 3.0 技术实现了一系列高效便捷的传播工具的有机整合,打破了传统社交媒体中信息传播的时空限

---

① 肖璇,王铁男,郝凡浩. 社会影响理论视角的社交媒体持续使用研究 [J]. 管理科学学报,2017(11):49-60.

② 张圣亮,李海洋. 不同社交媒体平台上与企业相关的用户生成内容比较研究 [J]. 上海管理科学,2014(5):57-64.

制；二是网络社交媒体将网络用户通过信息传播渠道形成的各种"线上社会关系"① 中的人作为传播节点。网络社交媒体用户通常对基于某方面兴趣偏好或现实社会关系等形成某种关系的其他网络用户所发布的信息内容具有较高的敏感度与关注度，致使网络社交媒体传播的部分信息内容会在某个时间节点产生特殊的舆论影响力。

2. 网络社交媒体的基本特性

（1）极强的社交性与互动性。"社交性与互动性是网络社交媒体的核心特征。"② 网络社交媒体中的"线上关系网络"一般是基于个人兴趣爱好等交流沟通形成的互动社区和基于现实社会关系形成的社交网与关系圈所构成的，因此网络社交媒体用户对这个巨大的"线上关系网络"具有较强的依赖感与信任感。网络社交媒体极强的社交性与互动性使得用户既可以通过网络社交媒体发布自己感兴趣的内容，也可以将个体接收到的部分信息经过编辑、加工、过滤和处理后及时向其他用户分享。同时，接收到信息的其他用户不仅可以对该信息进行评论、发表意见，还可以沿着自己的社交渠道继续传递下去或加工再处理，以此类推加以扩张，形成一个循环往复但却不闭合的网络社交区间和人际互动圈。由此，用户双方可以在网络社交媒体中通过信息的传输、沟通、教育和反馈实现彼此间的交流与联系。

（2）高度的及时性与卷入性。及时性主要体现为以微博、微信等为代表的网络社交媒体，每天都实时将最新的各类新闻资讯与社会热点以迅雷不及掩耳之势公之于众。微博、微信等网络社交媒体的快速兴起与深入发展彻底推翻了传统信息的传播理念与传播方式。以往的 web 1.0 时代，人们通常可以通过电视和广播获知、谈论世界每小时、每阶段发生的最新新闻事件。而如今的 web 3.0 时代，网络社交媒体交流传播信息的及时性尤为突出，它可以将新闻的传播速度精确到每分每秒，如天气预警等新闻报道，让众多网络社交媒体用户可以"身临其境"地感受到自己与新闻"隔空同在"，并以"同步直播"的形式第一时间感受到新闻报道的巨大冲击力。卷入性主要表现为网络社交媒体用户的高度参与。一是具有广泛的参与受众。任何在网络社交媒体中注册的用户都可以随时随地地使用网络社交媒体提供的各种功能。二是具有广泛性的参与内容。任何一位注册用户都可以在网络社交媒体中生产或创造内容、修改加工或传播分享信息并进行反馈或评论等。网络社交媒体用户可以在"内容生

---

① 李晓. 基于社交媒体应用的档案文化传播策略研究 [D]. 哈尔滨：黑龙江大学，2015.

② 张佩珏. 社交媒体在突发事件中的传播特征和作用研究 [D]. 南昌：江西师范大学，2016.

成者与反馈评论者之间自由切换"①。

（3）一定的虚拟性与开放性。虚拟性是互联网时代的本质特征。互联网时代下的网络社交媒体不同于传统社交媒体，其独创性方面在于网络交往中的"虚拟性"特点。用户可以在网络社交媒体中给自己虚拟任意信息，如名字、身份、性别、角色、职业等。互联网给生活在"地球村"的网民组建了一个"乌托邦王国"，在这个国度里，任何人可以实现自己的"梦想"，他们可以卸掉自己在现实生活中的沉重枷锁与巨大压力，任意扮演自己喜欢的角色，在虚拟世界里畅所欲言、尽情吐槽、宣泄释放、满足自我，虚拟性使网民成为社交圈中"最熟悉的陌生人"。开放性是互联网时代的基本特征。网络社交媒体的飞速发展首先要归功于其"无限制"的开放程度。网民可以在虚拟的网络社交媒体中毫无压力地对话交流。其次是信息传播的双向性。网络社交媒体信息的传播不再是传统的单一信息流传递，而是一对一、一对多、多对一以及多对多的交互式和多功能的信息流传递。最后是网络社交媒体中的"信息公开"。任何一位注册用户都可以在网络社交媒体中搜索获取其他网络用户公开发布的内容。

（4）网络社交媒体信息的无序性。互联网时代加剧了网络社交媒体信息生产、创造、传播和加工的无序性。一是因为网络社交媒体的信息形态是多种多样的，如传播信息可以通过各种社交平台和多种网络平台以文字、图片、视频、音频、链接等形式相互连通；二是我国政府、市场和社交媒体机构还未建立较为完善和成熟的管控体制、法律法规以及正向引导社交媒体信息的工作队伍机制，加之网络社交媒体的虚拟性与开放性特征，使得网民在网络社交媒体中可以自由发布任何信息，且无法有效保证信息在发布和传播过程中的真实性，再加上网络社交媒体的注册用户数量与发布信息内容庞大，极易导致网络社交媒体发展成为一个混乱无序的恶性闭合循环系统。

3. 网络社交媒体的基本类别

互联网时代的社交媒体可谓无处不在，不仅有QQ、微博、微信以及陌陌等具有明显通信社交功能的狭义属性上的网络社交媒体，而且就广义上而言，论坛、视频、新闻甚至电商类型的网络媒体的评论、弹幕等形式，也具有满足用户意见表达的基本社交功能。在这一意义上，我们可以把网络社交媒体概括为以下类别：

---

① 衡平平，高慧孟. UGC 理论在社会化电子商务平台的应用研究 [J]. 新经济，2016 (20)：19-24.

（1）微信。作为一款即时通信软件，微信已经占据新时代网民群体的大部分社交空间。它提供公众平台、朋友圈、消息推送等功能，用户可以通过"摇一摇""搜索号码""附近的人""扫二维码"等方式添加好友和关注公众平台，同时可以将内容分享给好友以及将用户看到的精彩内容分享到朋友圈，这些功能很好地满足了用户的意见表达需求。根据凯度中国社交媒体影响报告数据，"微信在我国网民中的总体覆盖率继续增长，日活跃度也继续攀升"。

（2）微博。作为新浪旗下的一款基于用户关系的社交媒体平台及软件，用户可以通过电脑、手机等多种终端接入，以文字、图片、视频等多媒体形式，实现信息的即时分享、传播互动。微博基于公开平台架构，提供简单、前所未有的方式使用户能够公开实时发表内容，通过裂变式传播，让用户与他人互动并与世界紧密相连。作为继门户、搜索之后的互联网新入口，微博改变了信息传播的方式，实现了信息的即时分享和即刻的意见表达。近年来，微博对网民的覆盖率有明显增加。

（3）交友类社交媒体，如陌陌、探探、世纪佳缘、珍爱网等。

（4）通信社交类媒体，如 QQ、LINE、米聊、无秘、飞信等。

（5）论坛类社交媒体，如百度贴吧、天涯论坛、QQ 空间、豆瓣、人人、Facebook 等。

（6）生活类社交媒体，如美团、去哪儿、携程、大众点评等。

（7）带有社交评论功能的新闻类媒体，如今日头条、腾讯新闻、网易新闻等可评论、发表个体意见的新闻类 App。以今日头条 App 为例，它通过问答、评论等形式，彰显出其强大的社交功能。根据今日头条用户画像的数据，用户整体画像为：一线、男性、36 岁以上用户偏好度高（见图 2-1）。今日头条的男性人群画像体现为：36~50 岁、一线、新一线城市用户偏好度高。女性人群画像体现为：36~40 岁、46 岁及以上、四线及以下城市用户偏好度高。在用户兴趣偏好方面：其用户偏好文章类型主要聚焦于社会、娱乐和国际，它的各类人群在性别、城市、年龄等方面的兴趣偏好见图 2-2、图 2-3。其中，男性用户的兴趣偏好前五名分别是社会、国际、军事、娱乐和财经，女性用户的兴趣偏好前五名分别是社会、娱乐、健康、情感和美食。我国网民的主体即 18~40 岁用户则对社会、娱乐、国际最为感兴趣。从中也可以窥探其在今日头条上进行意见表达的内容偏好。

（8）带有社交评论功能的电商类媒体，如淘宝、京东、小红书、拼多多、1688 等。

（9）带有社交评论功能的视频或直播平台，如抖音、快手、B 站、优酷、芒果 TV 等。以芒果 TV 为例，其作为视频类媒体，尤其是直播类媒体可以为网络用户提供评论、弹幕、直播等功能，具备非常强大的网络社交属性。带有社交评论功能的视频类社交媒体对于新时代的年轻网民而言具有更高的覆盖率。

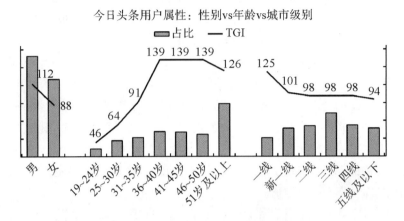

图 2-1　今日头条用户的年龄属性①

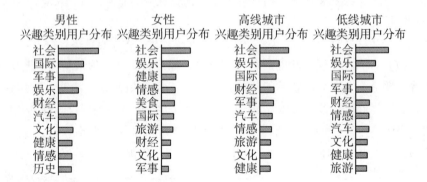

图 2-2　今日头条用户的性别与城市属性②

---

①　数据来源：根据巨量算数发布数据整理。
②　数据来源：根据巨量算数发布数据整理。

18~23岁 用户兴趣分布	24~30岁 用户兴趣分布	31~40岁 用户兴趣分布	41~50岁 用户兴趣分布	51岁及以上 用户兴趣分布
社会	社会	社会	社会	社会
娱乐	娱乐	娱乐	娱乐	国际
国际	国际	国际	国际	军事
军事	汽车	军事	军事	娱乐
健康	情感	财经	财经	财经
情感	军事	汽车	情感	健康
汽车	健康	健康	汽车	文化
文化	财经	情感	文化	旅游
美食	美食	旅游	健康	历史
旅游	旅游	文化	旅游	情感

图2-3 今日头条用户不同年龄段的兴趣偏好①

4. 网络社交媒体的风险表征

网络社交媒体的虚拟性特点也给整个社会生活带来了一定的风险，如网络暴力、网络欺骗、网络传销、网络谣言等的加剧，影响了社会的安全与稳定，部分网络水军、网络大V误导公共网络舆论，扰乱社会秩序与和谐稳定等。此外，网络社交媒体的开放性尽管方便了网民之间的无限对话与交流，加强了彼此间的互动与联系，但同时也加大了政府和市场对网络社交媒体平台的监管与引领以及减低或消除其负面影响的难度。

本书认为网络社交媒体是一个基于互联网技术，使网民相互联系、相互沟通的交互式网络平台，是一种以互联网为基础通过人际传播、组织传播、群体传播、大众传播等多种传播类型实现现实世界与网络世界紧密结合的传播方式，网络用户通过该平台或方式可以实现信息内容的生成、创造、编辑、加工、传播和分享，通过信息的传递、交流与共享建立用户间的网络社交关系。网络社交媒体具有社交性与互动性、及时性与卷入性、虚拟性与开放性、信息的无序性等特征。基于网络传播的自身优势，网络媒体成为最典型的社交媒体，目前国内的主要网络社交媒体包括微博、微信、博客（新浪、网易等），抖音、快手等短视频App，视频网站（腾讯、爱奇艺等），社区论坛（知乎、百度贴吧等）、社交网站、百度百科等。本书主要以国内具有极强社交与互动特性的网络社交媒体如微博、微信、知乎、国内社交网站等作为研究的背景视域。

二、意见表达

一般情况下，意见表达存在于经济、政治、文化、社会、生态文明建设等

---

① 数据来源：根据巨量算数发布数据整理。

方方面面。从词义上进行考察，《现代汉语词典》对"意见"的释义为："①对事情的一定的看法或想法；②（对人、对事）认为不对因而不满意的想法"①。其对"表达"的解释为："表示思想或感情"②。所以，"意见表达"就是某人对一事物的一定的看法和想法以思想和感情的方式加以呈现的过程。为便于从学理上深入阐释这一概念，此处主要从政治学的视角加以解析和说明。"意见表达"主要是指某个集团或某个个人为了一定的目的，提出某项政治要求，并希望有关部门或领导引起重视并给予解决的过程。它是政治生活的开始，是政治系统的输入环节。

关于"意见表达"的内涵，可以从意见表达的主体与形式两个方面进行分析。意见表达主体可以分为意见表达个体与意见表达团体。根据主体对象的不同，意见表达的方式也有所差异。进言之，我们又可以将意见表达个体分为普遍性的意见表达个体和专业性的意见表达个体。前者主要指公民个人。较之于我国，西方社会中的个人利益表达诉求相对较早受到重视。我国公民的意见表达呈现出明显的组织化、集体化倾向。公民常常以劳动生活的组织化方式集中表达个体意见，如公民政治参与中的信访制。后者主要是指国家党政机关和人民团体的代表，他们以合法身份和特定法律地位成为社会广泛认可的意见表达代表。譬如，中国共产党的代表表达意见的方式是同级党委的工作报告和在党代会上发言。人民代表在我国是重要的专业性意见表达者，其代表人民组成国家权力机关，主要通过审议政府工作报告、人大常委会报告，即"两院"报告，提交议案，提出批评、建议和意见，表决通过预决算计划，对国务院和各部委提出咨询方案等方式和途径行使国家权力。此外，政协委员作为重要的专业性意见表达主体，也积极参与审议政协常委会工作报告、提案、大会发言以及政府工作报告等。

意见表达团体是指以实现一定的政治主张为目的、经常性地向意见综合主体和决策机构系统地表达意见，并通过合法的渠道表达自己的意见，从而实现自己所代表的成员利益的团体。在西方，它们主要表现为活跃于政治生活中的各类压力集团。在我国则主要包括各民主党派、人民团体和群团组织等，它们作为党和国家开展工作的重要支撑力量，不仅是党和政府联系人民群众、开展群众工作的纽带，而且也是政党收集、整理和综合意见，协助决策部署的重要助手。意见表达团体主要分为制度性意见表达团体、结构性意见表达团体、功

---

① 中国社会科学院语言研究所词典编辑室. 现代汉语词典［M］. 北京：商务印书馆，2000：1495.

② 中国社会科学院语言研究所词典编辑室. 现代汉语词典［M］. 北京：商务印书馆，2000：85.

能性意见表达团体三种类型。

在我国，制度性意见表达团体主要指八大民主党派、中华工商联、全国总工会、中国共青团等人民团体及各地方政府隶属于我国政治体制基本构成部分的社会团体。其突出特征表现为它们既是意见表达者，又是社会职能的主要承担者，直接参与我国政治生活。结构性意见表达团体是指中国文学艺术联合会和中国科学协会等一般性的社会团体。它们的突出特点是代表中国社会的某方面、某部分群众，在意见表达中反映部分利益群体的意见和要求，但并不是中国政治体制的组成部分，具有较强的灵活性。该部分社会团体大多在 20 世纪80 年代才出现，发展迅速。目前全国性社团有 20 多万个，已成为党和政府联系各阶层群众以倾听人民呼声的又一纽带。功能性意见表达主体是指那些有一定社会影响力的、发挥某些意见表达功能的团体。它们既不是国家政治体制的组成部分，也不固定反映某一群体的意见，而经常在全社会进行社会舆论的广泛传播，具有较强的影响力，如新闻界、出版界、信息咨询机构等。

概言之，意见表达是现代社会生活的重要组成部分，是人们参与经济、政治、文化、社会、生态文明建设的重要方式，也是实现政治民主、经济发展、社会和谐、文化繁荣的重要途径。随着人民群众思想道德修养的普遍提高，意见表达也将逐步完善并在社会中发挥着重要作用。

三、网民意见表达及其引领

（一）网民意见表达的涵义

网民意见表达是指"公民（个人或群体）在计算机中介情境下的意见表达"[①]。本书认为，"网民意见表达"是指互联网用户（使用者）借助网络社交媒体发表和输出个体对某人、某物的看法、思想、观点和情感，并希望获得他人的重视和反馈的过程。互联网作为现代化媒介，它的迅猛发展宣告了传统媒体的单向度时代的结束，迎来了信息在传播者和接受者之间双向互动的传播新格局。可以说，"人人都是麦克风"的互联网时代，为人类自由发表个体见解和思想情感提供了重要平台，成为人们表达意见看法、传递各类信息不可或缺的"隐形"窗口。微博、微信、QQ 等大众熟知的网络社交媒体，为网民进行自我意见表达创造了一个自由开放的言说场域。

网民的网络意见表达与传统的面对面表达之间具有本质性的差异：一方

---

① 周葆华，吕舒宁. 大学生网络意见表达及其影响因素的实证研究：以"沉默的螺旋"和"意见气候感知"为核心 [J]. 当代传播，2014（5）：34-38.

面，传统的"面对面表达"的传播交流速度缓慢，需要一定的私人空间场域，而互联网时代的"网民意见表达"则兼具开放性、自由性和私密性的特征，有利于同时兼顾私人交流空间与公共交流空间的相互转化与共存，在主导社会公共议题方面具有更强的影响力；另一方面，通过传统的"面对面"表达，交流互动双方可以有效观察和感受对方的面部表情和肢体语言，而"网民意见"表达则主要基于"文本信息"基础之上的"匿名化"表达，在一定程度上降低了交流者因"社恐"而产生的抗拒心理，有助于提升意见表达的流畅度和活跃度。

互联网技术通过"传播"特性的"赋权"使每一位网络使用者都能够成为"意见表达者"。互联网自身的"隐秘性""开放性""自由性"等特征，决定了多维网络空间中的网民在时间逻辑的进度条中进行自我意见表达时，会不可避免地出现情绪化和非理性的现象，这就需要对网民的意见表达进行教育引导，最大限度地减少或规避情绪化的非理性意见表达。由此可见，所谓"网民意见表达引领"，是指社会或社会群体通过一定的方式方法对网民的非理性意见表达进行思想引领和教育引导，促使网民自觉接受并自觉形成符合社会主流思想价值观念的意见表达的社会实践活动。

（二）网民意见表达的表现形式

我国网络空间"底层主体化时代"① 的到来，极大地拓展了网民意见表达和话语言说的互动空间。伴随着网民思想认知和价值观念的不断变化，网民的意见表达也从最初的单一化的理性或非理性表达，走向了理性化与非理性化交织并存的双重化表达。据此，我们可以将网民意见表达分为理性化表达与非理性化表达两种类型。

1. 网民意见的理性化表达

随着我国的互联网人口的渗透率和网络社交媒体的覆盖率日益提升，网络用户规模快速扩增，用户群体快速下沉以及"网络使用红利"的削减，新时代的中国网络空间正在经历一场深刻的底层化过程，主要表现为"底层价值取向成为网络空间的关键立场，底层群体日渐成为网络空间的关键意见群体"②，以更加平和稳定、理性成熟为显著特征的网络意见表达和网民群体价

---

① 郑雯，施畅，桂勇. "底层主体性时代"：理解中国网络空间的新视域 [J]. 新闻大学，2021（10）：16-29.

② 郑雯，施畅，桂勇. "底层主体性时代"：理解中国网络空间的新视域 [J]. 新闻大学，2021（10）：16-29.

值属性得以显现，庞大的普通网民群体日渐成为新时代网络舆论场叙事言说的主体性力量。概言之，网民意见的理性化表达主要包括认同性表达与引领性表达两种。

（1）网民意见的认同性表达。2014年伊始，我国网络舆论生态以"网络意见领袖""网络大V"等少数精英主导的"单中心"话语现象呈现出大幅度下降的态势。与此同时，以各类短视频为主要代表的网络社交平台及其传媒技术逐渐降低了新时代网民意见表达的"话语门槛"，全民参与、易于操作、立体展示、互动性强等基础条件使得网民的意见表达不再受限于年龄、学历、文化、地域等多因素的影响，互联网嵌入不同网民群体的日常工作、学习和生活实现了。在网络信息传播实践中，具有大众网民特色的表达样态和话语模式逐步形成，体现出鲜明的新时代普通网民群体的交往特色。概言之，随着新媒体技术的发展、普及和应用步伐的加快，网络信息的传播门槛进一步降低了，促使平民化的网民群体在自由平等的基础上获得了更多的自信心和尊严感，继而推动他们在网络意见表达中展现出更多的群体认同感。

日益盛行的短视频社会化时代，提升了网民意见理性表达过程中的认同感。新时代网络信息生产的革新，逐渐催生出了各类社交App中的短视频、VLOG等形式多样的社会化时代。拥有一部高清手机、一个短视频App以及一个视频剪辑工具，就能以"一键上传"的模式将集图片、声音、文字等于一体的网民丰富的日常工作和生活进行分享，这推动了社会中不同职业网民的可见性，提升了其话语的"社会能见度"，继而激发了网民在意见表达中的思想共识、情感共鸣，提高了网民的群体认同感。短视频等新兴媒介形态，有助于广大普通网民以"我"的第一人称身份、通过网络平台对自己的日常工作、学习和生活进行网络叙事，真实展现网民朴素、平等、和谐的生活，这进一步增强了他们在网络话语空间中对自我身份的建构和认同。活跃于短视频平台的各类视频原创作者，他们的IP就是对其身份的凸显，如"李子柒""大衣哥朱之文""农村阿凯""农民王小"等。这些出身平凡的"出圈网红"，通过借力短视频，聚焦于与自己个人境遇紧密相关的主题进行内容创作，并从个人的日常经验出发进行叙事表达，向网民大众输出正能量的思想价值，产生了极大的吸引力和辐射力。由此可见，新时代中国网民不再依赖于主流媒体进行发声，或盲目听从、被动参与网络意见领袖主导的话语场，而是以更加自尊自信自强的风貌，展现自身凝心聚力实现中华民族伟大复兴主题之下的主动性、尊严感和自豪感，实现了由传统的抗争式表达向新时代的主体性表达的转变，力图在社会主导意识形态的引领下进行自我理性表达，不仅可以获得全社会的广泛认可，还能够弘扬主旋律、传递正能量。

（2）网民意见的引领性表达。互联网的起步发展阶段，"都市务工群体可以通过自办媒体进行自我意见表达，但是受限于政策空间、资源支持和内容生产的三重制约，只能在夹缝中生存"①。在过去网络信息内容生产较为匮乏的社会大环境中，普通百姓只能作为都市网络流行文化的消费者参与网络文化。在互联网高速发展的时代语境下，网民进行意见表达已经不同于过去依托专业媒体，使信息由城市流向农村、由上层流向下层，网民的文化信息表达逐渐发生转向，不断实现由农村到城市、由下层到上层的逆方向影响。譬如，各种搞笑、简单的"土味"小视频与社会主流舆论内容相呼应，生动诠释了普通网民群体的内心世界，成为他们释放压力、疏解情绪的重要渠道；"农民搬砖成为健身达人""草根逆袭走上人生巅峰"等短视频主题，搭配各种 App 中的模板化音乐、镜头和语言，将草根网民的真实生活与吃苦耐劳、艰苦奋斗、自立自强、热爱生活的美好精神品质融为一体，不仅展现了新时代网民理性表达蕴含的正能量符号，也使他们以身作则，成为短视频平台主流网络文化的传播者、引领者和践行者。

在以"转、评、赞、创"为网络社交的新媒体时代下，人口基数庞大的网民在常态化的网络参与实践中，凭借集体的草根智慧和文字、声音、图像等多样态的信息传播模式，逐步建构起集转发、评论、点赞、二次创作于一体的新型网络信息生成机制。网民借力微博、微信、知乎、抖音、B站等多样化社媒平台，对网络信息文本进行多维度的转发、剪辑、评论、点赞，甚至以二次创作的网络化表达方式，使网络信息的初级文本以再加工的形式被赋予新的思想价值意涵，深深打上了网民的主体性话语印记。譬如，网民会在各大社交媒体中发出的博文下方进行留言、评论和转发，导致部分热门的帖子和博文的点赞数和转引率经常增长几倍，网民评论的影响力也不断飙升，微博的热搜就是例证。面对部分社会中的热点、焦点新闻事件，当某一新闻发布者试图以"禁评"或"控评"的方式避免或减缓网络舆情发酵、负面舆论扩散时，会有更多网民以截图、转发、再加工等形式，取代原发布者而成为该事件或话题的网络舆论引导者。

---

① 吴麟. 夹缝中的主体性建构：当代中国劳工自办媒体境况 [J]. 青年研究, 2017 (2)：56-65.

2. 网民意见的非理性化表达

进入新时代以来，互联网技术的跃迁式发展，使得每一位中国网民都能够掌握充分的话语权，网民的意见表达不再是过去一元化的态势，呈现出多元共存的特征。可以认为，笔者之所以要研究新时代网民意见表达引领这一问题，主要原因在于随着网络社交媒体与网民的形影不离，依托媒体社交平台进行发声，已经深入每位网民的内心。一方面，前文归纳总结的理性化的意见表达需要通过引领，使网民继续保持这一良好态势，以为构建健康清朗、和谐文明的网络空间添砖加瓦；另一方面，非理性的意见表达乃是需要引领的重中之重。因此，聚焦碎片化、情绪化、虚假性、娱乐化、低俗性五个层面，系统归纳分析网民意见非理性化表达的表现形式，是后文展开分析讨论的重要根基。

（1）网民意见的碎片化表达。当今社会，"媒介社会化、社会媒介化已成为互联网时代的主题"①。网民借助网络社交媒体进行意见表达的本质就是网络用户享受信息内容的生产、互动和共享的主导权。新时代垂直化的互联网社区融合了以人际传播、大众传播、群体传播以及自我传播等多种传播途径为一体的社交媒体网络，作为新时代网民无时无刻不在使用的人际互动和沟通交流的"虚拟工具"，网络社交媒体已然成为普通网民的重要社交途径。多种网络社交媒体和多任务的同时使用，造成了网民个人专注力的分散和游离，这也就加剧了网民意见表达的碎片化现象。由于网络社交媒体中信息获取的便捷性和信息回应的即时性，网民已经难以做到更加深入、理性和谨慎地进行网络意见表达：要么是凭借个人喜好不假思索地随意发表自以为是的观点言论；要么是不经思考地直接简单粗暴式的复制粘贴转发他人言论；要么是对网络媒体平台发布的各类信息进行东拼西凑，以拼接而成的"知识组合体"作为自己的表达内容。

互联网不像时空限制的自由特性构筑起了网民意见的碎片化表达图景。在我国的互联网社会表达中，无论是强链接关系的微信朋友圈，还是弱链接关系的微博互动，网民在各类社交媒体中的意见表达大多是"遵循着情感逻辑的带有表演性质的随性表达"②，尽管热闹非凡，但也诚如马克·斯劳卡所批判的那样："从来就没有什么核心的自我，在每个人的头脑之外，也从来不存在

---

① 夏临. 阅读史视角下的网络意见表达 [J]. 新闻界，2016（24）：65-72.

② 夏临. 阅读史视角下的网络意见表达 [J]. 新闻界，2016（24）：65-72.

客观的现实。更重要的是，当信息源不明时，信息的真实性也被消解"。① 网络社交媒体时代，广大网民的意见表达呈现出个性化与多元化并存的鲜明特点。网民的个体性认知在发生变化的同时，会导致不同网民之间的观点和看法产生话语冲突或制衡，致使意见表达的碎片化与整体性并存。就网民个体而言，一方面，碎片化的意见表达改变了网民受众的思维方式，容易形成网络时代"求速度、抓重点、重形式"的浅表化思维模式。这种碎片化的意见表达方式和信息获取方式尽管满足了当下"快节奏"的网络生活节奏，却在一定程度上削弱或限制了网民群体的思想深度。譬如，在以 B 站为主的网站视频发布的"一分钟带你读完×××""三分钟带你看完×××"为主题的短视频，会得到更多青年网民群体的青睐，相比 10 分钟、20 分钟的长视频，部分网民甚至不再愿意使用"加倍速"或"快进"的方式看完，而是直接放弃，只对时长在 5 分钟以内的短视频进行观看、点赞评论或转发。另一方面，碎片化的网民意见表达在很大程度上增加了网民人文素养缺失的风险。网络社交媒体提供的个性化、自由化的言说空间，使网民更容易在网络虚拟场域中放飞自我，仅仅满足于短暂性的、粗浅性的话语思考，而缺乏对公民道德、价值取向以及人生意义实现的深层次叩问，其结果只能是使现实生活中的人际关系日渐疏离、淡漠，人失去了作为现实的、具体的、活生生的"人"的本真生命意义和状态。

（2）网民意见的情绪化表达。互联网极大地降低了人际交流的成本，弱化了传统媒体的主体叙事和话语霸权，开辟了网络用户表达自我意见的自由场域，促进了人文信息的更新、解构和重构，彰显着网络"天然辩论场"的价值意蕴。毋庸置疑，网络世界就如一把"双刃剑"，既能为普通网民提供一个自由开放、宽容平等的公共空间，也会成为一个容易滋生虚假、极化、撕裂等不平等现象的"温床"。尽管新时代网民的意见表达呈现出丰富多彩的景象，但网民的意见表达并未真正构建起哈贝马斯曾描绘的体现人们以公平对话、理性批判的方式参与言说的"公共领域"，即存在"参与者在意见和理由方面的差异和不一致"② 的现实图景。既是说，网络理应为网民提供一个自由、平等、开放和公正的言说空间，应该成为能够同时兼容不同意见、不同声音的表达场域，继而促成公众的理性化表达和政治参与，而不是关注个人私利或发泄

---

① 马克·斯劳卡. 大冲击：赛博空间和高科技对现实的威胁 [M]. 黄锫坚，译. 南昌：江西教育出版社，1999：45.

② 吴慧凡. 网络公民的启蒙与觉醒：从话语重构到政治参与 [J]. 当代传播，2015 (1)：17-22.

的大众狂欢式或情绪化的意见表达。随着网民数量的扩增和网民用户的总体下沉，底层的网民群体"成长为规模大、潜在发声人数多、舆论声量大的网络社群力量"①。复旦大学传播与国家治理研究中心通过采用"职业群体—微博用户"两阶段的随机抽样调查法，对包含不同职业类型的3 544名新浪微博用户进行了实证研究，发现大多数普通网民群体具有较低的工作满意度和发展效能感；相反，他们具有较大的生活压力和较强的不公平感。这就为部分网民的情绪化表达埋下了"隐藏线索"。

在网络话语空间中，网民意见的情绪化表达随处可见。所谓情绪化表达，是指网民借助网络社交媒体平台宣泄自己的消极或不满情绪，主要表现为语言上的谩骂或情感上的宣泄。①"过度渲染"式的情绪化意见表达。这是指网民人为地拔高某人某事，将"好人好事"过度渲染为"高大全"，让受众感觉太假，反而产生逆反心理，或过度热情地唱赞歌，有意愚弄或误导受众，实则是帮倒忙。面对此类过度渲染式的情绪化表达，网民应该主动杜绝道德绑架式的舆论宣传，要学会理性地看待正常报道中的悲情煽情倾向，而不是以刺激舆论的猎奇心态去肆意夸大、过度渲染。②"推向极端"式的情绪化意见表达。其主要指部分网民蓄意将某种行为或某种观念推向极端，以此来证明自己的存在感。这种故意为之的极端化的行为容易引发负面网络舆情。网络社交媒体中总有部分网民习惯将一些违反常识常理的逻辑"运用"到极致，极端化地解读现实生活中存在的过于偏激的行为做法。这种"越极端越革命"的"左"的思想具有极大危害性，损害了党和政府的形象。③"坏事好评"式的情绪化意见表达。其主要指对一件本应是负面的事件，却有"好心网友"故意"变坏为好"，力图扭转事实真相，在网络社交媒体中通过一定的言语编辑、处理和加工将坏事变成好事，把黑的说成白的，把反向说成正向，以宣泄自己内心的不满情绪和嫉妒心理。这种"假的真新闻"，经常是站在云端用心灵鸡汤式的轻浮态度抚慰百姓，在自我感动中制造尴尬，极易引起大众的不满，因此要注意把握时效度。任何一则消息在宣传和网络媒体传播过程中如果用力过猛，就很容易变成非理性的情绪化言论，扰乱网络生态秩序。

（3）网民意见的虚假性表达。较之于我国传统社会人们言论表达空间和条件的"滞后"，流变自由的网络空间为人民提供了一个随意自由发表意见、

---

① 郑雯，施畅，桂勇. "底层主体性时代"：理解中国网络空间的新视域 [J]. 新闻大学，2021（10）：16-29.

分享观点的立体化场域，无数亦真亦假的网络信息构筑起了一幅彰显人民表达自由权的网络化图景。作为"信息集散地"的网络社交媒体，也在有意无意之中成了虚假信息"出场"的温床，由此带来的多重的虚假性意见表达加大了新时代网络社会治理的难度。①网络谣言。现代性网络社会语境下充满了海量的多元信息，其中既包含消除不确定性的真实信息，也包括大量的错误虚假信息，其中广泛流传却又缺乏可证实来源的信息就被称为"网络谣言"。它既存在于虚拟的网络空间，也存在于现实社会，此处仅讨论网民意见表达经常使用的各类网络社交媒体平台。由于网络自身的虚拟性、自由性、匿名信和互动性等特征，其比传统谣言的治理难度更大。相比传统谣言，它有着更快的传播速度、更广的影响范围、更大的社会危害。此外，网络谣言还具有更强的专业性、更大的迷惑性和更强的隐蔽性。譬如，网络信息的广泛性和信息获取的便捷度等使得专业网络谣言制造者们"如虎添翼"，他们用看似符合逻辑、故弄玄虚的专业术语和哗众取宠的言辞，博得更多网民的好感和共鸣，更具欺骗性和迷惑性。②网络"伪民主"，即"民主哄客"现象。这主要是指专门利用网民参与政治的便利化和热情化特征，借助所谓的"网络意见领袖"来对其施加影响，左右网民的表达意志，并希望借此掌控和主导网络舆论的话语权和风向标的这一类网民群体。网络空间中的"民主哄客"们熟练掌握网络舆论信息的传播规律和引导规则，善于利用他们知晓的网络操作技术，主导舆论政策走向，并以实名或匿名的方式对党、国家或社会中的某项政策进行议题设置，通过主动引导舆论热点话题，或对某位公众人物或网络意见领袖的言论进行"虚假加工"，进而为网络舆论的持续发酵造势以把控整个网络舆论的具体走向。③网络"高级黑"。一是"虚构模范"式的"高级黑"，即是指网络社交媒体中会出现非常完美、毫无瑕疵甚至刻画得不食人间烟火、没有人情味的"模范"人物，但这些实则只是虚构式的"模范人物"。相比模范式的过分完美或虚构加工而成的"模范"，网络社交媒体中的网民更喜欢"接地气"的真实。网络时代的娱乐圈明星就经常因一丁点儿的小瑕疵沦为网民吐槽的对象，导致所谓的"人设崩塌"。因此，对先进典型和模范人物的宣传，只有立足于实事求是的原则，遵循基本的人性认知和信息宣传规律，才能降低诱发"高级黑"现象的可能性。二是歪曲事实式的"高级黑"。一方面，部分网民缺乏网络媒介素养和网络舆情意识，在信息的传播过程中添油加醋地将自己的主观想法强加于某一新闻事件，故意迎合网络舆论的大众口味，屏蔽批评声而只选取支持声，或不经思考地随意将多种新闻信息拼凑在一起，在无中生有中制造虚假信息，任意解读或歪曲事实真相；另一方面，部分网络社交媒体工作者缺乏新闻写作经验和新闻素养，业务功底与专业知识薄弱，经常坐在办公室里天马行空地进行新闻创作，脱离了新闻第一现场的真实案例，致使新鲜出炉的新闻报道或网络点评在有意无意之中走向了"高级黑"。

（4）网民意见的娱乐化表达。网民意见表达的"娱乐化"主要是指网络空间中大量娱乐化元素充斥和泛滥于网民的现实生活，致使社会大众以娱乐化、狂欢式的心态对待周围事物，以"娱乐至上"的态度来判断和衡量事物价值的一种网络社交现象。进入新时代以来，我国经济实力和综合国力大幅跃升，人们的物质生活和精神生活品得到极大提升，但与之相伴生的"职场内卷""生活压力""学业竞争"，无形之中增添了人们的焦虑感和压力感，"娱乐化"的网络表达空间转变为"减压阀""调节剂"的角色，这种即时性、浅层化、娱乐化的释放快感因此得到了当代青年人的垂青。但与此同时，"娱乐化"的网络意见表达现象，也极易使网民的精神世界产生一定的空虚感和孤独感，导致拜金主义、物质主义、享乐主义等不良思想倾向的滋生，继而消解网民理想信念的树立和影响个体的健康成长。世界著名的媒体文化研究者和批评家尼尔·波兹曼（Neil Postman）在1985年首次提出了"娱乐至死"这一概念，并认为："一切公众话语都以日渐娱乐的方式出现，并成为一种文化精神。我们的政治、宗教、新闻、体育、教育和商业都心甘情愿地成为娱乐的附庸，毫无怨言，甚至无声无息，其结果是我们成了一个娱乐至死的物种。"[①]网络空间中的"娱乐化"意见表达，依靠高科技的网络信息技术，对网络信息中的人物和事件进行娱乐性的装扮、粉饰，以博人眼球、获取商业利益为首要目标，将各种娱乐化内容渗透社会的经济、政治、文化和社会等各领域，以及网民的日常学习、生活和工作之中，导致网民在满足自身欲望和释放压力的同时，也潜移默化地陷入追求低浅的纵欲和狂欢的深渊之中，而忘却了对现实生活中的道德要求和理性思考。

在20多年的高速发展过程中，我国互联网网民的人口结构特征发生了鲜明变化：①网民学历的低层次化。2022年2月，CNNI发布的第49次《中国互联网络发展状况统计报告》显示，我国小学生互联网普及率达到92.1%，尤其是未成年人在学龄前就接触互联网的比例达到33.7%，较2019年（32.9%）

---

① 尼尔·波兹曼. 娱乐至死 [M]. 章艳, 译. 北京：中信出版社, 2015: 4.

提升0.8个百分点①。这表明我国网民用户的总体结构呈现向低学历人群扩散的趋势，高等教育和中等教育水平的网民群体在网络话语空间中的结构比例持续下降。②网民年龄的年轻化和老龄化。《中国互联网络发展状况统计报告》显示，截至2021年12月底，一方面，我国未成年网民已达1.83亿，互联网普及率为94.9%，远高于成年群体互联网普及率；另一方面，我国50岁及以上网民群体占比由2020年12月的26.3%提升至26.8%②，我国互联网进一步向中老年群体渗透，低龄化儿童"触网"趋势不断加大，老年群体加速融入网络社会。③网民规模的农村化。《中国互联网络发展状况统计报告》显示，我国农村网民规模已达2.84亿，农村地区互联网普及率为57.6%，较2020年12月提升1.7个百分点，城乡地区互联网普及率较2020年12月缩小0.2个百分点。以上三个特征表明，新时代的网络舆论空间逐渐被低龄化、低学历的网民所占据，网民意见表达也日渐从最开始聚焦于社会不公平现象的揭露、讨伐和理性辩论，演变成了当下大众狂欢式的娱乐化表达。譬如，2009年新浪微博的"闪亮登场"，助推了我国网民意见表达的商业化和娱乐化倾向；同时，也可以从天涯社区论坛的网民留言和发帖中，窥见我国网民公共意见表达的生态演进过程。此外，进入新时代以来，通过对微博热搜话题的梳理可以看见，网民们关注、热议和点评的话题主要为社会奇闻、综艺节目、影视明星等泛娱乐性舆论话题。《中国互联网络发展状况统计报告》显示，截至2021年12月底，我国网络视频（含短视频）用户规模达9.75亿，较2020年12月增长4794万。其中，短视频用户规模为9.34亿，较2020年12月增长6080万（见图2-4）③。由此可见，如图2-5所示，微博流行梗词语云图在日渐大众化的网民时代下，我国网民的意见表达逐渐从之前的集中于新闻信息浏览互动转变为观看网络视频、进行网络社交等娱乐化、狂欢式的情绪体验。

---

① 中国互联网络信息中心. 第49次中国互联网络发展状况统计报告[R/OL].（2022-03-19）[2022-10-20].https://finance.sina.com.cn/tech/2022-03-19/doc-imcwiwss6875143.shtml.

② 中国互联网络信息中心. 第49次中国互联网络发展状况统计报告[R/OL].（2022-03-19）[2022-10-20].https://finance.sina.com.cn/tech/2022-03-19/doc-imcwiwss6875143.shtml.

③ 中国互联网络信息中心. 第49次中国互联网络发展状况统计报告[R/OL].（2022-03-19）[2022-10-20].https://finance.sina.com.cn/tech/2022-03-19/doc-imcwiwss6875143.shtml.

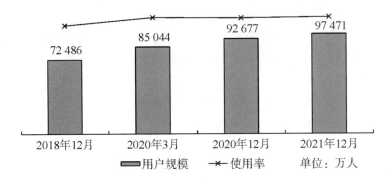

图 2-4　2018 年 12 月—2021 年 12 月网络视频（含短视频）用户规模及使用率

图 2-5　微博流行梗词语云图

（5）网民意见的低俗化表达。进入新时代以来，随着我国互联网技术的不断进步，网民意见表达的广度和深度也在不断扩大和加深。借助各类网络社交媒体分享个人思想见解、观点看法已成为网民生活、工作和学习的常态。其中"网络语言（或网络用语）"的不断变化，反映出新时代网民创意的表达、智慧的交流，以及趣味的调侃。与此同时，尽管网民的意见表达已经成为现代数字化社会中人与人之间相互交流、彼此了解、情感互动的必不可少的一环；但是，各种低俗、市侩甚至是恶俗的反文化现象也经常在网络空间中暗流涌动。近年来，各种低俗暴戾的网络用语不断充斥整个网络空间，引发众多网民的担忧和反感，清理低俗化网民意见表达的呼声日益增加。一方面，一些生活中的污言秽语经由部分网民的意见表达在网络空间中不断传播；另一方面，部分网民以"自我矮化""自我腹黑""自我丑化"的意见表达，使得部分低俗化的词汇在网络社交媒体中"疯狂生长"。据此，我们以"网络用语"为例，分析新时代存在于网络空间中的低俗化的网民意见表达。

2021年11月30日，国务院办公厅发布了《关于全面加强新时代语言文字工作的意见》，提出要加强语言文字法治建设，推进语言文字规范化、标准化、信息化建设。加强对新词新语、字母词、外语词等的监测研究和规范引导。加强语言文明教育，强化对互联网等各类新媒体语言文字使用的规范和管理，坚决遏阻庸俗暴戾网络语言传播，建设健康文明的网络语言环境。各种良莠不齐的网络语言，不仅消解了中国语言文字和话语表达的优良传统规范，而且还日渐成为部分网民宣泄个人情绪、疏解内心不满的一种方式，导致网民意见表达腹诽心谤。对此，教育部、国家语言文字工作委员会以及语言文学家等对网络低俗词汇表示担忧，认为这不仅会对我国社会意见表达的语言生活产生不良影响，而且还会对我国博大精深的汉语言系统造成破坏性影响，应该对低俗性网络用语予以禁用，以此营造良好的意见表达空间。对此，人民网舆情监测室发布《网络低俗语言调查报告》，不仅对网络低俗词语进行排名上榜，还对这些网络低俗语言搜索指数及相关性进行了梳理和分析。

互联网带来了网民意见表达话语权的去中心化、平等化、权威解构，同时网民的负面情绪和文化粗鄙现象经由网民意见表达的无限放大，极易诱发低俗化的网民意见表达。检视新时代网民意见表达中的低俗语言的使用情况，主要包括三个方面：一是部分网民为发泄自我情绪而产生的网络谩骂。面对碎片化的网络信息，部分网民在未深入了解公共事件的真实情况下，在公共的网络空间中发泄情绪性谩骂，这种低俗化的网络谩骂非常容易将大众真正关心的讨论主题的真相淹没，使各种网络流言蜚语被裹挟在公众的义愤之中。回顾近年来网民低俗化的意见表达情况，可以发现部分网民通过对官方慈善事业的丑化、对国家方针政策的误读、对公共管理事业的反制等，旨在宣泄情绪的意见表达从而颠倒黑白、混淆善恶。二是部分网民为一己私欲采取恶意中伤的语言暴力。在各类网络社交媒体的意见表达中，低俗的网络语言暴力随处可见，其对社会的公共危害性也很强。不管是各类论坛贴吧，还是微博的粉丝互怼、"网暴"大战，各种不以逻辑性为根本、不坚持实事求是原则的言论、低俗性词语随处可见，这对网民的理性意见表达构成了严重冲击，带来了极大威胁。三是部分网民以粗鄙低俗作为自己个性标签的意见表达。一方面，伴随着多元网络社交媒体与现代生活的联结，网民的意见表达及其网络用语日渐丰富，汉语中的某些词汇被赋予了更加多样化的涵义。譬如，"囧"作为我国的古汉字，本意指"光明"；但从2008年起，该字不仅成为网络社交媒体中的一种流行的表情符号，而且成为网民意见表达中使用最为频繁的汉字之一，并被网民赋予

"无奈、叹息、悲伤、尴尬、郁闷、困窘"之意。这也说明了近年来网民的意见表达不再局限于一本正经的紧绷式话语言说方式，而是更倾向于使用各种创造性的、调侃幽默的网络用词，彰显了网民意见表达的言论自由与现代社会开放包容的时代特征。另一方面，一些粗鄙的网络用词也逐步在网民意见表达中蔓延开来，并经过部分网民的言论再创造，在微博、微信、论坛等社会媒体中肆意生长，着实污染了网民理性意见表达的网络语言环境。另外，加之部分网络意见领袖、网络大 V 的推波助澜，以粗鄙低俗为标签的网民意见表达之风更加泛滥成灾。概言之，以上不同类别的低俗化的网民意见表达都值得警惕，也需要给予及时有效的引领。

（三）新时代网民意见表达的主要特征

以微博、微信、知乎、抖音、B 站、小红书等为代表的网络社交媒体平台从兴起至今发展速度惊人，为新时代网民创造了一个自由开放的意见表达话语空间。它们凭借使用门槛低、信息发布便捷、社交互动性强等优势因素，得以在新时代普通网民群众中频繁使用，从而促进了网络信息的高速流转。网络社交媒体的网络语言无需精心组织和构思，也不需要语法语义的准确精练，极大地增强了网民意见表达的便利化、喜爱度和轻松感。网民利用网络社交媒体平台进行自我意见表达的特点主要有语言、形式和内容三个维度。

1. 语言特征

新时代网民在性别、年龄、职业、学历层次等因素中的不同，导致他们的网络意见表达也有所差异。加之各类网络社交媒体平台提供了相对自由开放的话语环境和言论氛围，促使了新时代网民意见表达的语言更具独特性和时代感，每年频出的"网络流行语"便是有力证明。

（1）网民意见的"草根化"表达：语言的多元性与矛盾性。"草根"即大众、平民之意，本书指与精英阶层相对的弱势阶层。一方面，近年来，随着网络社交媒体的普及和广泛运用，为众多的"草根式"网民创生了更多的意见表达场域，尤其是微博、抖音、B 站的出现，使更多的平民网络用户拥有了属于自己的言论发表空间。譬如，新浪微博知识文化类博主"李子柒""三维地图看世界""文物医院"，乡村振兴扶贫类博主"蘸盐"，情感类博主"一禅小和尚"，以及时尚美妆类博主"怪力老陈"等，他们的观点见解独特新颖，知识面广，语言精练，契合"草根"网民的心理动态，每条博文转发量均过万。B 站中的"所长林超""暴躁的仙人 JUMP""vivi 可爱多"等超级 UP 主就知识、人生情感、实政热点等话题的分析，各具独特的语言风格，深受广大网民的喜爱。集美妆穿搭教程、旅游攻略、美食健身等年轻人生活方式于一身的

"小红书"中的各大博主，如旅行达人博主"房琪 kiki"依托自媒体短视频创作，凭借唯美的"短视频+文案"和悦耳动人的声音，得到了众多青年网民的青睐和崇拜。在自媒体、短视频日益盛行的今天，广大普通网民的参与度更加活跃，其意见表达的观点输出也更为多样和独特。另一方面，随着微博、抖音、B 站等网络社交媒体认证用户的增加，拥有高额数量的网络大 V、名人领袖对某一热点话题的信息传播大多由某一"网络意见领袖"围绕某一观点呈现出由中心向四周的辐射型扩散模式。而对于多数普通网民群体而言，他们在网络社交媒体平台意见表达的传播主要是以多个舆论为中心的多链条传播路径展开且不同用户的意见观点在传播过程中相互交织，既增加了网民意见的多样性，也增加了不同网民对某一观点进行质疑、对立的风险性，呈现出多元性与矛盾性并存的新格局。

（2）网民意见的"感性化"表达：语言的随意性与恣意性。进入新时代以来，网络社交媒体为网民提供了一个相对轻松、自在的言论表达环境。由于网络用户数量庞大，其素质参差不齐，网络意见表达中的盲目从众、不良情绪等非理性的网络表达现象有所增加。同时，部分网民的认知水平和网络素养参差不齐，个人经济收入不太稳定，以及社会经济政治地位相对较低，导致因个人的工作生活挫败产生负面情绪，借机在虚拟的网络空间中进行自我释放和宣泄。一方面是网络社会事件催生的自嘲式、娱乐式的随意性意见表达。譬如，高铁占座、地沟油、校车事故等事件的发生催生了新浪微博"高铁体""老赖体""遇见体""撑腰体"等新型网络话语表达的体例范式。其中的"高铁体"本应是对公共交通事件的严厉批判、反思和追问，却被部分网民借以疯狂造句和复制粘贴的话语表达方式加以随意性的调侃、淡化甚至消解。与此同时，网民也热衷于吹捧各类符号化的语言表达方式。当代青年网民，尤其是"00 后"大学生，擅长使用各类英文缩写式的符号化语言文字，如"yyds（永远的神）""vb（微博）""u1s1（有一说一）""blx（玻璃心）""xswl（笑死我了）""nsdd（你说得对）""dbq（对不起）""dddd（懂得都懂）""nbcs（没人在乎）"等。新时代的低龄化网民习惯于使用这种"无声"的符号化语言表达，海量的网络信息不仅被这类随意的不精准的语言表达裹挟，而且也逐渐稀释了网络信息最真实的表达涵义，导致网民意见表达在网络舆论话题的虚实或真假切换之中悄然发生变化。另一方面，每年年度网络流行语中各大"新词""热词""爆梗"的出现，在一定程度上彰显了普通网民的内心情感世界和心理状态。各类话语风格多样的"微博体"逐渐成为新时代网民进行意见表达的惯用话语模式。譬如，"996""摆烂""躺平""咱就是说""芭比Q了""绝绝子""针不戳""干饭人""种草""杀伤力不大，侮辱性极强""真香"等网络流行语和流行梗呈现出极为强烈的个性情感特点，或辛辣讽刺，或戏谑调侃，或批判夸张。微博数据统计显示，20世纪80年代流行梗使用人数占比12.5%，90年代流行梗使用人数占比52%，Z世代流行梗使用人数占比63.8%①。据此可见，尽管此类语言的表达形式有助于吐露或宣泄网民的内心世界，但也体现了鲜明的时代语言特色、灵活变幻的结构句式、奇妙多元的网络语言风格。需要注意的是，微博、微信、抖音等社交媒体中出现的新兴网络流行"语体"，不仅在网络上得到广泛传播，而且也逐渐从"线上"走向"线下"，充斥于人们的现实生活之中，这在一定程度上表征着人民群众的感性化话语表达。

2. 形式特征

网络社交媒体时代，形式多样的信息传播媒介与人民群众的日常学习生活的分隔和疏离逐渐减弱。以微博、微信、知乎、B站为主要代表的社交媒体平台，不仅是网民日常工作生活中展示自我想象的重要方式，而且创新了网民意见表达的多样化形式，搭建了不同网络用户交互链接的新途径。新时代网民在意见表达过程中主要采取的方式如下：

一是浏览网络社交App。在微博、微信等网络社交软件中，网民可以根据个人兴趣爱好、现实需求和主观意愿进入App相应界面进行浏览。1940年，传播学四大奠基人之一的社会学家拉扎斯菲尔德（Paul Lazarsfeld）围绕大众传播的竞选宣传对选民投票意向的影响开展了一项名为"伊里调查"的实证研究，提出了著名的"选择性接触假说"理论。该理论证实了受众在接触大众传播的信息时并非不加选择，而是更愿意选择那些与自己的既有立场和态度一致或接近的内容，而对与此对立或冲突的内容具有回避的倾向。网络社交App的用户在网络意见的表达中也基本遵循"选择性接触假说"理论。面对浩如烟海的网络资讯和鱼龙混杂的社交信息，具备一定网络媒介素养的网民会主动屏蔽不良信息，选择浏览与自己价值观念相契合或相接近的信息。

二是发布各类动态信息。利用QQ空间、微博空间、微信朋友圈等发布关于自己的日常生活动态，是网民表达个人意愿、分享个人观点最主要、最直接的形式。新浪微博数据统计，2020年微博用户活跃规模，最高月活跃用户达5.11亿，日活跃用户达2.24亿②。以2020年"微博抗疫"为例，数据显示，

---

① 微博数据中心. 微博2020用户发展报告 [R]. 2020：15.
② 微博数据中心. 微博2020用户发展报告 [R]. 2020：4.

关于"疫情报道"的微博日均信息达 161 亿次，头部作者共发布疫情信息 393.4 万条，阅读量达 10 718 亿次；关于"疫情发布"的政务微博 3.7 万条，媒体微博达到 3 000+，发布疫情权威信息 607.6 万条，阅读量达 3 647 亿次，发起 3 万场疫情直播，观看人次超 30 亿次①。简短精辟的文案内容、言简意赅的意思表达、轻松自由的话语环境，使得微博的意见表达"老少皆宜"。由此可见，网民在面对各种社会热点事件或公众关心的新闻时，更倾向于就每一舆论热点直接在社交 App 中发表动态，阐明自己的观点和看法。毋庸置疑，网民在合理的网络意见表达边界范围内，发表的新颖独特的看法、颇具争议性的观点以及释放情绪的吐槽和爆梗，经常会带来更好的传播效果和更广泛的网络舆论。

三是转发评论舆论信息。一方面，微博、微信、抖音、知乎等网络社交 App 的"一键四连"功能，即"点赞、转发、评论、收藏"量日益成为衡量某条舆论信息影响力和吸引力的关键性指标。同时，各类社交 App 的推文信息能在最短时间内，以最大范围和最快速度冲上"热搜榜"，得到广大网民的关注、转发和评论，也是对网民意见表达突出优势的一种肯定。部分网民为了凸显这种言说优势，竞相在微博、微信、知乎上表露心声、自由言说。以微博为例，微博是舆论热点事件的传播源头，再弱小的声音也能在微博创造价值。作为公开社交平台，它能够集合媒体、当事人、政府官微以及各领域大 V，通过转发和评论来多角度解读事件，挖掘真相。另一方面，因自身的成长环境、思维认知、身心特点、个人阅历等内外因素的不同，其面对各类形形色色的言论信息时，网民的网络意见表达呈现出鲜明的色彩。网络社交 App 转发和评论功能，正是为网民创生了一个能够畅所欲言和对"看不见的网友"进行沟通对话和思想辩论的虚拟言论空间。此外，微博、微信中的"@"功能还可以将网民的转发和评论内容向指定对象开放和互动；"上传图片、视频、音频、收藏、屏蔽"等功能则为网民分享观点、意见和看法提供了更具个性化、多样化的表达形式。

3. 内容特征

新时代网民的意见表达在网络话语表达中扮演着极其重要的角色，不仅具有极具特色、异彩纷呈的话语表达形式，其话语内容更为新颖、全面和丰富。

2021 年下半年，新浪微博的热搜话题涉及各领域、各方面，包括社会民生、政治事件、娱乐明星、文学艺术、体育竞赛等多类热议话题。据此可见，

---

① 微博数据中心. 微博 2020 用户发展报告 [R]. 2020：12.

一方面，新时代网民借力微博进行意见表达的范围更加广泛。微博用户发展报告指出，"00 后""90 后"对热点的关注主要集中在电影、电视剧、综艺节目及游戏领域，体现"泛娱乐"特征；"80 后""70 后"对热点的关注领域更广，体现"泛社会"特征①。以微博热搜爆词为例，在 2021 年 7—12 月，网民关注的话题前三位为：民生、娱乐和政治。另一方面，网民通过微博表达意见的内容呈现出鲜明的时代性、新颖性和独特性。譬如，在关于"薇娅偷逃税被追缴并处罚款 13.41 亿元"的热搜话题下，共有 660.8 万阅读量和 479 个讨论。其中，部分微博用户评论道，"罚款都是以'亿元'为单位，让大家产生了种'一亿元、两亿元'都不算多的幻觉""现在某主播都这么火的吗？一亿是我这辈子都望尘莫及的级别了"。诸如此类的网络评论，看似调侃戏谑的背后，实则充满了质疑、愤怒和讥讽，相关评论还被众多网友纷纷复制和转发。据此可见，如此轻松、随意、新颖的微博话语体其实更有利于网民吐露自己的心声，使得自己的意见表达以不同的风格形式传播，这也体现了网民个体的价值观念和看法。

第二节　新时代网民意见表达引领研究的理论基础

"经也者，恒久之至道，不刊之鸿教也。"② 经典之所以成为经典是因为其所蕴含的强大精神力量，它代表着一种文化精神、一种价值观。马克思主义及中国化经典理论和西方各学科领域的经典理论是对特定时代做出的思考和解答，但这些思考和解答具有超时空性，其所蕴含的思想理论对分析、研究和解决当下社会问题在世界观与方法论方面具有重要的指导意义。马克思主义经典作家、中国共产党重要领导人关于个体及网民意见表达的相关论述，以及国外"他山之石"的相关思想理论，为新时代网民意见表达引领的研究提供了重要的理论指导、逻辑遵循和有益借鉴。

一、马克思主义经典作家关于个体意见表达的相关论述

（一）马克思主义哲学理论

马克思主义哲学理论对人类社会的发展具有重大的理论价值意义，其中马

---

① 微博数据中心. 微博 2020 用户发展报告 [R]. 2020：14.
② 刘勰. 文心雕龙 [M]. 上海：上海古籍出版社，2010：5.

克思主义唯物论、认识过程论、实践观等作为马克思主义理论的重要内容组成部分，为人们正确认识新时代网民进行意见表达提供了正确的理论指导与价值引领。

1. 马克思主义唯物论

马克思主义哲学，即辩证唯物主义论和历史唯物论认为，社会存在决定社会意识，社会意识是对社会存在的反映并具有能动的反作用。正如马克思指出："观念的东西不外是移入人的头脑并在人的头脑中改造过的物质的东西而已"。① 自然界和人类社会都是物质的，是不依赖于人的意识而存在的客观实在，社会生活中不断涌现的事实也同物质一样是客观存在的。新时代网民群体在发表个人意见、社交媒体工作者在面对纷繁复杂的网络信息时，只有坚持事实第一性、新闻第二性的原则，才能做到一切从实际出发，透过各种新闻现象和网络信息认识其背后的本质。一方面，要坚持客观规律性与主观能动性的辩证统一。新时代网民和社交媒体工作者只有尊重客观规律，坚持正确的网络舆论立场，并且善于在运动中把握新闻舆论的相关报道事实，才能够做到主观世界与客观世界的统一，真正能动地认识现实生活世界。另一方面，人民群众是历史的创造者，"人民，只有人民，才是创造世界历史的动力"②，"群众路线是我们党的生命线和根本工作路线"③。网络社交媒体工作者与相关职能部门在利用自己的权力去报道新闻事件时，应该尊重事件中的每一个个体和社会群体，做网民真正关心的新闻，说网民都明白的话，让新闻报道和宣传内容真正接地气，从而在形式和内容上真正践行"走基层、转作风、改文风"这一新闻实践活动要求，为新时代网民进行意见表达营造良好的网络舆论氛围。

2. 马克思主义认识过程论

马克思主义认识过程论认为："一个正确的认识，往往需要经过由物质到精神，由精神到物质，即由实践到认识，由认识到实践这样多次反复，才能完成。"④ 网络社交媒体中"高级黑"现象的产生就是部分网民面对纷繁复杂的网络舆论环境和各类虚假不实的新闻报道与相关评论，仅仅停留在对新闻信息的感性认识层面，难以理性认识、分析和辨别新闻事件的真实性，因此，网民

① 中共中央马克思恩格斯列宁斯大林著作编译局. 马克思恩格斯文集：第五卷 [M]. 北京：人民出版社，2009：22.

② 中共中央马克思恩格斯列宁斯大林著作编译局. 马克思恩格斯文集：第五卷 [M]. 北京：人民出版社，2009：22.

③ 毛泽东. 毛泽东选集：第三卷 [M]. 2版. 北京：人民出版社，1991：1031.

④ 中共中央文献研究室. 毛泽东文集：第八卷 [M]. 北京：人民出版社，1999：321.

和网络社交媒体工作者应积极发挥自己对客观事件的思考、观察能力，善于透过新闻报道的现象认识其本质，实现对新闻认知和宣传报道的质的飞跃。

3. 马克思主义实践观

马克思主义实践观认为："生活、实践的观点，应该是认识论的首要的和基本的观点。"① 实践对认识具有重要的决定意义，而认识则是在实践的基础上主体对客体的能动反映，对实践具有指导作用。一方面，网民借助网络社交媒体发表、传递的信息，作为党和国家意识形态领域的重要组成部分，必须坚持用马克思主义的认识论来指导实践，这就要求网络社交媒体工作者要深入实践，贴近实际、贴近生活、贴近群众，写出群众喜闻乐见的新闻报道，为引导其进行理性的意见表达提供真实优质的内容素材。倘若相关网络舆论信息的报道只是停留在创作者的主观臆想中，忽略了实践的范畴，则会陷入唯心主义，也就不能对新闻事件做出及时正确的报道，继而影响网民进行正确理性的意见表达。另一方面，新时代网民和网络社交媒体工作者应深刻认识意识的积极能动作用。马克思主义认为，正确的意识对新闻报道事件的传播和发展具有积极指导作用，错误的意识则具有消极的阻碍作用。因此，网民在进行意见表达时，应对自己所见、所闻、所感的网络信息进行分析、思考和辨别，以求真务实和理性科学的原则发表个人的观点。

总之，马克思主义哲学、马克思主义认识过程论和马克思主义实践观是研究网络社交媒体中"高级黑"现象的逻辑前提与理论根基。网民和网络社交媒体工作者只有尊重客观规律，坚持正确的网络新闻舆论立场，并且善于在运动中把握新闻报道事实，才能够做到主观世界与客观世界的统一，减少和防范网络社交媒体中"高级黑"现象的产生。

(二) 马克思主义意识形态理论

网络空间的主体——网民尤其是网络意见领袖，凭借其专业优势和信息资源，在网络空间中拥有较大的话语权。无论是网民个人或群体，还是意见领袖等权威人士，其发表的言论见解都会对我国的网络意识形态安全产生重大影响。面对当前复杂嬗变的网络空间和网民意见表达中滋生的各种乱象，必须始终坚持马克思主义经典作家的意识形态理论的科学指导和方向引领，如此才能教育引导网民进行正确的意见表达，营造清朗健康的网络舆论环境，牢牢守住网络意识形态安全阵地，助力我国网络社会治理和网络舆论生态建设。

---

① 列宁. 列宁专题文集：论辩证唯物主义和历史唯物主义 [M]. 北京：人民出版社，2009：49.

1. 媒介意识形态理论

媒介尤其是当下的网络媒介是党和国家进行意识形态斗争的重要载体。恩格斯在《马克思和〈新莱茵报〉》一文中指出：当我们在德国创办一种大型报纸的时候，我们就有了现成的旗帜。这个旗帜只能是民主派的旗帜，但这个民主派到处都在各种具体场合强调自己的特殊的无产阶级性质，这种性质是它还不能一下子就写在自己旗帜上的。① 列宁在《论国家》中指出：在最富有的国家内，花数千万金钱推销数千万份来散布资产阶级谎言和帝国主义政策的最富有的报纸，没有一个不在重复这种反对布尔什维克主义的基本论据和责难，说美国、英国和瑞士是以民权制度为基础的先进国家，布尔什维克的共和国却是强盗国家，没有自由，布尔什维克破坏民权思想，甚至解散了立宪会议。② 以此说明报纸等媒介具有鲜明的意识形态属性，社会主义国家政党必须积极利用媒介传播社会主义意识形态。网民在网络空间中的意见表达具有多元性和不确定性，一旦小范围的非理性或情绪化的意见表达集聚成为负面网络舆论时，就会波及整个网络社会，冲击国家网络意识形态安全，甚至撕裂社会价值共识，引发社会矛盾。因此，在开展网民意见表达引领时，需要站在网络意识形态安全的高度进行理论构建，最大化地增进网民对社会主流意识形态的政治认同，以化解意见表达中的舆情冲突。

2. 意识形态话语权理论

互联网时代构建了一个"人人都是麦克风"的网络言说空间，促进了不同网民群体的话语权的排序和分配。譬如，网络意见领袖凭其独特的个人魅力、专业素养和意见书写，获得较大的网络话语权力，并赢得主导和调控网络舆论走向的资格。学识素养更胜一筹的高知网民较之于一般的普通网民，能获得更多的意见表达份额。话语权本质上是对特定社会阶级意识形态支配和建构力度的彰显。马克思主义意识形态话语权理论为充分发挥网络意见领袖的意见表达引领功能、凝聚主流意识形态提供了重要理论基础。马克思指出："思想、观念、意识的生产最初是直接与人们的物质活动，与人们的物质交往，与现实生活的语言交织在一起的。……表现在某一民族的政治、法律、道德、宗

---

① 中共中央马克思恩格斯列宁斯大林著作编译局. 马克思恩格斯选集：第四卷 [M]. 3 版. 北京：人民出版社，2012：3-4.

② 列宁. 列宁选集：第四卷 [M]. 3 版. 北京：人民出版社，2012：37.

教、形而上学等的语言中的精神生产也是这样。"① 在马克思看来，借助承载浓厚意识形态的语言进行意见表达，是网民开展网络社交必不可少的工具。网民通过语言进行自我意见表达，其背后蕴藏的价值观念、政治态度和理想信念，是对我们党和国家倡导的主导意识形态的鲜明表征。马克思认为："统治阶级的思想在每一时代都是占统治地位的思想。……支配着物质生产资料的阶级，同时也支配着精神生产资料。"② 资本主义社会中的统治者主要通过发挥所谓"意识形态家""在理论上甚至为这些'非生产劳动者'中纯粹寄生的部分恢复地位，或者为其中不可缺少的部分的过分要求提供根据"③。列宁尤其注重发挥革命思想家对普通工人开展科学社会主义的宣传动员作用。他认为："工人还没有意识到而且也不可能意识到他们的利益同整个现代的政治制度和社会制度的不可调和的对立"④，"工人本来也不可能有社会民主主义的意识。这种意识只能从外面灌输进去"⑤。无论是马克思主义经典作家的年代，还是当下的互联网时代，线上线下的意识形态话语权的博弈和"无硝烟的战争"从未停歇，反而愈演愈烈。网民，尤其是网络意见领袖在行使自己的网络言论表达自由权时，必须在维护网络意识形态安全的科学合理范围界限之内，这需要整个社会积极引导网民进行理性表达、自觉认同和捍卫我国主流意识形态。

3. 知识分子与意识形态的理论

重视发挥网络意见领袖这一网络舆论场中的"精英分子"作用，他们是研究网民意见表达的重要主体对象。马克思主义经典作家论述的有关知识分子与意识形态的相关理论，为构建网民意见表达的引领之策提供了有益参考和理论启发。知识分子作为先进阶级的代表，在社会意识形态的形成过程中发挥着重大作用。他们是联接统治阶级和普通民众的思想纽带，即意识形态桥梁。普通社会民众因知识视野的局限而难以自觉领悟和理解统治阶级主导的意识形态理论，这时就需要知识分子作为"中介"为民众传递、解读和输送本阶级的价值精神和思想观点，以获得民众的政治认同，达到维护阶级统治和社会稳定

① 中共中央马克思恩格斯列宁斯大林著作编译局. 马克思恩格斯选集：第一卷 [M]. 3 版. 北京：人民出版社，2012：151-152.

② 中共中央马克思恩格斯列宁斯大林著作编译局. 马克思恩格斯选集：第一卷 [M]. 3 版. 北京：人民出版社，2012：178.

③ 中共中央马克思恩格斯列宁斯大林著作编译局. 马克思恩格斯文集：第八卷 [M]. 北京：人民出版社，2009：238.

④ 列宁. 列宁选集：第一卷 [M]. 3 版. 北京：人民出版社，2012：317.

⑤ 列宁. 列宁选集：第一卷 [M]. 3 版. 北京：人民出版社，2012：317.

的最终目的。马克思指出："分工也以精神劳动和物质劳动的分工的形式在统治阶级中间表现出来"①。以此说明脑力与体力之间的劳动分工是知识分子成为意识形态家的重要标准和动力。知识分子以统治阶级的"思想家"身份，是"该阶级的积极的、有概括能力的意识形态家，他们把编造这一阶级关于自身的幻想当作主要的谋生之道"②。作为体力劳动者的人民群众因缺乏精神和思想的生产能力，对于统治阶级组建的知识分子群体的"思想和幻想则采取比较消极的态度，并且准备接受这些思想和幻想"③，由此彰显了知识分子所发挥的意识形态功能。在列宁看来，"工人阶级单靠自己本身的力量，只能形成工联主义的意识"④，社会主义意识形态需要由革命的思想家集团（从"革命的社会主义的知识分子"转变到"劳动阶级的思想家"）从外部灌输。无论是资产阶级，还是社会主义的意识形态，"人们经常谈论自发性。但工人运动的自发的发展，恰恰导致运动受资产阶级意识形态的支配"⑤。面对鱼龙混杂的网络舆论环境，网络意见领袖作为网络社交中的活跃分子，在网络意识形态中的建构引领作用进一步得到强化。

（三）马克思主义新闻观

"新闻观是新闻舆论工作的灵魂。"⑥ 马克思主义新闻观为中国特色社会主义事业建设提供了重要指导，认识、理解和把握马克思主义新闻观为新时代网民意见表达引领的研究提供了重要的理论、原则、方向与方法指导。

1. 马克思恩格斯的新闻舆论思想

马克思主义新闻观是指"站在马克思主义立场上，用马克思主义的观点与方法所形成的关于新闻的看法，即形成的一系列的关于马克思主义新闻认识论、新闻价值论、新闻方法论的统一观念"⑦。马克思主义新闻观从根本上形成了马克思主义关于"新闻的本质是什么、应该是什么以及应该如何做"的

---

① 中共中央马克思恩格斯列宁斯大林著作编译局. 马克思恩格斯选集：第一卷 [M]. 3 版. 北京：人民出版社，2012：179.

② 中共中央马克思恩格斯列宁斯大林著作编译局. 马克思恩格斯选集：第一卷 [M]. 3 版. 北京：人民出版社，2012：179.

③ 中共中央马克思恩格斯列宁斯大林著作编译局. 马克思恩格斯选集：第一卷 [M]. 3 版. 北京：人民出版社，2012：179.

④ 列宁. 列宁选集：第一卷 [M]. 3 版. 北京：人民出版社，2012：317.

⑤ 列宁. 列宁选集：第一卷 [M]. 3 版. 北京：人民出版社，2012：327.

⑥ 习近平. 习近平谈治国理政：第二卷 [M]. 北京：外文出版社，2017：332.

⑦ 杨保军. 当前我国马克思主义新闻观的核心观念及其基本关系 [J]. 新闻大学，2017 (4)：18.

系统看法。马克思恩格斯的新闻舆论思想极为丰富。

一是揭示了新闻和新闻机构的基本性质。马克思主义认为，经济基础决定上层建筑，上层建筑服务于经济基础并对经济基础具有重要的反作用。在社会主义市场经济条件下，即网民进行意见表达的各类社交媒体等新闻机构作为一定的经济实体，与市场经济有着千丝万缕的紧密联系，由此就凸显了新闻及其机构的意识形态属性，必须坚持党管新闻。根据能动反映论这一马克思主义唯物论原理，网络社交媒体承载的新闻报道、转发、评论等，是新闻工作者和网民对特定对象的能动反映。

二是指明了新闻媒体的"喉舌耳目"功能。马克思在《新莱茵报》中指出："报刊按其使命来说，是社会的捍卫者，是针对当权者的孜孜不倦的揭露者，是无处不在的耳目，是热情维护自己自由的人民精神的千呼万唤的喉舌。"① 在马克思的年代，以报刊为主体的新闻媒介，是揭露与人民相敌对的当权者的重要耳目，是千呼万唤的喉舌。

三是强调了恪守新闻的客观性和真实性。真实性是新闻的生命力和可信性，也是马克思主义新闻观的首要立足点。马克思和恩格斯认为，新闻首先具有客观规律性。马克思曾指出："因为历史的进化像自然的进化一样，有其内在规律"②。那么，新闻报刊工作也就像人们承认植物有其生长规律一样，也有内在规律性。马克思在 1843 年 1 月就《莱比锡总汇报》被普鲁士政府查封事件所写的文章中论及了"好报刊"与"坏报刊"的区别。在马克思看来，是否根据事实和希望来描写新闻事实，是区别新闻真实与否的重要标准。尤为重要的是，对于记者而言，需要"极其忠实地报道他所听到的人民呼声"③，这实质上就是一种事实的存在形式，因为"不真实的思想必然地、不由自主地要伪造不真实的事实，因此也就会产生歪曲和撒谎"④。马克思继续指出："真正的报刊应始终是人民的思想的具体表现，是真实的叙述……因为报刊的本质总是真实的。"⑤ 由此可见，在网络社交媒体时代，网民不真实的思想和意见表达往往促成了不真实的信息事实。

---

① 中共中央马克思恩格斯列宁斯大林著作编译局. 马克思恩格斯选集：第四卷 [M]. 3 版. 北京：人民出版社，2012：275.

② 中共中央马克思恩格斯列宁斯大林著作编译局. 马克思恩格斯全集：第一卷 [M]. 北京：人民出版社，1995：358.

③ 中国社会科学院新闻研究所. 马克思恩格斯论新闻 [M]. 北京：新华出版社，1985：115.

④ 中国社会科学院新闻研究所. 马克思恩格斯论新闻 [M]. 北京：新华出版社，1985：112.

⑤ 中国社会科学院新闻研究所. 马克思恩格斯论新闻 [M]. 北京：新华出版社，1985：112.

四是阐述强调新闻出版的自由性。恩格斯曾将"新闻出版自由"界定为："每个人都可以不受阻挠地和不经国家事先许可而发表自己的意见，这就是新闻出版自由。"① 马克思则认为："没有新闻出版自由，其他一切自由都会成为泡影。自由的每一种形式都制约着另一种形式，正像身体的这一部分制约着另一部分一样。只要自由的某一种形式成了问题，那么，整个自由都成问题。"② 这指明了新闻出版自由在人类自由中占据的关键性地位。诚如马克思所言："人类特性恰恰就是自由的自觉的活动。"③ 作为人类"有意识活动"的自由，新闻出版自由是人类的一种普遍权利，关涉人民群众的思想、精神、观点等意见能否在新闻报刊上充分自由地表达。而普鲁士政府却通过书报检查，禁锢了人们"有意识活动的自由"，扼杀了意见表达这一"普遍权利"。马克思指出："问题不在于新闻出版自由是否应当存在，因为新闻出版自由向来是存在的。问题在于新闻出版自由是个别人物的特权呢，还是人类精神的特权。"④ 毋庸置疑，普鲁士政府把新闻出版自由作为少数统治阶级的特权，而对普通民众的意见表达加以严格限制，此般封建专制的新闻出版垄断，与马克思提出的"人类精神特权"背道而驰。

五是高度重视新闻舆论工作。马克思曾指出，社会舆论是一种"普遍的、隐蔽的和强制的力量"⑤。他和恩格斯在早期的不同历史时期依托报刊做了大量成效显著的社会舆论引导工作。此外，马克思和恩格斯认为新闻具有高度的时效性。马克思曾将新闻传播的速度形象地比喻为"报刊的闪电""电讯立刻闪电般地传遍整个大不列颠"。尽管穿越时空，但马克思和恩格斯对新闻舆论工作的经典理论内核与精髓具有鲜明的普适性，即使在互联网技术高速发展的今天以及网络社交媒体时代新的网络舆论传播格局中，其现实指导意义仍然毫不逊色。

六是关于新闻队伍与文风建设。一方面，马克思和恩格斯高度重视建设高

① 中共中央马克思恩格斯列宁斯大林著作编译局. 马克思恩格斯全集：第三卷 [M]. 北京：人民出版社，2002：575.
② 中共中央马克思恩格斯列宁斯大林著作编译局. 马克思恩格斯全集：第一卷 [M]. 北京：人民出版社，1995：201.
③ 中共中央马克思恩格斯列宁斯大林著作编译局. 马克思恩格斯全集：第一卷 [M]. 北京：人民出版社，1995：46.
④ 中共中央马克思恩格斯列宁斯大林著作编译局. 马克思恩格斯全集：第一卷 [M]. 北京：人民出版社，1995：167.
⑤ 中共中央马克思恩格斯列宁斯大林著作编译局. 马克思恩格斯全集：第一卷 [M]. 北京：人民出版社，1995：385.

素质的新闻队伍。马克思和恩格斯作为新闻工作者的楷模，从各自的报刊从业实践经历出发，认为报刊应该是人民的日常思想和感情的表达者，"它生活在人民当中，它真诚地同情人民的一切希望与忧患、热爱与憎恨、欢乐与痛苦"①。恩格斯也强调，编辑党报的人首先必须以党为中心。足以可见，马克思、恩格斯都非常重视党报工作人员的基本素养。这既是马克思主义者对自己媒体报刊的品格要求，也是对所有新闻媒体从业者的基本素养要求。另一方面，注重建设优良的新闻文风。马克思、恩格斯认为，好的新闻文风不仅要言简意赅、一语中的和平铺直叙的描写相互交织，而且应该是朴实无华的语言同闪闪发光的形象和迸发出的耀眼火花的妙语相互交织，对于新时代网络新闻媒体工作作风建设富有启发意义。质言之，马克思恩格斯的新闻舆论思想为本研究提供了有益的思想理论指导。

2. 列宁的新闻舆论思想

一是提出新闻的真实性。列宁在谈到报纸时指出，我们的报纸是我党的一面镜子。它应当经常保持干净，摆放端正，它所反映的东西，都不应失真。在他看来，媒体应该像"镜子"一样反映对象。他指出，"新闻中抽出一些个别的事实，这是站不住脚的方法，也是毫无意义的。因为在具体的历史情况下，一切事情都有它个别的情况。"② 他对新闻的真实性提出具体要求，强调："报纸由于具有严格的真实性和严肃的原则性，因而不仅在无产阶级和一切劳动人民的心目中具有很高威望，而且在我们最凶恶的敌人的心目中也具有很高的威望。任何人在任何时候都不能非难我们的报纸不真实。"③ 可见，在互联网时代，网民意见表达与社交媒体工作者输出的内容是否真实是影响新闻信息质量好坏的根基所在。

二是提出新闻事业的党性原则。列宁在《党的组织和党的出版物》一文中论述了党的组织和党的出版物之间的关系，为新闻事业的党性原则奠定了重要的理论基础。他认为出版物及新闻事业的党性原则主要包括：其一，为千千万万劳动人民，为国家的未来发展服务；其二，新闻事业不能是个人或集团的牟利工具，而且不能成为与无产阶级总事业无关的个人事业；其三，新闻事业是党的整个机器的齿轮和螺丝钉；其四，新闻事业必须接受党的领导和监督；

---

① 中共中央马克思恩格斯列宁斯大林著作编译局. 马克思恩格斯全集：第一卷 [M]. 北京：人民出版社，1995：352.

② 列宁. 列宁论报刊与新闻写作 [M]. 杨春华，星华，译. 北京：新华出版社，1983：18.

③ 列宁. 列宁论报刊与新闻写作 [M]. 杨春华，星华，译. 北京：新华出版社，1983：18.

其五，党对新闻事业的领导必须考虑其特殊性。列宁提出的党性原则，为新时代的网民意见表达引领工作指明了价值旨归。

三是强调新闻出版的自由性。列宁指出，新闻"出版自由就是全体公民可以自由发表一切意见"①。他在十月革命之后论及新闻自由时指出："全世界的报刊辛迪加——那里的新闻自由，就是99%的报刊都被腰缠万贯的金融巨头所收买——展开了帝国主义者的世界大进军"②。不论是出版自由，还是新闻自由，二者紧密联系、相互渗透，是对人们意见表达的内涵呈现。

四是强调优良新闻文风的建设。列宁认为，良好的新闻文风不能故作高深，而是应该面向人民群众"说话"。他认为"最高限度的马克思主义等于最高限度的通俗化"③。在传播真理思想的过程中应尽量使自己的言语更加形象生动。譬如，他在把德国机会主义者考茨基和德国马克思主义者卢森堡相提并论时，将卢森堡比喻为"一只鹰"，而把考茨基看作工人运动后院粪堆上的"鸡"。列宁对此幽默道："鹰有时比鸡还飞得低，但鸡永远不能飞得像鹰那样高。"此番论证既使得马克思主义者与机会主义者的界限分明，又起到了相当不错的传播成效。

五是关于社会舆论的监督性。在列宁看来，无论是政府，还是社会经济组织，都应接受社会舆论的批评与监督。他强调，政府时刻都应受到来自本国舆论的监督，并在十月革命胜利后直接表示，"我们希望政府时刻受到本国舆论的监督"④。他希望舆论发挥其对党的领导、党内组织的各方面的监督作用。斯大林执政初期，他认为新闻报道应允许不同意见的存在，发挥舆论监督作用，也鼓励执政党进行自我批评并且接受监督，同时动员群众参与新闻舆论活动、行使舆论监督的权力。

总之，马克思主义新闻观的思想内涵深刻丰富，其中新闻事业的"喉舌"论、新闻事业的党性原则、新闻报道的真实性、坚持有原则性的新闻自由、批判性与正确的舆论导向相统一、重视新闻报道的艺术性等核心思想，有助于为网络社交媒体工作者和新闻舆论工作者做好宣传报道工作，提高思想引领和原则指导，是分析新时代网民意见表达引领对策的重要思想来源和理论依据。

---

① 列宁. 列宁论报刊与新闻写作 [M]. 杨春华，星华，译. 北京：新华出版社，1983：18.
② 列宁. 列宁全集：第三十二卷 [M]. 2版. 北京：人民出版社，2017：230.
③ 列宁. 列宁全集：第四十一卷 [M]. 2版. 北京：人民出版社，2017：113.
④ 列宁. 列宁全集：第三十三卷 [M]. 2版. 北京：人民出版社，2017：14.

二、中国共产党人关于新闻思想和网民意见表达的相关论述

（一）毛泽东新闻思想

1. 毛泽东的新闻观

首先，毛泽东对新闻的"反映论"作了更加明确的论述："在社会主义国家，报纸是社会主义经济即在公有制基础上的计划经济通过新闻手段的反映，和资本主义国家报纸是无政府主义状态和集团竞争的经济通过新闻手段的反映不相同。"① 他把新闻以自己的特定方式反映社会生活称为"新闻手段"，是唯物论的反映论的有力诠释。其次，毛泽东提出了新闻的真实性原则。他在《怎样办<时事简报>》一文中强调："严禁扯谎，……这种离事实太远的说法，是有害的。《时事简报》不能靠扯谎吃饭。"② 这为新闻宣传的事实性和真理性指明了实践遵循，也是网民进行意见表达和网络舆论传播的力量所在；在《反对党八股》中指出，"共产党……要靠实事求是吃饭。"③ "要求我们的情报要真实，不要扯谎。"④ 由此强调新闻要实事求是。同时，他还认为报纸必须具有党性，要紧密联系群众。"必须第一贯彻着坚强的党性，……必须增强宣传的党性"⑤，"我们的方针政策与工作任务必须通过报纸使各位领导者和干部知道，还要让群众知道……群众齐心了，一切事情就好办了。"⑥ 再次，毛泽东强调了新闻出版的自由性。他在党的七大上指出："人民的言论、出版、集会、结社、思想、信仰和身体这几项自由，是最重要的自由"⑦。最后，毛泽东强调建设高素质的新闻队伍和优良的新闻文风。一方面，他指出：各省（区、市）要有自己的马克思主义理论家，自己的科学家和技术人才，自己的文学家、艺术家和文艺理论家，要有自己的出色的刊物编辑和记者。⑧ 这为新

---

① 邵华泽. 马克思主义新闻观及其在当代中国的运用和发展 [M]. 北京：人民出版社，2009：54.

② 邵华泽. 马克思主义新闻观及其在当代中国的运用和发展 [M]. 北京：人民出版社，2009：58.

③ 中共中央文献研究室，新华通讯社. 毛泽东新闻工作文选 [M]. 北京：新华出版社，1983：29.

④ 中共中央文献研究室. 毛泽东文集：第三卷 [M]. 北京：人民出版社，1996：351.

⑤ 中共中央文献研究室，新华通讯社. 毛泽东新闻工作文选 [M]. 北京：新华出版社，1983：98.

⑥ 毛泽东. 毛泽东选集：第四卷 [M]. 北京：人民出版社，1991：1318.

⑦ 毛泽东. 毛泽东选集：第三卷 [M]. 北京：人民出版社，1991：1070.

⑧ 中共中央文献研究室. 毛泽东年谱（一九四九—一九七六）：第三卷 [M]. 北京：中央文献出版社，2013：193.

闻媒体队伍建设提出了目标指向。另一方面，毛泽东所著的《反对党八股》尽管不是专门针对新闻工作，但他所列举的"八大罪状"，如空话连篇、言之无物，无的放矢、不看对象等，都对改进新闻工作文风具有重要的警示意蕴。他在《对晋绥日报编辑人员的谈话》中指出，我们党"所办的报纸，所进行的一切宣传工作，都应当是生动的、鲜明的、尖锐的，毫不吞吞吐吐。这是我们革命无产阶级应有的战斗风格。我们要教育人民认识真理，要动员人民起来为解放自己而斗争，就需要这种战斗的风格"①。这既是对新闻媒体的风格阐释，也是对新时代网络社交媒体工作者的文风要求。

2. 毛泽东的宣传观

毛泽东认为，在革命战争年代，中国共产党要想打倒敌人，就要把武装斗争连同思想宣传一起来做。这表明他既看重硬实力，也看到了软实力的作用。他在党的革命与建设时期非常重视宣传工作，指出："做宣传，要看对象……没有分析，乱讲一通是不行的"②。同时，他还强调要通过改进文风来提高全党的宣传工作水平。

3. 毛泽东的舆论观

毛泽东曾多次对"舆论"做过论述，深谙舆论的重要性，他在党的革命时期非常注重运用和调动舆论的重要力量，曾在反围剿时期就提出"要动员当地舆论，以制止内战"③ 的要求，并指出，"我们的舆论，是一律，又是不一律"④；"凡是要推翻一个政权，总要先造成舆论，总要先搞意识形态方面的工作"⑤，"我们的制度就是不许一切反革命分析有言论自由，而只许人民内部有这种自由。我们在人民内部，是允许舆论不一律的，这就是批评的自由，发表各种不同意见的自由，宣传有神论和宣传无神论（即唯物论）的自由"⑥。总之，毛泽东是马克思主义新闻思想理论中国化的理论先行者，对今天分析研究网络社交媒体时代网民的意见表达中的新闻宣传工作具有重大影响。

---

① 毛泽东. 毛泽东选集：第四卷 [M]. 北京：人民出版社，1991：1322.

② 毛泽东. 毛泽东选集：第三卷 [M]. 北京：人民出版社，1991：836-837.

③ 中共中央文献研究室，新华通讯社. 毛泽东新闻工作文选 [M]. 北京：新华出版社，1983：105.

④ 中共中央文献研究室. 毛泽东年谱（一九四九—一九七六）：第二卷 [M]. 北京：中央文献出版社，2013：390.

⑤ 中共中央文献研究室. 毛泽东年谱（一九四九—一九七六）：第五卷 [M]. 北京：中央文献出版社，2013：153.

⑥ 中共中央文献研究室. 毛泽东年谱（一九四九—一九七六）：第二卷 [M]. 北京：中央文献出版社，2013：389-390.

（二）邓小平、江泽民、胡锦涛的新闻思想

1. 邓小平新闻思想

一方面，重视发挥新闻舆论的正面导向作用。新闻舆论的影响深远、范围广泛，如果舆论引导出现偏差，便容易滋生不安定因素。邓小平强调指出"单单是报纸的舆论就可以发生这样大的影响"①。此处的"报纸舆论"意指"新闻舆论"。倘若新闻媒体能够实事求是地把道理讲透彻，新闻舆论就能够发挥强大的正能量；反之，则会误导整个社会舆论走向，继而形成错误的偏差。为此，邓小平强调："党报党刊一定要无条件地宣传党的主张"②；"要使我们党的报刊成为全国安定团结的思想上的中心"③；新闻工作者在内的"思想战线上的战士"都应是"人类灵魂工程师"；必须反对宣传工作中的形式主义，注重宣传的方式方法，加强新闻工作者的业务素质等。只有这样，全社会的新闻舆论工作才能充分发挥党和人民群众所期望的舆论引导作用。另一方面，强调新闻队伍与文风建设的极端重要性。邓小平强调："在当前这个转变时期，在社会主义精神文明建设和整个社会主义建设事业中，他们在思想教育方面的责任尤其重大。"④ 新闻工作者作为"思想战线上的战士"队伍中的重要组成者理应严格要求自己成为"人类灵魂工程师"。他曾在南方谈话中对新闻媒体及其宣传报道严厉批评道："现在有一个问题，就是形式主义多。电视一打开，尽是会议。会议多，文章太长，讲话也太长，而且内容重复，新的语言并不很多，重复的话要讲，但要精简。"⑤ 得到了新闻媒体工作者的高度重视。

2. 江泽民新闻思想

首先，立足于对前期舆论工作的历史经验和教训总结，江泽民强调舆论工作的导向问题，并提出了著名的"福祸论"。同时，他还指出舆论引导在网络空间的重要作用，随着信息网络化的快速发展，"各种媒体特别是信息网络化迅速发展，舆论的作用和影响越来越大，越来越需要加强引导。"⑥ 江泽民指出："以正确的舆论引导人"⑦"舆论导向正确，是党和人民之福；舆论导向错

① 邓小平. 邓小平文选：第二卷［M］. 北京：人民出版社，1994：228.
② 邓小平. 邓小平文选：第二卷［M］. 北京：人民出版社，1994：272.
③ 邓小平. 邓小平文选：第二卷［M］. 北京：人民出版社，1994：255.
④ 邓小平. 邓小平文选：第三卷［M］. 北京：人民出版社，1993：40.
⑤ 邓小平. 邓小平文选：第三卷［M］. 北京：人民出版社，1993：381
⑥ 江泽民. 论"三个代表"［M］. 北京：中央文献出版社，2001：127.
⑦ 江泽民. 江泽民文选：第一卷［M］. 北京：人民出版社，2006：563.

误，是党和人民之祸"①。他还提出了衡量"舆论导向"是否正确的 5 条标准，将党的新闻舆论工作推向了新的境界。

其次，指明新闻媒体的"喉舌"功能。江泽民指出："我们国家的报纸、广播、电视等是党、政府和人民的喉舌。这既说明了新闻工作的性质，又说明了它在党和国家工作中的极其重要的地位和作用。"② 他将党和政府的"喉舌"与人民群众的"喉舌"相提并论。江泽民对新闻的真实性做了精辟论述："我们的新闻工作要做到真实地反映生活，就要深入进行调查研究，不仅要做到所报道的单个事情的真实、准确，尤其要注意和善于从总体上、本质上以及发展趋势上去把握事物的真实性。"③ 这就为新闻宣传的事实性和真理性指明了实践遵循，也是网民进行意见表达和网络舆论传播的力量所在。

再次，对于新闻自由，江泽民认为主要包括三个方面：一是没有抽象的新闻自由。"任何自由从来都不是抽象的而是具体的，不是绝对的而是相对的。在任何一个国家中，都不存在绝对的毫无限制的'新闻自由'。在国际上还存在社会主义和资本主义的对立，在国内阶级斗争还在一定范围内存在的情况下，自由就不能不带有阶级性。"④ 二是西方国家标榜的"新闻自由"是"伪自由"。"实质就是资产阶级的新闻自由，是为维护资产阶级利益和资本主义制度服务的。……说到底，是有钱就有自由，没有钱就没有自由，有多少钱就有多少自由。"⑤ 三是新闻报道超过一定限度会被惩罚。"有时报刊上也登载一些资产阶级内部相互攻讦、互相争吵的东西，给人以新闻自由的假象。其实这种自由也不是无限度的，仍然是以不损害资产阶级的整体利益为前提的。对于试图改变资本主义制度的新闻活动，法律从来没有放弃过惩罚。"⑥

最后，关于新闻队伍与文风建设。江泽民首次完整地提出了新形势下新闻队伍建设的总目标和总要求，他曾在视察解放军报社时强调建设一支"政治

---

① 江泽民. 江泽民文选：第一卷 [M]. 北京：人民出版社，2006：564.

② 中共中央文献研究室. 十三大以来重要文献选编（中）[M]. 北京：人民出版社，1991：766.

③ 中共中央文献研究室. 十三大以来重要文献选编（中）[M]. 北京：人民出版社，1991：766.

④ 中共中央文献研究室. 十三大以来重要文献选编（中）[M]. 北京：人民出版社，1991：773.

⑤ 中共中央文献研究室. 十三大以来重要文献选编（中）[M]. 北京：人民出版社，1991：774.

⑥ 中共中央文献研究室. 十三大以来重要文献选编（中）[M]. 北京：人民出版社，1991：774.

强、业务精、纪律严、作风正"① 的新闻工作队伍。江泽民在视察人民日报社时提出建设新闻队伍要打好"理论路线、政策法规纪律、群众路线、知识、新闻业务"五大根底；发扬"敬业、实事求是、艰苦奋斗、清正廉洁、严谨细致、勇于创新"六种作风。他也对部分不良新闻报道进行了批评："现在，报纸上登载的许多报道，主题好，内容好，……但是，也有一部分新闻作品，不讲究辞章文采，文字干巴巴的，翻来覆去老是那么几句套话；也有的哗众取宠，乱造概念，词句离奇，使人看不懂，这种不良文风应加以纠正。"② 此番论述增强了新闻媒体文风批评的说服力，对新时代网络舆论信息的传播具有极大的意义。

3. 胡锦涛新闻思想

首先，胡锦涛对舆论引导工作做了诸多理论贡献。他在 2008 年考察人民日报社时，指出了提高"舆论引导力"的观点。一方面，他要求新闻事业要坚持党性原则，将提高新闻的舆论引导能力置于突出位置；另一方面，他要求新闻宣传工作要以人为本，遵照新闻传播规律，提高舆论引导能力。2003 年 3 月 28 日，中共中央政治局会议通过的《关于进一步改进会议和领导同志活动新闻报道的意见》中首次使用了"新闻价值"这一西方新闻理论中的核心概念，进一步体现了党遵循新闻规律及其舆论传播规律。胡锦涛强调要重视新媒体的重要作用，努力形成积极正向的网络舆论态势；要正确处理"民间、官方、海外"三者之间舆论场的关系，要通过"最大公约数"来体现新闻信息和宣传报道的价值。其次，关于如何建设一支高素质的新闻队伍。胡锦涛指出：一要"确保领导权牢牢掌握在忠于马克思主义、忠于党、忠于人民的手里③。二要坚持马克思主义新闻观，引导广大新闻宣传工作者不断提高思想政治水平、增强业务本领，努力建设一支政治强、业务精、作风正、纪律严的新闻宣传队伍。三要加强对中青年骨干的培养锻炼，采取多种措施培养造就更多人民喜爱的名记者、名编辑、名评论员、名主持人。这为新时代网络社交媒体工作队伍的建设树立了一面鲜亮的标杆旗帜。最后，胡锦涛提出了改进新闻文风的目标旨在"切实改进文风，写文章、搞报道都要言之有物、生动鲜活、

① 中共中央宣传部新闻局. 中国共产党新闻工作文献选编（1938—1989）［M］. 北京：学习出版社，1990：191.
② 江泽民. 江泽民文选：第一卷［M］. 北京：人民出版社，2006：567.
③ 胡锦涛. 胡锦涛文选：第二卷［M］. 北京：人民出版社，2016：531.

言简意赅，切忌八股习气"①。

（三）习近平总书记关于新闻舆论工作的重要论述

一是始终坚持宣传思想工作的党性原则。习近平总书记指出"做好宣传思想工作，必须坚持党性原则"，要始终将党的正确领导放在首位。他强调"党性和人民性从来都是一致的、统一的"②，坚持党性与人民性相统一就是要在新闻舆论工作中坚持"为人民服务"这一核心宗旨。针对互联网时代各种思想信息，习近平总书记强调，"新闻舆论工作各个方面、各个环节都要坚持正确舆论导向"③。要注重发挥主流舆论凝聚人和鼓舞人的重要作用，坚持团结稳定鼓劲、正面宣传为主④。

二是始终坚持新闻的实事求是原则。习近平总书记曾在党的新闻舆论工作座谈会上指出："真实性是新闻的生命。要根据事实来描述事实，既准确报道个别事实，又从宏观上把握和反映事件或事物的全貌。"⑤ 强调坚持新闻的真实性，本质上是对新闻客观规律的尊重，是对网民意见发表引领负责任的现实表现，也是马克思主义科学态度的具体展现。总之，习近平总书记继承了在工作中坚持实事求是的传统，鼓励新闻工作者在工作中到基层去深入调查，力求新闻报道真实客观又科学可靠。这是对往届共产党领导人的相关思想观点的坚持和发展。

三是高度重视新闻舆论工作。党的十八大以来，以习近平同志为核心的党中央做出了关于"改进工作作风、密切联系群众"的八项规定，其中一项就包含新闻宣传，即"要改进新闻报道，中央政治局同志出席会议和活动应根据工作需要、新闻价值、社会效果决定是否报道，进一步压缩报道的数量、字数、时长"⑥。习近平总书记在 2013 年关于意识形态的讲话中进一步对宣传舆论工作的引导提出了"时、度、效"的要求。随后，他在 2016 年召开的新闻舆论工作座谈会上指出："做好党的新闻舆论工作，事关旗帜和道路，事关贯彻落实党的理论和路线方针政策，事关顺利推进党和国家各项事业，事关全党全国各族人民凝聚力和向心力，事关党和国家前途命运。必须从党的工作全局

---

① 中共中央文献研究室. 十五大以来重要文献选编：下 ［M］. 北京：人民出版社，200：2224.

② 习近平. 习近平谈治国理政：第一卷 ［M］. 北京：外文出版社，2018：154.

③ 习近平. 习近平谈治国理政：第二卷 ［M］. 北京：外文出版社，2017：332.

④ 中共中央文献研究室. 十九大以来重要文献选编：中 ［M］. 北京：中央文献出版社，2021：284.

⑤ 习近平. 习近平谈治国理政：第二卷 ［M］. 北京：外文出版社，2017：333.

⑥ 本书编写组. 新理念 新思想 新战略80词 ［M］. 北京：人民出版社，2016：90.

出发把握党的新闻舆论工作，做到思想上高度重视、工作上精准有力。"① 并用"高举旗帜、引领导向，围绕中心、服务大局，团结人民、鼓舞士气，成风化人、凝心聚力，澄清谬误、明辨是非，联接中外、沟通世界"② 精辟概括了新时代党的新闻舆论工作的使命任务和职责担当。

四是注重建设新闻队伍与文风。一方面，习近平总书记对新时代新闻工作者的角色进行了精准定位，强调新闻工作者应当努力成为"党的政策主张的传播者、时代风云的记录者、社会进步的推动者、公平正义的守望者"③。明确了新时代网络社交媒体工作者集上述四种身份于一体的价值取向。他还指出："要加快培养造就一支政治坚定、业务精湛、作风优良、党和人民放心的新闻舆论工作队伍"④。新闻工作者必须同时具备政治、业务、作风三方面的基本素质。概言之，新闻工作者必须做到让党和人民真正放心。另一方面，习近平总书记将新闻文风存在的主要问题归结为三点：一是"长"，即"有意无意地将文章、讲话添枝加叶，短话长说"；二是"空"，即"照搬照抄、移花接木，面孔大同小异，语言上下雷同"；三是"假"，即"夸大其词，言不由衷，虚与委蛇，文过饰非"⑤。如此犀利而精准的概括，对改善、优化网络新闻报道具有重大指引作用。

五是强调新媒体技术的充分运用。面对日新月异的互联网技术，现在的年轻人获取信息，基本是通过网络媒体实现的。由此，习近平总书记提出要"尽快掌握这个舆论场上的主动权，不能被边缘化了"⑥。此外，他还提出要加快传统媒体与新兴媒体的有效融合，充分发挥新媒体在舆论中的正向引导功能，"党的新闻舆论工作……要适应分众化、差异化传播趋势，加快构建舆论引导新格局。"⑦ 要推动传统媒体与新媒体融合发展、坚持主流媒体引领非主流媒体、宣传思想部门必须守土尽责⑧。总之，习近平总书记立足于对党的新闻舆论工作地位的准确判断和当前新闻舆论工作面临的形势分析，着眼于党的

① 习近平. 习近平谈治国理政：第二卷 [M]. 北京：外文出版社，2017：331-332.

② 习近平. 习近平谈治国理政：第二卷 [M]. 北京：外文出版社，2017：332.

③ 习近平. 习近平谈治国理政：第二卷 [M]. 北京：外文出版社，2017：332.

④ 习近平. 习近平谈治国理政：第二卷 [M]. 北京：外文出版社，2017：333.

⑤ 中共中央文献研究室. 十七大以来重要文献选编：中 [M]. 北京：中央文献出版社，2011：671.

⑥ 中共中央文献研究室. 习近平关于社会主义文化建设论述摘编 [M]. 北京：中央文献出版社，2017：29.

⑦ 习近平. 习近平谈治国理政：第二卷 [M]. 北京：外文出版社，2017：333.

⑧ 黄传祥. 习近平新闻舆论思想研究 [D]. 长沙：湖南师范大学，2018.

工作发展全局，提出了一系列关于新闻舆论工作的新思想新理论新论断，为深入研究新时代网民意见表达的引领之道提供了重要理论基础与思想指导。

三、国外相关理论的资源借鉴

（一）认知心理学理论

认知心理学的理论及思想起源于 20 世纪四五十年代的西方世界，作为一种教育学、心理学的思潮与理念，认知心理学研究的是以人类行为为基础的心理机制。在认知心理学理论中，输入、输出间的内部心理过程是其关键和核心，为本书分析研究新时代网民意见表达引领提供了有益的资源借鉴。

格式塔心理学家认为，任何个体的行为或经验本身都具有不可分解性，都共处于一个整体形态之中。"整体不是由各部分的简单相加集合而成的，部分只有在整体中才有意义，一旦离开整体，部分就失去了整体所赋予或决定的意义。整体就是一种由各部分生成又超越各部分的独立的新质——格式塔质。"[①] 人的知觉并不是毫不相关的片段的简单集合，而是有组织性的统一协调的整体。格式塔心理学家认为，知觉组织具有"凸显性、闭合性、连续性、简约性和相似性"[②] 等原则。该理论有助于指导本书在研究中坚持部分与整体相统一的系统论原理，分析网民意见表达的表现形式、基本特征及其实质时，不能以偏概全，要注重点面结合，综合全面地予以探讨和分析。

格式塔理论与语言的产生发展具有紧密联系。Snell-Hornby 认为，"单独的词语或句子都应该在更大的背景和语篇框架下加以理解"[③]，由于网络社交媒体的虚拟性与开放性，大多数网民难以在一个科学合理且有效的语境背景与语篇框架下进行理解和意见表达。由一定的语词、语句和语篇所构成的没有"语气"的网络语言，使网民难以理性认知、有效判断各种虚假新闻信息和宣传报道内容，导致网络社交媒体产生的一系列负面现象，影响了网民进行理性的意见表达。此外，认知心理学中的学习理论将人的学习划分为感知、注意、记忆、理解、解决问题的信息处理过程五个部分，认为"人是学习的主体，倡导学习的主动性和能动性"[④]。

---

① 库尔特·考夫卡. 格式塔心理学原理 [M]. 黎炜，译. 杭州：浙江教育出版社，1999：55.

② 曹柏川. 格式塔理论视阈下中医典籍英译研究：以《黄帝内经》为例 [D]. 南京：南京中医药大学，2017.

③ SNELL-HORNBY. Translation studies：an integrated approach [M]. 上海：上海外语教育出版社，2001：1-10.

④ 谭周. 基于认知学习理论开展初中化学教学设计的实践与研究 [D]. 长沙：湖南师范大学，2014.

总之，认知心理学理论在加强网民对思想政治理论和网络社交媒体知识的主动学习、提升网民的理性认知能力、分析思考新时代网民意见表达的引领策略等方面具有重要的理论指导意义。

（二）沉默螺旋理论

沉默螺旋理论作为一个考察大众传播与社会舆论关系的理论，由德国社会学家伊丽莎白·诺埃尔-诺伊曼提出。该理论认为，如果一个人感觉到他的意见是少数的，那么他会倾向于不将自己的观点表达出来。为此，诺伊曼假设了三个理论命题：第一，人为了避免陷入孤立状态，当个体察觉自己属于"多数"或"优势"意见时，他们更倾向于积极大胆地发表自己的观点看法；当发现自己属于"少数"或"劣势"意见时，大多数个体会屈从于舆论环境压力而选择附和或"沉默"。第二，意见的表达和"沉默"的扩散呈螺旋式的社会传播形式。一方的"沉默"会使得另一方的意见处于"增势"，逐渐放大"优势"意见，此种强大优势又会逆向迫使更多的不同意见走向"沉默"。第三，大众社会传播通过营造"意见环境"来影响和制约舆论。舆论的形成主要依赖于"意见表达环境"的压力作用于人们畏惧被孤立冷落的心理，而非社会大众的"理性探讨"结果。这就导致人们被迫趋同于"优势意见"。

在现代互联网语境下，各类网络社交媒体为网民群体提供了复杂多元的意见发表平台，能够容纳不同的声音和意见，这就使得任何一位网民都可以自由发表自己的观点和看法。表面上看，持"少数"或处于"低势位"的网民意见者可以无须"沉默"，自由利用网络社交媒体随意发表意见看法。但作为真实世界的投影和现实社会的拷贝，虚拟网络世界中的意见发表仍然离不开网民的现实生活，需要人际交往交流，即网民通过关注、跟帖、点赞、评论、转发等方式发表个人意见。但个人意见在网络上进行传播时，倘若不能符合大多数人的观点和看法，该意见仍然会遭遇批驳、无视甚至反对。因此，即使在虚拟的网络社会，"少数"或"劣势"的网民意见难以形成具有强大影响力的网络舆论。此种情形下，网民的惧怕心理和趋同心理仍然存在。即是说，网民群体的从众心理动因和网络空间的孤立动机并没有消失，尽管表面现象有所改变，但现象背后的"沉默的螺旋"并未消失。网络社交媒体时代，网民意见的发表和"沉默"的扩散主要表现为螺旋递进的传播方式，加之网络媒体的"赋能"，使得整个过程更为直观。在"人人都是自媒体"网络场域中，任何个体都可以发表自己的意见和声音，使得"沉默的螺旋"不再"沉默"。但由于网民在社交过程中仍然有趋同和惧怕心理，最后还是使更多不同的意见转向了"沉默"。概言之，沉默螺旋理论为我们分析和研究新时代网民的意见表达及其引领实践，具有重要的指导意义。

（三）"意见领袖"与"两极传播"理论

"意见领袖"最早由美国学者拉扎斯·菲尔德在《人民的选择》（1944）中提出。菲尔德提出了著名的"两极传播理论"，发现部分人的观点和态度能够在人际交往中对其他人的态度产生重大影响，这部分人就被称为"意见领袖"。菲尔德认为，"意见领袖"是指在社会网络中经常为他人提供信息和施加影响的少数社会成员。有学者指出"意见领袖"的四个特性：一是他们存在于社会的各个阶层，并影响着社会阶层的个体决策；二是积极参与各类社会活动组织，并居于中心位置；三是意见领袖多为该领域有影响力的专家人物，经常活跃于各大媒体；四是对自己所在的领域产生浓厚兴趣和求知欲，并清醒认知到自己是其他个体的重要信息源。[①] 作为传播信息的重要中介或桥梁，意见领袖将自己解读的信息传播、扩散给受众，这就形成了信息传递的"两极传播"。

"两极传播"理论认为，媒介信息最先传递给"意见领袖"，"意见领袖"再将其层层传导给其他人。其传播模式可以概括为：大众传媒→"意见领袖"→一般受众。有学者提出了"意见领袖"区别于一般受众或追随者的三维特征：一是价值观的人格化体现（其人为谁）；二是能力（其人的知识）；三是关键社会位置（其人所知的人）。[②] 美国社会学家罗杰斯在综合"意见领袖"和"两极传播"理论的基础上指出："大众传播分为信息流和影响流，信息流即媒介信息的传播是一级的，它可以像人们感觉的那样直接到达受众，而影响流的传播则是多级的，要经过大大小小的'意见领袖'的中介才能抵达受众。"[③] 随着互联网技术在人们日常生活工作中的成熟运用，网民可以借助微博、微信、论坛、B站、抖音等网络平台进行分享、交流和互动，积极参与公众话题讨论，从而构建起庞大的网络舆论空间。其中，"意见领袖"扮演着至关重要的角色，是网络意见表达、信息传播和舆论形成过程中必不可少的重要因素，直接关乎社会成员对现实社会的认知，对深入开展新时代网民意见表达引领研究具有重大学理指导价值。

---

① WEIMANN GABRIEL, TUSTIN DEON HAROLD, VAN VUUREN DAAN, et al. Looking for opinion leaders：traditional vs modern measures in traditional societies ［J］. International Journal of Public Opinion Research, 2007, 19（2）：173-190.

② 沃纳·赛佛林, 小詹姆斯·坦卡德. 传播理论起源、方法与应用 ［M］. 郭镇之, 徐培喜, 译. 北京：中国传媒大学出版社, 2006：176.

③ 郭庆光. 传播学教程 ［M］. 北京：中国人民大学出版社, 1999：196.

（四）大众传播理论

1. 西方新闻传播学理论

西方新闻传媒业的长足发展产生了许多优秀的新闻传播理论成果。西方传媒人普遍认为"信息即力量"，因此新闻媒体被视为西方社会的"第四权力"。"当人们对权利分配普遍感到不满时，先是报纸，然后是电子媒介为普通的平民百姓提供了参与政府与了解政治的可能性。"① 大多数的西方新闻理论家坚持"新闻自由"的观点，认为政府不能无端干涉新闻事业。"希望国家和当权者不要徒劳无益地想方设法堵塞新闻流通的渠道，因为新闻的本性如同瀑布一样，阻力越大，其激起的水花也就越高。"② 西方新闻工作者还十分注重新闻的客观真实性。美国著名新闻记者劳伦斯·格布赖特曾说："我的工作是报道事实。我得到的指示绝不允许我对所报道的任何事实做任何评论……我则努力排除政治和人物的因素来写消息。"③ 以上思想观点既为中国马克思主义新闻观的丰富发展提供了思想基础，也为本书的研究和写作提供了理论支撑。

2. 大众传播学中的有限效果理论

该理论认为："在大众传播的过程中，由于受到传播主体、信息内容、说服方法、受众属性等各方面因素的限制，传播主体、媒介和受众都有自己的立场和责任，而媒介对受众的影响是有条件的，因而是有限的。"④ "媒介的传播效果需要根据传播主体和受众的自我判断和信息获取的方式来决定，它并没有绝对的好与坏，重要的是大众传播媒介如何发挥其影响引导受众走向更加积极的一面。"⑤ 基于大众传播的有限效果理论，并结合本书的研究主题，可以发现，网民意见非理性表达或情绪化表达并不仅仅是网络社交媒体这一媒介因素直接导致的（媒介本身是客观的、技术性的和平台性的），而主要是取决于传播者与受众的认知、态度、价值观、行为和选择。因此，需要从提升网民的网络媒介素养和信息素养角度思考引领网民进行理性健康的意见表达的有效举措和路径。概言之，大众传播理论为本书从受众的理性认知、行为态度、价值判断、媒介素养等角度进行分析研究提供了理论指导。

---

① 威尔伯·施拉姆. 传播学概论 [M]. 周立方，译. 北京：新华出版社，1985：18.

② 彼·阿尔贝. 世界新闻简史 [M]. 许崇山，译. 北京：中国新闻出版社，1985：11.

③ 约翰·钱塞勒沃尔特·米尔斯. 记者生涯 [M]. 史文新，译. 北京：世界知识出版社，1985：12-13.

④ 约瑟夫·克拉珀. 大众传播的效果 [M]. 段鹏，译. 北京：中国传媒大学出版社，2016：38-44.

⑤ 于晗. 当大众传播学的效果及理论研究：评《大众传播的效果》[J]. 新闻爱好者，2018（10）：112.

（五）网络传播理论

1. 网络传播过程中的"把关人"理论

美国心理学家库尔特·卢因（Kurt Lewin）于 1947 年在《群体生活的渠道》一书论述了"把关人"的概念。他认为，在群体传播过程中，只有符合群体规范或把关人价值标准的信息内容才能进入传播的渠道。1950 年，传播学者大卫·曼宁·怀特（David Manning White）将这一概念引入新闻学研究领域，明确提出了新闻筛选过程中的"把关"模式。尔后，吉伯（Walter Gieber）将"把关"过程从个人扩大到媒介组织，而休梅克（Shoemaker）将"把关理论"放置于整个社会体制下进行研究①。较之传统新闻传播中的"把关人"，互联网时代的"把关人"在规范新闻传播中扮演着重要角色，而网络社交媒体中信息"把关人"的缺失是网民意见表达出现偏差的又一重要外部因素。网络社交媒体以服务受众为宗旨，但由于媒介自身不能对外界信息源做出有效思考和判断，这就需要"网络信息生产者、直接'把关人'和间接'把关人'"三个维度的网络"把关人"发挥重要作用。

2. 网络传播过程中的"议程设置"理论

伯纳德·科恩（Bernard Cohen）提出："媒体会在大多数时候，告诉人们如何想时不会太成功，但在告诉其读者该想什么时却非常成功。"② 网络传播中的"议程设置"功能主要体现为：一是人们对议题的关注程度取决于被报道议题的强度和频率；二是网络传播与人际传播在议题设置过程中相互影响、相互补充；三是网络传播有效利用议程设置功能，有助于将报道内容与受众对象直接联系起来。

3. 网络传播过程中的"培养"理论

该理论起源于 20 世纪 60 年代后期，又称"培养分析"或"涵化分析"。该理论认为，"社会要作为一个统一整体不断发展，就需要社会成员对该社会有一定的'共识'，只有这样，社会成员的认知判断和行为选择才会有共通性，社会生活也才能得以协调运转。"③ "把关人"功能、"议程设置"功能与

---

① 陈晓彦，杨茜. 社交媒体环境下职业把关人的受众思维与行为模式［J］. 新闻记者，2018（11）：26-33.

② MCCOMBS，MAXWELL. New frontiersin agenda setting：agendas of attributes and frames［J］. Mass CommunicationReview，1997（24）：4-24.

③ GERBNER，GEORGE. Mass media and human communication theory［C］//FRANK E X. In human communication theory. New York：Holt，Tinehart&Winston，1967：124-135.

"培养"功能三者的协调作用构成了网络传播理论过程模式（见图2-6）①。由此可见，网络传播理论为新时代网民的意见表达引领研究提供了有益指导，也为网民意见非理性表达的成因分析和引领策略提供了现实逻辑理路。

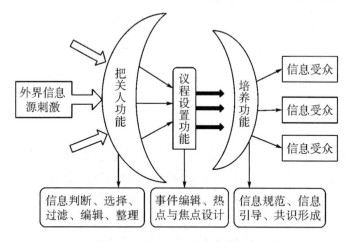

图 2-6　网络传播理论过程模式

　　① 贺志军，薛亮. 网络传播理论：高校学生教育管理的新视角 [J]. 现代大学教育，2007
（4）：100-104.

第三章　新时代网民意见表达引领的
　　　　　价值意蕴

　　网络媒体技术的推广革新，不仅为网民有序进行政治参与搭建了平台空间，也是对政府治理水平与能力的新考验，同时也使网络领域成为意识形态斗争的前沿阵地与主战场。正因如此，习近平总书记强调："当今世界，谁掌握了互联网，谁就把握住了时代主动权；谁轻视互联网，谁就会被时代所抛弃。一定程度上可以说，得网络者得天下。"[①] 进一步而言，网民意见表达虚拟与现实交互融合的运行逻辑，是网民意见表达必须恪守既有理念和行为准则的内在要求，也是党和政府规范引领网民意见表达的根本原因。"没有网络安全就没有国家安全；过不了互联网这一关，就过不了长期执政这一关。"[②] 因此，扎实抓好新时代网络舆论引导，规范引导新时代网民意见表达，对于优化公民个人政治参与、提升政府治理能力、巩固网络意识形态领导权以及构建网络命运共同体，具有重要的价值意蕴。

第一节　个体层面：有利于优化公民政治参与

　　网络媒体技术的推广运用推动网络公共领域从虚拟到现实的空间整合，深刻改变着政治、经济、文化以及社会生活等，形成虚拟与现实交互融合的新型社会关系与交往方式，充分实现了民意表达的平等性与自由性。网民意见表达是对政治参与主客体的政治权力与政治权利的重新分配，这不仅可以激发公民的政治参与热情，而且还能提高公民的政治参与能力，故而可以拓展公民的政

---

　　① 中共中央党史和文献研究院. 习近平关于网络强国论述摘编 [M]. 北京：中央文献出版社，2021：41.

　　② 习近平. 习近平谈治国理政：第三卷 [M]. 北京：外文出版社，2020：317.

治参与渠道，这为提高政治参与效能、推动政治文明进程提供了新的生长点。然而，由于网民意见表达的虚拟性与隐匿性、多元化与交互性，新时代网民意见表达也需要党和政府从理念培养、价值引导、制度建构以及行为引领方面予以规范。就此意义而言，新时代网民意见表达引领有助于强化公民政治参与意识，规范公民政治参与行为，提升公民政治参与能力。

一、强化公民政治参与意识

新时代网民意见表达引领，有助于强化公民政治参与意识。进入新时代以来，媒体格局、传播方式、舆论生态和网络普及等都发生了巨大变化。一方面，以人工智能、大数据及 5G 技术为代表的信息技术广泛应用与深入融合为契机，全程媒体、全息媒体、全员媒体、全效媒体先后涌现，媒体技术与媒体生态深度融合，媒体格局与传播方式相应改变，信息传播模式趋于去中心化，叙事方式形象化、微观化、娱乐化，信息高速传播，舆论态势飞速变化，机遇与风险并存的全媒体时代已然来临。另一方面，网民数量规模持续增长。2022年 8 月 31 日，中国互联网络信息中心（CNNIC）发布第 50 次《中国互联网络发展状况统计报告》，截至 2022 年 6 月底，我国网民规模为 10.51 亿，互联网普及率达 74.4%[①]。对党和政府来说，新时代网络民意表达媒介与表达主体的变化，客观上提出了引导网络民意表达的新课题与新要求。

网络媒体不仅改变了民意表达的方式，而且也激活唤醒了民意表达的热情。进入新时代以来，网络民意表达呈现越来越活跃的态势，传递着亿万网民的现实诉求与真实心声。网络民意表达源于对现实生活中社会问题的关注与思考，是现实民意在网络领域的转换与延续。"网络行为主体利用网络表达其态度、价值观、意识行为和对行为的偏好，网络也成为组织社会行动的工具和表达平台，因此，网络与开会、征求群众意见一样，是社会群体参与的公共空间，是民意表达和公益诉求的重要途径。"[②] 所以说，网络民意作为现实民意在网络领域的表达，是现实民意在网络领域的延伸。网络民意表达之所以日益趋于活跃并成为网络政治参与的重要力量，究其原因，从网民个体层面来说，网民在网络民意表达中的个体知情权、表达权、参与权与监督权等得到了充分实现，激发了公民个体的主体性与自主性；从政府层面来说，政府在网络民意表达中积极回应并及时反馈有关民意，使得网络民意表达不再是公民个体单向

---

① 中国互联网络信息中心. 第 50 次《中国互联网络发展状况统计报告》[EB/OL]. [2022-10-17]. http://www.cnnic.net.cn/gywm/xwzx/rdxw/20172017_7086/202208/t20220831_71823.htm.

② 任远. 理性认识网络舆论的现实民意表达 [J]. 探索与争鸣, 2006 (9): 11-12.

的输出，而是政府与公民个体的双向互动。与官方主动打捞民意和传统媒体铺设渠道的有限性相比，网络媒体为公众表达民意以及参与政治生活提供了方便快捷的平台。传统主流媒体，如人民网、新华网、央视国际网等网站平台，先后开辟了诸多评论版块和论坛，以便网民自由表达意见与提出建议。例如，人民网的"本报今日评论""人民时评""人民网上看民意""观点集萃"等评论栏目，号召网民积极主动提出意见和建议，并梳理提取部分有代表性主流意见以供政府决策参考。网络民意的充分表达进一步激发了网民网络参与的热情，进一步唤醒了网民的政治参与意识。

新时代网络民意表达的便捷性与匿名性，降低了网民参与公共事务讨论的技术门槛和风险，使信息获取和发布变得更加简单、自由，从而激发了公众参与社会管理的积极性。不仅如此，网络媒体还打破了原有社会话语体制的时空限制，使得信息自上而下和自下而上的双向传播更为直接通畅，进而使得公共信息的配置更加均匀。诚然，网络民意表达的匿名性削减了网民表达意见时的心理压力，使其表达观点时少有顾虑，但是，我们不能回避与否认一个客观现实，网络民意在表达与传播过程中极易导致价值异化。网络民意的表达与传播具有公开性与互动性的优势，如果利用得当，互动性不仅可以促进交流与沟通有序走向深入，进而加深网民主体对社会问题的认知，提升网络意见和建议的理性价值；若利用不当，互动性极有可能导致某种非理性情绪的传染，进而削弱网络意见表达的理性价值。比如，社会重大突发事件等议题容易引发网民高度关注，并经由网络民意发酵演变为网络舆论。所以说，对网络民意表达适时引领与引导，进而真正挖掘网络民意表达的理性价值，提升网民素养，建设晴朗网络空间，优化社会治理，维护人民福祉，是新时代网络民意表达引领发展的必然要求与必由之路。

作为真实民意的重要组成部分，网络民意表达不仅是公民话语权与公民个体政治参与的重要体现，也是政府实施公共决策与社会治理的重要参考。"在人类社会的绵延发展中，公民参与是国家走向政治民主和政治文明不可分割的部分，是公民进入公共领域生活、参与治理、对那些关系他们生活质量的公共政策施加影响的基本途径。"① 就此而言，从公民政治参与的条件要素来说，公民政治参与离不开两个基本的前提条件。一是公民政治参与的主观条件。公民要有主动参与公众事务的意愿，并且在此基础上对公众事务要有基本的了解

① 约翰·克莱顿·托马斯. 公共决策中的公民参与 [M]. 孙柏瑛，等译. 北京：中国人民大学出版社，2014：1.

和掌握。二是公民政治参与的客观条件。公民政治参与意见表达的成本较低、程序简便，并能够得到及时回应与反馈。从政治参与过程来说，公民政治参与实际上是公民个体与政府之间的双向互动过程。一方面，公民基于实现自身生存与发展的价值目标，按照政治系统固有或认可的程序与规范，通过特定方式与手段直接或者间接参与政治决策，监督政治行为，维护自身利益；另一方面，政府在坚持尊重公民个体性，遵循民意的自由释放与多元化表达基础上，回应与引导公民政治诉求，优化政治理念，调整政治行为，完善政治制度，推进政治民主，进而实现社会公共利益。政府引导网民对自己的政治观点和看法进行正确有序表达，对消极偏激的政治态度予以矫正改进，从而形成积极、理性的政治态度。正是在双向互动中，政府与公民之间的主体间性得以强化，政府的公共性与公民的主体性得以耦合，政府的政治行为得到监督与优化，公民的政治主体性与积极性得以激发。从公民政治参与的价值导向来说，公民政治参与对公民个体与政府都具有价值：一方面，对公民个体而言，公民通过政治参与，可以将自身利益诉求直接表达给政府，进而为政府获取更广泛的民情民意提供便利，为政府公共决策提供考量依据，有效弥合政府政策与公民意愿之间的差异性。同时，公民通过经常性的政治参与实践锻炼以及政治参与的回应解决，公民个体的民主意识与政治素养不断得到提高，自我主体意识、价值意识与责任意识不断得以强化。另一方面，对政府而言，公民政治参与是政府组织不断保持与增强政治合法性的重要方式。政治系统可以通过政治参与的渠道，广泛汲取来自社会各个阶级阶层、各种群体组织的利益诉求以及政治主张，从而不断加强民众对该政治系统的信任感、认同感与归属感，在此过程中，政治系统也能够获取政治成员的理性认知、情感认同与政治忠诚，最终获得政治合法性。因此，公民政治参与离不开政府回应与引导，政府回应与引导有助于强化公民政治参与意识。

"网络空间的秩序，应是一种投射、重构与超越，不是对个体自由活力的否定，而是充分保证并有组织地引导每一个体的自由活力、自由意识，在此基础上上升为群体活力。"① 因此，充分尊重网民个体的积极性和自主性，积极引导网络民意表达的规范化和理性化，形成网民群体的表达参与合力，是网络民意表达引领的内在要求，也是新时代网络民意表达引领的基本原则。尊重网民个体的积极性和自主性，就要扩大公民的政治参与权利，努力实现话语权平

---

① 张果，董慧. 自由的整合，现实的重构：网络空间中的秩序与活力探究 [J]. 自然辩证法研究，2009（11）：73-77.

衡，这是新时代网络民意表达引领的着力方向。积极引导网络民意表达的规范化和理性化，就要加强公民政治参与理论和权责意识教育，强化提高公民的政治参与意识，引导公民理性开展政治参与活动，这是新时代网络民意表达引领的关键要求。正如习近平总书记强调："在事关大是大非和政治原则问题上，必须增强主动性、掌握主动权、打好主动仗"[①]。要加强政治参与主导话语的引导和引领，牢牢把握公民政治参与的话语权与领导权，培育理性政治话语，拓展公民政治参与范围，营造公民政治参与的民主网络氛围，进一步增强公民理性政治参与的组织力、凝聚力、影响力，使公民的政治参与形成主流力量，提升公民政治参与的话语地位，提升公民政治参与能力。网络民意表达的理性引导和引领，不仅需要媒介渠道的支撑，更要有制度机制保障。丰富畅通的平台渠道是网络民意表达从法律制度架构落地到实践操作的重要保障。因此，要形成网民群体的政治表达参与合力，就要建构网络民意表达引领的综合体系，这是新时代网络民意表达引领的重要保障。要进一步创新政府官方网络媒体互动平台建设，完善公民网络政治参与的法律法规，健全公民网络政治参与的体制机制，规范畅通公民有序政治参与的程序，建立公民政治参与的反馈评价体系，从渠道媒介与法律制度两个维度为网络民意表达引导提供条件保障与支撑。因此，新时代网络民意表达引领，有助于强化公民政治参与意识。

二、规范公民政治参与行为

新时代网民意见表达引领，有助于规范公民政治参与行为。如前所述，新时代是技术赋权的全媒体时代，网络媒体不仅是汇集民意和集中民智的公共领域与重要渠道，也是影响现实政治参与的关键因素与重要变量。公民在技术赋权优势下借助网络论坛、门户网站、微博以及微信等多样化网络媒体平台，主动对社会公共热点问题进行自由表达与自主分享，同时借助网络媒体，广泛聚合相同利益诉求，汇聚强大的网络民意。然而，由于网络信息的多元性与交互性，新时代网络民意表达也存在一定的非理性、去中心化、娱乐化与隐匿化等特点。例如，部分年轻网民缺乏实际社会经验，加之心智尚未完全成熟，其网络意见过于情绪化、非理性，致使其表达趋于情绪宣泄。此外，网络发言评论并没有全方位实现实名制，这在某种程度上能够鼓励普通大众消除心理障碍，畅所欲言，但同时匿名发布也容易导致网络言论责任缺失，在公民网络参与过程中信息的真实性难以得到证实，尤其是某些群体利用网络炮制虚假民意等，

---

① 习近平. 习近平谈治国理政：第一卷 [M]. 北京：外文出版社，2018：155.

滋生网络谣言、网络诈骗、网络信息泄露甚至网络暴力等乱象，给政府公信力带来一定程度的冲击与考验。正因如此，如何对网络民意表达进行有效监管与引导治理，不断强化公民政治参与意识，规范公民政治参与行为，提升公民政治参与能力，是新时代中国共产党推进政治民主建设、优化社会治理与加强意识形态建设必须应对的一项重要现实课题。

进入新时代以来，网络媒体已经成为公民行使政治参与权利与实现政治参与权力的新兴渠道。网络媒体即时性的传播特征，突破了传统媒介下的时空限制，推动了民意的直接表达，也造就了传播者与被传播者的共时感，形成传播者与被传播者既在场又不在场的悖论。同传统的传播媒介相比，网络媒体技术的革命性核心优势，并不仅仅在于传播速度的几何式增长，更在于其及时的反馈机制。网络媒体即时反馈信息，不仅模糊与虚化了信息传播主体与客体之间的身份界限，而且加速拓展了信息传播的速度与范围。任何个体在网络上既可能是信息的发布者，同时又可能是信息的接收者。因此，网民个体的政治素养对网民的政治认知以及政治行为具有直接正相关性。个体政治素养高的网民，其政治认知与政治行为相对呈现高水平；反之，其政治认知与政治行为相对呈现低水平。政治参与行为的发生与政治参与行为主体的思想认识密切相关。"所有政治系统的政治参与，实际上都是动员参与和自动参与的混合……。最初作为动员参与的行为，到后来会逐渐地内化为自动的行为。"① 由于公民个体政治素养的差异性，加之网民政治参与回应的有限性，在网络民意表达实现政治参与的过程中，不可避免地存在一些问题，如公民非理性参与、政府信息反馈长效机制不健全以及相关法律法规体系建设滞后缺位等。因此，公民网络政治参与的实践需要正确引导，需要构建有序的政治参与环境，从而保证公民政治参与权利的实现。所以说，不断提升公民的政治素养，培养公民的理性政治认知，规范公民政治参与行为，是新时代网络民意表达引领的必然要求与应有之义。

毫无疑问，新时代随着全媒体技术的深度融合，网络媒体与网民群体迎来了网络的高速发展期。网民数量的激增不仅加速网民结构的多元化，同时也造成网络政治参与质量的多层次性。部分公民将网络政治参与视为表达情绪、疏解压力的渠道方式，遇到现实负面问题时容易以偏概全或断章取义，滋生极端化非理性情绪，甚至有部分网民热衷于传播与散布网络谣言，乐于看见非理性

---

① 约翰·克莱顿·托马斯. 公共决策中的公民参与 [M]. 孙柏瑛，等译. 北京：中国人民大学出版社，2014：9-10.

政治言论，导致"键盘侠"等大行其道，严重扰乱了网络政治参与的理性秩序。与此同时，随着新时代全面深化改革的推进与社会主义市场经济的深入发展，多重矛盾交织的现实境遇对我国社会主义法治建设提出了新要求。由于公民政治参与的法律和制度体系还有待健全，所以部分非理性的公民政治参与行为仍然存在。尤其是在应对突发网络舆情危机时，法治力量还有待进一步提升，部分不当政治言论甚至是网络政治谣言等对政治话语秩序带来严重影响，给主流意识形态安全带来一定冲击，客观上凸显政治话语引导的现实必要性与紧迫性。所以，规范引导网络政治参与行为，坚决维护网络政治参与秩序，是新时代网络民意表达引领的现实要求与重要任务。

从技术层面来说，新时代网络民意表达是利用技术赋权，为亿万网民实现链接搭建桥梁。从本质上来说，新时代网络民意表达引领是政府利用技术赋权优势，不断推进公民政治社会化的过程。网络媒介的信息交换和接受机制极大地改变着公民个体之间的互动方式，为公民个体参与政治提供了巨大便利。网络信息技术的更迭进步促使网络社会形成一种"去组织化"的结构，淡化了个体责任道德，导致网络民意表达趋于情绪化，难以形成网络共识。此外，随着大数据、人工智能的广泛应用以及微信、微博、短视频等社交网络新形态的涌现，为网络民意表达个体化、感性化的传播方式提供了媒介，同时，也为网民情绪波动甚至是网络政治行为失范提供了通道。正因如此，政府如何利用技术赋权，规范引导公民政治参与行为，有序推进公民政治社会化，显得尤为重要与紧迫。

网络民意表达实质上是公民权利的开放与政府权力的分解。因此，新时代网络民意表达引领，要遵循善用民意，倡导协商民主。从本质上来看，协商民主是公民和政府两者之间平等沟通与交流互动，通过民主协商与民主决策，实现公民有序的政治参与。在如何对待网络民意的问题上，政府要切实实现角色意识转变，由民意的打捞者转变为民意的引领者和反馈者，主动善用民意，发挥民意在政府决策中的积极作用，实现政府与公民之间主动协商的良性互动，发展政府与公民个体之间的信任与合作关系。具体说来，一是政府要做好平台引导与舆论引导，担当好网络民意表达的引领者。政府要加强网络话语传播平台的建设，强化主流意识形态网络话语阵地建设，积极畅通与拓展民意表达的渠道路径，优化调整话语权利资源配置，为公民搭建表达民意的桥梁与渠道。政府要主动引导网民多角度、多维度看待问题，对疑似谣言要设法弄清真相，对真实谣言要及早辟谣；发现民意表达情绪化倾向时，选择恰当方式合理释放网民情绪，抢占传播阵地，牢牢把握网络舆论主动权。二是政府要立足事实真相与及时回应问题，担当好网络民意表达的反馈者。政府要始终以公众的集体利益取向为中心，紧紧围绕网络问题真相与及时回应问题这一主线，端正回应态度，提高回应速度，调整回应方式，切实维护公共利益。规范引导公民积极理性协商讨论公共事务，确保公民能够全面而充分地表达自己的观点，树立正确的政治态度与情感，塑造正确的政治价值观与政治认知，从而指引理性的政治行为。因此，新时代网络民意表达引领，有助于规范公民政治参与行为。

三、提升公民政治参与能力

新时代网络民意表达引领，有助于提升公民政治参与能力。互联网技术的出现，不仅使社会信息获取、传递以及处理发生了根本性变革，而且对现实社会的经济、政治、法律和文化造成猛烈冲击，改变与重构着人类社会的生活方式、行为方式和思维方式。得益于信息技术的快速发展，社会交往互动日益频繁，人们的社会关系日益丰富，个体的劳动、交往、需要、意识因之获得巨大突破，更多的权利诉求被展现。公民通过网络论坛、社交软件以及政务平台等，广泛参与到政治生活当中，追寻政治自由，实现政治诉求。公民网络政治参与，一方面推进了公民在政治生活领域的自我治理和自我发展；另一方面，有助于提升公民对国家事务的自主参与和管理水平，进而锤炼公民的政治态度与行为，培育公民的网络政治参与能力。概言之，公民网络政治参与能力是网络信息时代公民基于政治主体性与互联网信息技术而发展的，具有现实政治系统指向性的能力，是公民政治参与能力的新发展形态。进入新时代以来，习近平总书记强调"扩大人民有序政治参与，保证人民依法实行民主选举、民主协商、民主决策、民主管理、民主监督"①，明确了新时代优化与拓展政治参与的发展方向与实践要求。因此，提升公民网络政治参与能力，拓展公民有序政治参与的广度与深度，是新时代中国特色社会主义民主政治发展的必然要求，也是网络民意表达引领的现实需要。

从内涵要素与基本特征来说，公民网络政治参与能力，以网络政治态度为内生基础，以网络表达为外在表征，以网络公共空间为展现场域，以集体行动为支撑力量，以虚拟与现实的相互作用为运行逻辑。

从内生基础来看，政治态度作为政治主体对待政治生活相对稳定的心理倾向，是公民政治参与能力的内生基础。政治态度主要包括政治认知、政治情感以及政治行为意向，并且随着人们对政治现象认知的深化和政治实践的演进而

---

① 本书编写组. 新时代 新理论 新征程［M］. 北京：人民出版社，2018：106.

相应地发展变化。公民基于网络政治态度的形成及发展，使网络政治参与成为一种普遍性活动，不仅塑造着网络信息时代公民政治参与的范式，而且成为主体对于政治系统的反应和行为趋向，进而形成并推进公民网络政治参与能力的发展。从外在表征来看，公民网络政治能力主要在网络表达中得以衡量，网络表达承载着公民提出诉求的符号形态与行为方式，是公民话语权的充分展现，更是公民网络政治参与能力的外在表征。因此，公民通过网络表达，能够更加平等享有以及实现对社会资源分配的权利与权力。

从空间领域来看，公民网络政治参与能力主要是在网络公共领域运行演绎的，网络公共领域是公民网络政治参与能力的场域。网络开创了一个不同于现实社会的公共空间，这个空间没有边界，没有中心，不易受任何组织机构的控制，对所有人都是开放的。这使得任何一个人都可以相当便捷地介入其他人的事务。就此意义而言，网络公共空间重塑了现实社会的公共性。网络公共空间的个体，既是参与建设的主体，也是信息的受众。随着网民数量激增以及网络主体交流层次的加深，网民个体不仅在网络空间领域里平等地获得高于现实社会中的话语权和自由度，而且极大地扩张了网民个体的话语影响力。网络公共空间为网民个体提供的隐匿身份在一定程度上有助于消除既有的偏见和歧视，激发意见与建议的自由碰撞，从而营造热烈的批判性环境氛围。

从拓展力量来说，网络集体行动是公民网络政治参与能力的拓展力量。网络媒介使公民在一定程度上得以克服现实社会中资源的限制和其他障碍从而取得政治权利，在政治参与层面提升话语权，个体话语权的提升本就改变了原有的政治生态，而个体间通过网络形成集体行动，进而产生了更强的行动效果。网络媒介为公民网络政治参与提供了一个交互结构，使得网民个体能够定义和再定义自我认知，促进自我认同建构，并强化政治共识，从而汇聚集体行动，使得公民网络政治参与能力的显形力量得到增强与拓展。

从运行逻辑来说，虚拟与现实的交互作用，是公民网络政治参与的展开逻辑。网络空间的虚拟性并不是脱离现实社会而独立存在的，而是在同现实世界的紧密联系中，推进对现实社会的重塑与改造。首先，现实生活尤其是同个体或者公众现实生活紧密相关的利益诉求是公民的政治诉求来源。换言之，网络是虚拟社会与现实社会互相投射的渠道和平台。其次，网络与传统媒介都是公民网络政治参与信息的来源。虽然网络在网民个体获取信息方面的覆盖率逐步提高，但并没有取代报纸、电视等传统媒介。相反，传统媒介的信息审核机制使其具有高于网络的信任度。所以，传统媒介与网络媒介二者之间是互为补充的关系，体现了虚拟和现实的相互作用。最后，公民网络政治参与能力最终落脚于现实社会的发展与进步。一方面，公民通过网络表达形成公众舆论，产生巨大社会压力，进而引起政府重视，改善与优化方针政策。另一方面，具有相同政治倾向的公民联结成为网络共同体，开展各种政治参与活动，并扩展到现实社会中，实现公共诉求。

公民网络政治参与的能力水平，往往与其网络政治参与权利的实现密切相关。换言之，网络政治参与权利的及时和充分的实现是公民能够合法有效开展网络政治参与活动的基本前提条件，其实现程度也会直接影响与衡量公民政治参与能力，深刻影响公民网络政治参与的质量和实效。公民网络政治参与权利的实现，离不开网络政治参与的途径以及网民政治参与能力素养。因此，从根本上来说，网络政治参与的途径以及网民政治参与能力素养是决定和衡量网络政治参与质量成效的关键因素。所以说，新时代网络民意表达引领，要重点完善畅通网络政治参与途径以及培养提升公民网络政治参与能力素养。进入新时代以来，随着全媒体的深度融合与广泛推广，政府在搭建政府与民众沟通平台，畅通自上而下与自下而上双向沟通机制，保障公民的知情权、参与权、表达权和监督权，强化公民政治参与意识，引导公民理性表达，监督政府治理行为以及巩固党的执政地位等方面发挥了重要作用。确保公民网络政治参与的有序性，仅仅依靠公民个人道德自觉还远远不够，要真正实现网络政治参与的提质增效，还要不断提升公民政治参与能力。因此，新时代网络民意表达引领，要以培养网民政治态度为前提基础，以规范网络民意表达为现实要求，以引导网络集体行为为力量支撑，以营造清朗网络公共空间为场域保证，从而提升网民政治参与素养。从这个意义上来说，新时代网络民意引导有助于提升公民政治参与能力。

第二节　国家层面：有利于提升政府治理能力

正如李普塞特指出，"有效性主要是工具性的，而合法性是评价性的"[①]。对政府而言，执政行为的合法性与有效性是公民评价其治理理念与能力的重要标准。网络民意表达作为一种民意形式，具有提升公民利益表达效能，推进决策民主化，增强政治回应性以及强化社会监督等正向功能；同时，网络民意表达失范也对政府治理能力与政府公信力等产生负面影响。进入新时代以来，网

---

① 李普塞特. 政治人：政治的社会基础 [M]. 张绍宗，译. 上海：上海人民出版社，1997：55.

络民意表达主体、利益价值诉求与传播渠道呈现多元性、去中心化等特征，尤其是网络民粹主义的扩张，对传统自上而下的决策模式与利益整合机制提出新挑战，对政府执政行为的合法性与有效性提出新考验。"网络民粹主义已经成为制定公共政策的隐忧，应当寻找消解这种隐忧的合理路径，避免公共政策被民粹主义者绑架。"① 因此，如何在全媒体时代规避网络民粹主义，合理引导与释放网络民意正向功能，进而推进国家治理体系与治理能力现代化，需要党和政府从舆情治理、能力提升与民主制度建构等方面予以破题与解题。因此，从价值意义来说，新时代网络民意表达引领，有助于推进舆情治理与维护社会稳定，有助于提升政府公信力，有助于深化政治民主。

一、推进舆情治理与维护社会稳定

新时代网络民意表达引领，有助于推进舆情治理与维护社会稳定。毋庸置疑，新时代网络民意表达是一把"双刃剑"。全媒体时代，网络民意表达的去中心化、迅捷性、强互动性和开放性，加之网络民意表达主体获取信息资源以及话语能力的不均衡性，极易导致"信息茧房效应""社会流瀑效应"以及"群体极化效应"等，甚至发展为网络谣言。若政府回应引导处置失当，还极易演变为网络舆情，进而给政府带来冲击，甚至严重损害社会公共利益，给政府公信力带来严峻挑战。借助于网络媒介特有的传播力与舆论聚合力，网络空间日益成为民粹主义者进行政治动员、情绪宣泄与公共权力运行的斗争场域。对网络民意的理性表达与政府政策的制定带来负面影响，给社会治理带来挑战与考验。所以，新时代网络民意表达引领具有现实必要性与重要性。

民粹主义有着复杂解读，因而成为网络民意表达的隐忧。其既是社会思潮，也是社会运动与政治策略。正如俞可平指出："作为一种社会思潮，民粹主义的基本含义是它的极端平民化倾向，即极端强调平民群众的价值和理想，把平民化和大众化作为所有政治运动和政治制度合法性的最终来源，以此来评判社会历史的发展。"② 换言之，民粹主义将人民群众视为一切政治行为合法性的基础和来源。网络民粹主义作为民粹主义在网络空间的延伸与拓展，主要表现为极端平民化的观念和思潮，一方面通过"人民"名义合法化自己的话语表达与行为，排斥异质性意见；另一方面，以二元对立论来框限复杂的社会现实，对复杂的社会问题与政治现象进行简单化理解，从整体上将社会划分为

---

① 何志武，宋炫霖. 话语赋权与资本博弈：公共政策场域的网络民粹主义 [J]. 当代传播，2017 (3)：14-17.

② 俞可平. 现代化进程中的民粹主义 [J]. 战略与管理，1997 (1)：88-96.

相互对立的人民大众和精英团体。此外，网络民粹主义要求绝对民主与政治平等，极易煽动网民情绪，左右网民意见甚至裹挟政府公共政策制定，易成为影响政府治理的不稳定因素。

正因网络民意表达存在民粹主义隐忧，政府吸纳网络民意表达也存在着民粹主义隐忧。"互联网为公民个体就关涉自身利益的公共事务平等地、充分地讨论，直接参与现实政治生活突破了时间和空间限制的同时，也使民粹主义相应价值诉求的实现具备了技术上的可能性。"① 网络民粹主义在一定程度上蕴含了真实民意，反映了社会转型期社会大众尤其是弱势群体的诉求，表现了对权力腐败、经济发展不平衡等社会问题的批判。人工智能、大数据、5G 等技术的加快应用以及智能媒体的加速发展，有力地促进了新媒介形态变革，重塑着媒体传播生态和网络舆论格局。网络社会在发展壮大的同时也建构了一个相对开放的公共话语空间，为网民表达意见、排解情绪提供了较为自由的集散地。当前，中华民族伟大复兴战略全局与世界百年未有之大变局正处于历史交汇期，同时我国处于社会转型深刻变革的历史境遇，为民粹主义的扩张提供了有效介质和现实土壤，也为网络民粹主义的发展提供了现实基础。社会深度转型过程中，部分群体出现因资源分配不均导致焦虑失衡心态，产生了相对剥夺感，极易酝酿负面的社会情绪。网络舆情的导火索一旦被点燃，特别是涉及社会公平正义、道德责任、权益诉求等便成为网民发泄负面情绪的理由，由此迅速集结发展成为声势浩大的群体情绪。网络民粹情绪蔓延，不仅深刻影响网络舆论的演进扩散，而且会加速网络情绪向现实行动转化，从而对社会治理带来潜在压力与危机。

从生成演化逻辑来看，网络民粹主义遵循着由社会负面情绪的网络集聚到生成网络议题，由生成网络议题到网络舆论的集中表达发酵，由网络舆论的集中表达发酵再到舆情极化，由舆情极化进而滋生网络民粹主义发展为现实行动。这种逻辑建构方式，既赋予网民个体的审判意识和道德意识，又带来网络舆论集中发酵，反映了网民对既定状态的反叛与狂躁。因此，如何消除网络舆情的负面影响，保证治理手段的正当性及有效性，成为新时代网络民意表达引领工作的重要议题。新时代网络民意表达引导，是由政府主导实施，利用多元协同机制对网络舆情进行治理的理念、机制、制度和行为的综合反映。其治理理念、主体构成以及实践方式都要面对网民群体的监督与审视。从表面上看，网络民意表达失范是部分网民的理性或非理性表达；从本质上看，网络舆情是

---

① 史献芝，滕祥. 网络民意双重面相的政治学审视 [J]. 行政论坛，2010 (6)：16-19.

部分社会问题与矛盾的深层次反映。随着网络民意表达渠道和协商平台的拓展，以及网民网络政治参与意识和能力的提升，"网络舆情热点议题会从衣食住行等民生类的自利性话题，更多地向民主、文明、平等、公正、道德等利他性和公共性话题转移。"① 2016 年，习近平总书记强调："要适应分众化、差异化传播趋势，加快构建舆论引导新格局。"② 2017 年，党的十九大报告明确提出，"加强互联网内容建设，建立网络综合治理体系，营造清朗的网络空间"③，为新时代网络民意表达引领指明了实践方向。因此，新时代网络民意表达引领，要以加强网络舆情危机治理为突破口，以强化网络舆论引导为核心要求，以法治体系和道德自律为关键抓手，以健全突发重大公共事件舆情引导机制为制度支撑，构建党委领导、政府监管、网站协同与网民自律的网络综合治理体系载体模式，以净化网络空间为目标导向，增强舆情回应能力，明确多元主体的责任意识，从而发挥互联网正能量引领功能。因此，新时代网络民意表达引领，有助于推进舆情治理与维护社会稳定。

二、提升政府公信力

新时代网络民意表达引领，有助于提升政府公信力。政府公信力不仅表征着人民群众对党和政府的信任度与认同度，更印证着党和政府的政治权威性、合法性与号召力。政府公信力不仅是评判和衡量政府行使权力合法性与治理效能的重要指标，也是推进国家治理体系与治理能力现代化的关键资源。进入新时代以来，在技术赋权优势下，全媒体和大数据之间的双向融入与深度融合，不仅加速了政府政务公开和信息共享，推进网上问政建设，使得网络和新媒体跃升为群众获取政府信息的主渠道；同时，网络媒体技术平台"双刃剑"的负面效应亦不容忽视。进一步而言，网络媒体技术催生网络民意表达，加速网络政治参与，助推政府引领网络民意与实现政府政务公开。需要指出的是，新时代政府引领网络民意与提升政府公信力之间存在着紧密的内在关联，也存在着一定的隐性矛盾。内在关联指新时代网络民意引领是提升政府公信力的内在要求与外部动力。隐性矛盾包括新时代网络民意表达能力扩增同政府回应性不足之间的矛盾，政务公开目标与信息治理能力不能相互匹配，政务公开效能提升与体制机制运转未能同步，治理主体的多元协同与治理客体的复杂多变之间

---

① 毕宏音. 网络舆情的基本共识及其动态规律再认识：多维视角考察 [J]. 重庆社会科学，2019（1）：前插 1，6-16.

② 习近平. 习近平谈治国理政：第二卷 [M]. 北京：外文出版社，2017：333.

③ 习近平. 习近平谈治国理政：第三卷 [M]. 北京：外文出版社，2020：33.

的隐性矛盾，等等。概言之，新时代网络民意表达的海量增长与深度交互，为新时代优化提升政府治理能力提出了新考验、新挑战。因此，如何把握全媒体时代网络民意表达引领，不断提升政府公信力，成为新时代中国共产党必须积极应对的一项重要现实课题。

如前所述，新时代是全媒体时代，网络媒介的深度融合态势带动了政务媒体的发展完善，并日益成为政府密切与群众联系和服务人民的主要渠道与方式，不仅为服务型政府建设提供了有益支撑，而且为网络民意表达引领与网络治理提供了重要支撑。网络媒体的快速更迭与深度融合、平等开放与全面交互等特点，对网络民意表达以及政府治理来说，既是机遇也是挑战。一方面，对网络民意表达来说，网民个体信息发布和获取的门槛降低，网民个体的知情权、表达权、建议权和监督权得到落实与保障，不仅有力地提升了其信息传递和流转的高度自由性，而且无形中将传统执政语境下的信息表达与支配权由政府转换到了公民个体手中，调整了信息表达路径，弱化了党和政府的信息支配优势。另一方面，对政府来说，多元化的网络舆论在相当程度上增加了网络信息博弈和数据溯源的难度，加大了政府回应与引导的难度系数、复杂程度与风险数值。政府回应引导的信息范围、回应引导速度程度以及回应引导质量等都将成为巩固提升政府公信力与治理效能的关键因素。

加强网络民意引导是提升政府公信力的内在要求与外在动力。基于新时代网络技术的迅猛发展与广泛应用，网络成为社会舆情和公众舆论的重要集散地，网络民意成为不容忽视的民间舆论主体。网络舆情参与群体数量众多，信息内容丰富，传播速度较快，往往在短期内即可形成舆论漩涡，对传统的政府回应提出新的挑战。所以，及时有效的网络舆情回应是新时代提升政府公信力的必然要求。网络舆情与政府公信力两者之间具有密切关联性，具体表现为：网络舆情与政府公信力的主体均为地方政府和社会公众；网络舆论与政府公信力都关乎社会公众利益；网络舆情与政府公信力都涉及社会公众的主观价值判断；网络舆情与政府公信力的目标都指向加强政府公共服务能力，满足公众利益诉求。所以，具有较高公信力的政府能够引导网络舆论理性发展，而较低公信力的政府则会引发不良网络舆论。因此，及时有效的网络舆情回应是新时代提升政府公信力的重要表征。作为公共权力的主体，政府要充分重视网络民意，拓展网络民意获取渠道，健全政府与公众沟通机制，建立响应迅速的舆情引导机制，及时回应网络民意，不断创新网络沟通模式与互动渠道，更好地实现与公众的良性互动，依法规范和引导网络民意走向理性，借鉴网络民意提升政府决策的科学性与民主性，维护社会管理的有效性和稳定性，激发公众的积极性和创造性，提高社会治理水平，进而推动政府公信力提升。因此，新时代网络民意表达引领，有助于推进政府公信力。

新时代网络民意表达引领，在本质内涵上由政府主导向多元共治转变，在体制机制上由技术治理向整体治理转变。换言之，新时代网络民意表达引领重点在于技术升级与治理转型，以技术升级促动治理转型，从而助推政府治理能力与公信力提升。信息技术的不断迭代，促使网络民意表达向全领域、全方位、全链条延伸，呈现全时空与多维度扩展。首先，在引领主体上，要突出政府主导作用。各级政府应当主动及时公开回应，健全政府信息主动发布联动机制，夯实主动公开和及时回应的基础；加强政府网站和政务新媒体的内容审核把关，确保信息发布与回应权威准确、及时有效、清晰明了，不断推进政策宣传的普及与落实。此外，加快网络信息技术与制度规范有机融合，形成政府主导与技术支撑的强大合力，健全网络民意表达相关法律法规，制定完善网络民意表达管理办法等。其次，在引导形式上，要坚持筑牢官方媒体主阵地、主渠道、主平台。坚持党委全面领导，明确政府部门主体、主管与监管责任，加快传统媒体与新媒体的有机融合，发挥全媒体的整体聚合效应，同时分层次分类型进行网络民意引领，有效提高信息传播引导效率。再次，在引导策略上，要发挥网络意见领袖的积极示范效应。在以"流量"为简单效能衡量标准下，网络意见领袖的言论往往影响甚至一定程度上决定着网络舆论发展的导向。多元主体参与协同治理，意味着政府不仅要担当资源"分配者"责任，同时还要承担"调节者"与"领导者"角色，全面统筹国内国际与线上线下，整合优化组合资源，更好地提升治理能力水平与转化治理效能。最后，在引导结果上，应强化聚合信息优势。海量信息整合汇聚的优势离不开多元治理主体的全面参与协同治理。因此，要在坚持发挥党委领导作用和政府主导作用的前提下，正确运用新技术手段，拓宽信息渠道来源，吸引多方组织力量参与信息治理，更好地形成协同治理合力。因此，新时代网络民意表达引领，有助于提升政府公信力。

三、深化政治民主

新时代网络民意表达引领，有助于深化政治民主。网络民意表达是信息技术与政治民主共同进步的产物。进入新时代以来，在公众利益诉求表达意识和民主参与意识不断高涨态势下，全媒体不断融合，网络民意表达日益发展，与此同时，政府积极对网络民意进行回应与引领。新时代全媒体融合的技术革命和传播生态，改变了传统政治信息自上而下、由官方到公众的单一性交互传播路径方式，淡化了甚至消除了人与人之间基于利益关系与社会地位而划分的阶层差别，进而促使网络虚拟社群去阶层化趋势的形成与发展，这对我国政治传播和政治发展尤其是公民政治参与以及国家政治民主化进程产生了重要影响。对政治参与以及政治民主来说，网络虚拟社群去阶层化具有积极和消极的双重影响。就消极方面而言，网络民意表达对政治参与和政治民主存在着非理性引导；就积极方面而言，网络民意表达有利于促进个体政治社会化、拓宽政治参与渠道以及强化政治监督等。因此，及时引导网络民意表达，有效回应公众诉求，深化政治民主，是新时代中国共产党优化网络治理与推进政治民主必须要思考的一项重要现实课题。

从消极影响来看，作为政治参与在网络媒体技术领域的新样态，网络政治参与是网络技术和信息技术催生的新型政治参与方式。从结合过程来看，网络政治参与是网民个体以信息传播为媒介，运用网络技术和信息技术等方式或手段表达政治见解、参与政策制定以及监督政策执行等影响政治过程和政治效能的政治行为与政治实践。因此，与现实政治参与相比，网络政治参与呈现出直接性、平等性、便捷性、交互性、高效性等优势。但是，网络虚拟社群的政治参与也有参与过度化、非理性化等特点，若不能理性引导，极易影响政治民主发展。由于网络信息发布权由传统的官方向网民个体转移，因而网民个体同时具备信息的发布者与接收者的双重角色，以及获得平等表达建议和监督等权利。同时，信息发布、接收与传播的平等化、普遍性和匿名性等特点，加之现实空间道德和法律约束的缺位，致使政府信息审查和监督环节相对滞后，从而导致网络领域信息鱼龙混杂，真假难辨，因而在流量驱使或者资本裹挟下极易诱发网络谣言、网络暴力等，表现出非理性的特征。此外，由于社会处于深度转型期，社会矛盾较多，政府公信力欠缺，尤其是遭遇网络突发事件或者社会群体性事件，网民个体参与者极易受到网络不实煽动性言论的挑唆，从而同政府产生对立性、非理性情绪与过激行为，影响社会稳定。所以，网民个体的网络政治参与和政治民主活动趋于非理性特点。因此，加强对网络民意表达的理性引导，树立正确网络舆论导向，具有现实必要性与极端重要性。

从积极影响来看，其一，网络民意表达有利于促进个体政治社会化。在全媒体时代，网络媒体以其超时空性与交互性加速信息传播扩散，极大地拓展了政治社会化的受众，提升了信息传播的速度，使得广大网民在民意表达与政治参与中不断实现政治社会化。此外，网络民意表达对政治社会化的影响还表现在使政治社会化的过程从单向度自上而下的灌输转换为交互式的灌输与自我学习并进的过程，从而加速网民个体的沟通交流以及深化网民个体的政治认知与政治认同。正是通过网络民意表达的被动政治社会化和主动政治社会化的双向互动过程，网民个体得以不断强化政治参与意识，增进政治认同，促进社会稳定。其二，网络民意表达引领拓宽政治参与和政治民主的手段和途径，有利于培育公民参与政治文化。从协商民主的角度而言，传统媒介主导下的信息传播具有单向度特征，普通大众处在信息的接收端，难以将自己的政治诉求及时地传递到政治中心，而网络媒介的出现则突破了传统媒介自上而下的单向度信息传播方式，赋予网民之间以及网民同政府之间双向度沟通对话。所以，从选举民主以及协商民主的角度来看，网络技术对于公民政治参与和政治民主具有重要的工具性意义。网络技术让选举民主和协商民主在技术上成为可能，而网络民意则使选举民主和协商民主在思想上成为可能。其三，网络民意表达强化对政治权力运行过程的监督。由于网络民意表达的主体广泛性，任何一个网络个体都可以成为监督的主体，所以政治权力运行的监督主体又具有广泛性。加上网络海量信息的交互传播，监督内容具有广泛性。可以说，网络空间的监督无处不在，无处不有，且网络虚拟空间中监督手段和监督形式具有多样性。数亿网民个体对于政治权力的不规范运行的批评与监督，最大限度地生成汇聚了舆论监督合力，使政府做出回应并保证政治权力在阳光下运行。

辩证地看，网络民意表达对政治参与实践的积极效应与消极效应，都对公民政治参与意识以及政治参与能力具有一定作用，进一步强化了政治民主发展的重要价值意蕴。"人们参与网络意见表达的过程，在一定程度上是对他们民主参与习惯的培养，这对于提高人们积极参与社会生活、承担社会责任的意识，是一个有利的促进"①。正如英国学者希瑟·萨维尼在《公共舆论、政治传播与互联网》中指出，"网络不仅是一种传播方式，也是一种彻底改革民主进程的工具，网络的互动性鼓励更多的公民参与到政府治理和决策过程中去。"② 网络民意实际上也蕴含着对政府行使公共权力是否合理、是否服务了社会大众、是否增进了公共利益的广泛关注与监督。网络民意的聚合与蔓延，以及网民群体之间自动联结形成的"利益共同体"，使得公民享有的监督权真正具体化且落到实处，并逐渐能够成为影响现实民主政治机制的重要舆论力量，进而对公共权力进行有效制约和监督。政府行使公共权力的过程以及对于不当行使公共权力的过程及时予以纠正改进，也可以看作政府部门顺应网络民意的结果，有效保障了公共权力运行的公开化、程序化与规范化。对政府而

---

① 彭兰. 中国网络媒体的第一个十年 [M]. 北京：清华大学出版社，2005：303.
② 希瑟·萨维尼. 公共舆论、政治传播与互联网 [J]. 张文镝，译. 国外理论动态，2004
(9)：39-43.

言，"公共决策回应程度如何不仅体现了一个民主参与、民主监督和民主决策的国家民主化程度，而且也是政府公共管理高效率运作的重要内容。"① 在社会问题演变为政策问题、政策问题进入政府决策议程、政府政策制定征求意见、政策实施的社会评估与效果反馈等环节，网络民意始终在场并直接或者间接地影响着政策议程、政策内容，以及政府决策的科学化与民主化。

网络民意表达引领，实际上是寻求政府与民众之间的理性协商对话。对话必然要求倾听和回应，只有回应互动，表达才能持续，才能形成完整的对话机制。唯有积极回应网络民意，提升决策的科学性和精准性，才能激发公众的参与表达意愿；唯有有效回应网络民意，增强理性表达力量，才能提高网络民意表达质量，促进政府同网络民意的良性互动。政府对于网络民意的重视，反映出政府对于公众参与的程序正义的恪守。适时地对网络民意进行回应，吸纳民意中的合理成分，对民意中的情绪化、非理性予以疏导，建构网络民意回应引领机制，是激发真实民意表达的逻辑前提，是确保政府决策价值向度的重要保障，也是推进政治民主的必然要求。就引领层次和引领过程来看，新时代网络民意表达引领，应从尊重网络民意表达自主与自由的话语性回应、认真吸纳网民意见建议的行动性回应和完善体制机制的制度性回应三个层面着力。尊重网络民意表达主体的自主性与自由性，是网络民意表达引领的基础环节，也是推进政治民主的逻辑前提。而只有网络民意表达的自主和自由是远远不够的，还必须在行动上及时有效地对网络民意予以回应，认真吸纳网民合理的意见和建议，回应公众对政策的疑问。从价值指向来说，网络民意表达内在蕴含着网民对政府决策的自我诉求、集体期待与群体智慧，因而，认真吸纳网民的意见和建议是网络民意表达引领的关键之举，是重塑政府自身权威的必要之举，也是完善政治民主的内在要求。"权威不是靠强权维持的，只有及时而准确地发布信息，才能获得公众的信赖。政府部门不能及时发布信息，又阻止不了别人传播信息，就等于自己放弃了发布信息的主动权。"② 所以，政府在回应与引导网络民意时，应做好平台引导、舆论引导与权威引导，要充分收集网民反馈意见，准确问诊把脉，吸纳群体智慧，利用"意见领袖"引导网络民意，提升舆论引导能力；要关注公众的利益取向，立足于真实信息和问题解决予以回应，利用"意见领袖"引导网络民意，提升舆论引导能力。民主的构建制度化机制体系与规范是网络民意表达及其引领的价值目标，也是深化政治民主的

---

① 李伟权."互动决策"：政府公共决策回应机制建设 [J]. 探索，2002（3）：42-45.
② 卢坤建. 回应型政府：理论基础、内涵与特征 [J]. 学术研究，2009（7）：66-70.

制度支撑。话语性和行动性回应的目的在于短期内收集网民意见，响应社会需求，而要从根本上解决相关问题，则离不开规范化长效化的机制体制保证。正是在此意义上，新时代网络民意表达引领有助于进一步深化政治民主。

第三节 政党层面：有利于巩固意识形态领导权

意识形态斗争的关键是话语权的斗争，谁掌握了意识形态话语权，谁就掌握了意识形态斗争的主动权，进而把控了意识形态斗争的发展。进入新时代以来，习近平总书记多次强调，"必须把意识形态工作的领导权、管理权、话语权牢牢掌握在手中，任何时候都不能旁落，否则就要犯无可挽回的历史性错误"[①]。因此，加强新时代网络民意表达引领，牢牢掌握网络意识形态话语权，对于抢占网络意识形态主阵地，提高网络意识形态领导能力，维护网络意识形态安全，具有重要意义。

一、抢占网络意识形态主阵地

加强新时代网络民意表达引领，有助于抢占网络意识形态主阵地。从现实维度来说，牢牢掌握网络意识形态阵地的领导权，具有现实必要性与极端重要性。毋庸讳言，进入新时代以来，互联网领域日益成为各种思想文化观念的集散地，成为意识形态碰撞交锋的主战场。正因如此，在互联网这个战场上，我们能否掌控主动权、把握主导权，直接关系到国家意识形态安全和政权安全。习近平总书记强调，"宣传思想阵地，我们不去占领，人家就会去占领"[②]，明确了新时代抢占网络意识形态主阵地、提高网络意识形态领导能力以及维护网络意识形态安全的紧迫性与价值性。由于意识形态的对立性，西方资本主义国家始终凭借强大的网络信息技术优势与话语霸权，在网络空间对我国进行西方价值观的渗透、西化与分化。同时，伴随我国综合实力快速提升和国际地位日益提高，国外敌对势力利用网络信息技术优势和话语霸权加大对我国实施西化和分化战略图谋，肆意颠倒黑白，抹黑诋毁我国社会主义制度、党的奋斗实践与领袖人物、民族英雄与革命烈士，其实质在于鼓吹历史虚无主义思潮，利用

[①] 中共中央党史和文献研究院.习近平关于总体国家安全观论述摘编 [M].北京：中央文献出版社，2018：106.

[②] 中共中央党史和文献研究院.习近平关于网络强国论述摘编 [M].北京：中央文献出版社，2021：52.

错误舆论误导公众以期制造思想混乱，从而否定中国共产党的领导，否定社会主义革命、建设和改革的历史，妄图冲击社会主义意识形态，进而瓦解颠覆社会主义政权。而我国数量庞大的网民由于年龄分层、知识结构以及职业类别等差异，极易受到境内外敌对势力的意识形态宣传蛊惑和挑唆，从而产生意识形态认知混乱甚至迷惘，进而在行动上蜕化为敌对势力的帮凶。进一步而言，在思想上沦为西方意识形态渗透对象的网民个体必然成为西方意识形态的鼓吹者和追随者，在网络领域以西方价值观念和价值信仰为标准，攻击我国主流意识形态，批判指责政府行为，长此以往必然演化为非法政治参与，煽动突发性网络事件或群体性事件，严重影响社会稳定和国家安全，威胁国家意识形态安全，削弱中国共产党执政的合法性。对此，我们必须始终保持高度警惕、清醒把握与坚决斗争，切实提升中国共产党网络意识形态话语权，牢牢掌握思想价值引领的主动权和主导权，抢占互联网思想价值引领的主阵地。面对当今网络领域意识形态斗争的波诡云谲之势，我们党只有牢牢掌握网络意识形态话语权，才能占领网络意识形态前沿阵地和战略高地，引领网络意识形态发展方向，凝聚网络意识形态共识，提高网络意识形态领导能力，进而维护网络意识形态安全。

从历史维度来说，牢牢掌握网络意识形态领导权，始终占据意识形态主阵地，具有极端重要性。前事不忘，后事之师，"历史是最好的教科书"①。回顾世界社会主义运动史，苏联共产党之所以在拥有 2 000 万党员并执政 70 多年的情况下被迫解散，固然有内部与外部等多方面原因，但从根本上来说，意识形态领域的斗争溃败与信念坍塌是苏联共产党与苏联人民走向颠覆性错误道路的原因。苏联共产党与苏联人民在西方资本主义意识形态的渗透与演变诱导下，在意识形态与指导思想选择上、在理想信念与政治信仰上陷入迷茫与混乱，最终走上排斥与放弃马克思主义在意识形态的领导地位，放弃意识形态斗争主战场与主阵地，从而走向自我覆亡。以史为鉴，鉴古知今。筑牢网络主流意识形态的思想堤坝，是处于长期执政的马克思主义执政党建设的应有之义与必然要求，更是中国共产党自身建设的一项重大战略课题。正如习近平总书记指出的，一个政权的瓦解往往是从思想领域开始的，政治动荡、政权更迭可能在一夜之间发生，但思想演化是一个长期过程。思想防线被攻破了，其他防线也就很难守住。我们必须把意识形态工作的领导权、管理权、话语权牢牢掌握在手

---

① 本书编写组. 科学发展观辅导读本 [M]. 北京：人民出版社，2013：168.

中，任何时候都不能让它旁落，否则就要犯无法挽回的历史性错误。① 因此，牢牢掌握网络意识形态工作的领导权与话语权，努力抢占意识形态斗争的主战场，是新时代中国共产党做好思想宣传工作的重中之重，也是抓好网络意识形态斗争的关键之举。因此，新时代网络意见表达引领有助于抢占网络意识形态主阵地。

二、提高网络意识形态领导能力

加强新时代网络民意表达引领，有助于提升网络意识形态领导能力。政党政治时代，意识形态工作关乎政党旗帜、政权道路和政治方向，在党和国家建设中具有根本性与全局性的战略地位。革命战争年代，毛泽东强调，"凡是要推翻一个政权，总要先造成舆论，总要先做意识形态方面的工作。革命的阶级是这样，反革命的阶级也是这样。"② 进入改革开放时期，邓小平主张"在整个改革开放的过程中，必须始终注意坚持四项基本原则"③。江泽民强调，"舆论导向正确，是党和人民之福；舆论导向错误，是党和人民之祸。"④ 胡锦涛指出，"世界范围内社会主义和资本主义在意识形态领域的斗争和较量是长期的复杂的，有时甚至是非常尖锐的。"⑤中国特色社会主义进入新时代，国际网络空间形成新格局，互联网继续高速发展，全媒体深度融合，网络成为信息的集散地、舆情的发酵地与意识形态斗争的主战场，领导干部网络素养的培养和提升也面临着新形势和新要求。习近平总书记强调"意识形态工作是党的一项极端重要的工作"⑥，"能否做好意识形态工作，事关党的前途命运，事关国家长治久安，事关民族凝聚力和向心力"⑦，"要把网上舆论工作作为宣传思想工作的重中之重来抓"⑧。所以，提高网络意识形态领导能力，强化与优化网

① 中共中央党史和文献研究院. 习近平关于总体国家安全观论述摘编 [M]. 北京：中央文献出版社，2018：100.
② 中共中央文献研究室. 建国以来毛泽东文稿：第十册 [M]. 北京：中央文献出版社，1996：194.
③ 邓小平. 邓小平文选：第三卷 [M]. 北京：人民出版社，1993：379.
④ 江泽民. 江泽民文选：第一卷 [M]. 北京：人民出版社，2006：564.
⑤ 中共中央文献研究室. 十六大以来重要文献选编：中 [M]. 北京：中央文献出版社，2006：49.
⑥ 习近平. 习近平谈治国理政：第一卷 [M]. 北京：外文出版社，2018：153.
⑦ 中共中央党史和文献研究院. 习近平关于总体国家安全观论述摘编 [M]. 北京：中央文献出版社，2018：99.
⑧ 中共中央党史和文献研究院. 习近平关于总体国家安全观论述摘编 [M]. 北京：中央文献出版社，2018：103.

络舆论引导工作，对于新时代中国共产党巩固执政地位、维护国家安全以及增强执政合法性具有重要意义。换言之，不断提升网络意识形态领导能力，巩固意识形态阵地，牢牢掌握意识形态领导权，是处于长期执政地位的中国共产党的一项重要历史使命。

网络媒体技术的纵深发展与传播方式的更新，深刻地改变和形塑着社会生产生活结构以及面貌，可以说，随着新时代全媒体深度融合生态建构，加之信息传播日新月异的更新迭代，人类社会进入了万物互联时代。网络媒介技术不仅深刻改变着公众个体的日常生活，也对社会治理、国家意识形态安全以及执政党政治合法性带来一定的冲击力与影响力。网民个体政治参与意识的觉醒与强化以及网络媒介准入门槛较低且易于操作，加上网络领域法律法规建设还有待完善等现状，加大了网络舆情的发生概率。此外，由于海量网络信息鱼龙混杂，真假难辨，经历网络媒介交互嵌入与深度融合带来的裂变式、扩增式传播容易致使网络谣言、网络暴力、网络搜索等事件时有产生，极易诱发网络极权事件，衍生社会舆情问题，影响社会稳定。不仅如此，网络空间还成为意识形态斗争的主战场，维护国家意识形态安全是维护网络安全的必然要求与应有之义。境内外敌对势力利用网络进行网络攻击、网络犯罪、窃密渗透活动等，从地方政府网站和高校科研院所遭遇黑客攻击，到国家窃密事件，再到政治分裂煽动等，意识形态领域斗争硝烟四起，国家网络安全形势日益严峻。所以，对执政党来说，不断提高网络意识形态领导能力显得尤为重要与紧迫，领导干部只有提升网络安全素养，担当维护网络安全责任，才能有效维护我国意识形态安全。因此，不断提升网络意识形态领导能力，巩固意识形态阵地，牢牢掌握意识形态领导权，不仅是处于长期执政地位的中国共产党的一项重要历史使命，更是处于长期执政地位的中国共产党的一项重要现实课题。

意识形态领域的斗争是一场没有硝烟、不容退却的战争。"在意识形态领域，马克思主义、无产阶级的思想不去占领，各种非马克思主义、非无产阶级的思想甚至反马克思主义的思想就会去占领。"① 网络是意识形态和社会舆论的集散地，是舆论斗争的主阵地与主战场。因此，如何引导网络舆论朝着正确积极的方向发展，是党和政府亟待解决的重要课题。特别是在重大舆情事件引发网络舆论争议焦点之时，熟悉并掌握网络舆论发展变迁规律，并有针对性地引导、把控至关重要。因此，抢占意识形态阵地，抓好意识形态斗争，巩固马克思主义在意识形态领域的根本指导地位，牢牢掌握意识形态工作的领导权、

---

① 江泽民. 江泽民文选：第二卷 [M]. 北京：人民出版社，2006：564.

管理权与话语权，只有进行时，没有完成时。意识形态领导权、管理权与话语权，不仅是意识形态领导能力的本质内涵与现实要求，而且是新时代网络意见表达引领的实践指向与价值旨归。党管宣传、党管意识形态是党在长期革命、建设以及改革实践中的优良传统与宝贵经验，是做好新时代意识形态工作的基本遵循和根本保障，也是坚持党对意识形态领导的根本体现。

首先，加强新时代网络民意表达引领，必须坚持党的领导为根本逻辑前提。只有加强党对意识形态工作的领导，才能凝聚全党共识，汇聚全党力量，确保全党意志、思想与行动统一，形成跳出历史周期率的强大动力，不断增强党的创造力、凝聚力和战斗力。我们要坚持党管媒体、党管意识形态原则，健全网络意识形态工作领导体制，坚持党对意识形态工作的领导，坚持完善党的领导体制和工作机制，建立健全意识形态工作的具体制度规范和机制保障，构建新时代意识形态领域的法律制度体系，强化党内法规制度与国家法律制度的相互衔接和协调统一，综合运用法律、行政、教育以及宣传等技术手段和管理方法，发挥政府、社会组织以及网络意见领袖等多元主体协同作用，优化网络意识形态管理，制定网络主流意识形态话语表达、传播以及评价等标准，巩固网络意识形态话语权，增强网络主流意识形态的向心力、凝聚力与引领力，从而把握网络意识形态领导方向，提升网络意识形态领导合力，不断巩固网络意识形态的领导权、管理权和话语权。我们要牢牢把握正确的政治方向和政治立场，保持清醒的政治头脑、政治定力、政治意识和政治本色，不断巩固马克思主义在意识形态领域的指导地位，提高政治鉴别能力、思想领悟能力、信息获取能力、舆情研判能力、组织协调能力，抢占舆论引导先机。

其次，加强新时代网络民意表达引领，必须坚持马克思主义意识形态的正向导向作用。只有坚持马克思主义在意识形态领域的根本指导地位，才能发挥理想、信仰、信念的旗帜引领导航和精神支柱作用，进而巩固全民族团结奋斗的共同思想基础，凝聚全民族的奋进力量。坚持马克思主义在意识形态领域的根本指导地位，就要构建全方位、立体化的宣传格局，做到因势而谋、应势而动、顺势而为，更好地讲述中国故事、传播中国声音、阐释中国理论，深入挖掘中华优秀传统文化、革命文化以及社会主义先进文化蕴含的精神内核、道德规范与价值信仰，激发社会主义意识形态的组织力、凝聚力和向心力，发挥社会主义意识形态沁润人心、昂扬奋进的作用，构筑中华民族的精神家园。

最后，新时代赋予我国网络意识形态领导能力前所未有的机遇与挑战，也赋予领导干部网络素养能力全新的内涵和要求。对于中国共产党来说，整体意义上的网络意识形态领导能力最终体现为领导干部个体的网络素养能力与水平。所以，新时代网络民意表达引领，必须以提高领导干部意识形态风险防范能力为关键着力点。只有增强意识形态防范意识，不断强化政治意识、责任意识、底线意识和阵地意识，才能增加意识形态风险防范工作的前瞻性、预见性与主动性，进而掌握意识形态斗争的主动权。我党要健全意识形态工作责任体系，夯实网络意识形态工作的组织保障，优化网络意识形态工作体制结构，精准把控意识形态发展动向，加强对网络舆论的引导监管，加强国际国内防控形势风险预判，完善意识形态风险预警、管控、应急机制以及评估机制，不断提高意识形态风险的防范能力、应对能力和化解能力，提升意识形态工作专业化、智能化、科学化、法治化水平，守好网络意识形态阵地。因此，新时代网络意见表达引领有助于提升网络意识形态领导能力。

三、维护网络意识形态安全

加强新时代网络民意表达引领，有助于维护网络意识形态安全。正如马克思强调，"如果从观念上来考察，那么一定的意识形式的解体足以使整个时代覆灭"①。对于任何一个政党、国家与民族来说，意识形态工作都至关重要。全媒体时代，互联网已经成为国际意识形态传播的重要场域，也是各国意识形态斗争的主战场与主阵地。然而，目前我国网络治理仍面临着网络舆情意识形态化导致的"塔西佗陷阱"、网络伦理道德失范以及网络谣言和网络暴力等诸多风险，极少数别有用心的网民在资本操纵下扭曲事实真相、煽动大众情绪、扰乱网络传播秩序、诱导网络舆论走向进而引发社会冲突，对网络空间秩序与网络空间安全造成一定程度的冲击。网络主流意识形态作为现实主流意识形态在网络空间中的延伸与拓展，是关乎国家意识形态安全与网络意识形态领导权的关键要素。随着全媒体技术更新迭代与传播生态深度融合，我国网络意识形态传统安全风险与新型风险交织叠加，网络意识形态安全治理面临严峻考验。所以，如何引导网络民意，巩固主流意识形态，维护网络意识形态安全，是新时代中国共产党坚持和发展中国特色社会主义必须破解的一个重大现实战略课题，也是处于长期执政地位的中国共产党巩固党的领导与建设必须思考的一个重大现实难题。

毫无疑问，网络媒介技术的革新进步与传播生态的调整融合，给既有传播格局与传播方式带来显著改变，消解了主流意识形态的向心力与凝聚力。信息

---

① 中共中央马克思恩格斯列宁斯大林著作编译局. 马克思恩格斯文集：第八卷 [M]. 北京：人民出版社，2009：170.

传播方式呈现碎片化特征，一方面，碎片化容易割裂主流意识形态的内部逻辑，解构主流意识形态的整体性，从而消解主流意识形态的向心力与凝聚力；另一方面，碎片化的信息在加工传播过程中极易偏离真相而走向失真。传统传播媒介的去中心化以及传播权力的分散化致使信息传播日益趋于大众化与平等化，不仅对传统话语权威造成解构与颠覆，对意识形态话语权也产生分散与冲击。尤其是被资本流量裹挟操纵的网络谣言和网络暴力充斥并污染着意识形态的话语空间，在一定程度上影响主流意识形态的向心力与凝聚力。不仅如此，网络媒介技术的革新进步与传播生态的调整融合，对主流意识形态认同形成冲击。对于科学技术的价值判断，要坚持辩证分析。以大数据和云计算为代表的信息技术的发展应用，对提高信息流通效率和加速主流意识形态传播具有重要意义，同时也内蕴着一定的意识形态安全风险。一方面，"信息茧房效应"容易侵蚀个体价值观。信息技术的进步，客观上消解了个体向外获取信息的能力，阻碍了处于"信息茧房"内用户接受主流意识形态的价值渗透；与此同时，也增加了处于"信息茧房"内用户遭受非主流意识形态的价值侵蚀的可能性。另一方面，信息技术进步容易加剧社会群体的内部分化以及意识形态极化风险。信息技术优化升级，容易加剧社会群体价值选择的分化趋势，价值观念的多元化增加了意识形态的迷惘，一定意义上说，其对强化主流意识形态认同构成了冲击与影响。

此外，就国际因素来看，西方话语霸权始终是影响我国意识形态安全的一个重要因素。发达资本主义国家利用其传播媒介的技术优势，以及其在政治霸权主导下获得的话语霸权，不断进行意识形态领域的渗透、打压与倾轧，尤其对中国共产党的领导、中国社会主义制度与中国特色社会主义事业等历史与实践进行抹黑污蔑、颠倒黑白与指责煽动，网络意识形态的交锋斗争日趋激烈，给我国网络意识形态安全带来强烈冲击与严峻挑战。概言之，西方资本主义国家传播媒介技术霸权与传播媒介话语霸权的双重风险，是影响我国意识形态安全的重要客观因素。同时，由于西方资本主义国家通过议题设置与策划，牢牢把控媒介传播的内容与规则，进而在国际网络意识形态阵地中始终掌控着话语主导权，所以我国主流意识形态极易处于"失语"或"失声"的潜在危险，这也是我们在意识形态斗争中、在国际传播舞台上仍然面临"有理说不出、说了传不开"的尴尬境地的原因之一。因此，就此意义来说，西方资本主义国家利用传播媒介技术霸权与话语霸权，对我国意识形态安全构成潜在威胁，是新时代网络民意表达引领具有现实紧迫性与价值重要性的原因。换言之，新时代网络民意表达引领具有维护我国意识形态安全的价值意蕴。

新时代网络民意表达引领的根本目的在于巩固网络主流意识形态地位，抵御西方意识形态渗透，始终牢牢掌握与巩固提升网络主流意识形态领导权、管理权与话语权，确保网络主流意识形态的根本指导地位不动摇，坚决维护新时代我国网络意识形态安全。正如习近平总书记强调，"做好网上舆论工作是一项长期任务，要创新改进网上宣传，运用网络传播规律，弘扬主旋律，激发正能量，大力培育和践行社会主义核心价值观，把握好网上舆论引导的时、度、效，使网络空间清朗起来。"① 因此，新时代网络民意表达引领要以构建网络传播格局、完善体制机制、创新治理技术和提高治理能力为关键着力点。

首先，新时代网络民意表达引领要以构建媒体融合传播格局与立体化传播体系为载体。在传播体系建构方面，促进传统媒体与新兴媒体深度融合，全面打通中央媒体和地方媒体、官方媒体和自媒体、专业媒体与大众媒体等联系，构建全方位合作的立体化传播体系，发挥全媒体传播体系的协同作用。在健全多元主体治理格局方面，构建党委领导、政府管理、社会协同、平台自觉以及民众自律的多元治理格局，综合运用法律、经济、技术等手段统筹各主体的治理力量，形成治理合力；注重加强党在意识形态领域的指导地位，强化政府监督管理力度，推进网络平台自觉性，提升网民个体的自律，强化对网络意见领袖的积极引导，提高网民个体网络素养水平，以多元主体的积极参与推进网络意识形态安全治理的现代化。

其次，新时代网络民意引领表达要以建立健全网络治理体制机制为保障。第一，牢牢巩固马克思主义在意识形态领域指导地位的根本制度，健全理论武装工作的体制机制，实行理论武装常态化制度化。第二，重点抓好高校网络意识形态教育引领，以及青少年的思想引领和政治认同培育工作，夯实青年学生群体的意识形态教育基础。第三，建立健全网络意识形态安全防控体制，细化网络审查制度，构建网络信息实时监测与跟踪系统，加强网络安全评估与网络风险预警机制建设。

最后，新时代网络民意表达引领要以创新治理技术为支撑。网络媒介技术创新发展，既是应对西方资本主义网络霸权的客观要求，也是提升网络治理水平能力的内在需要，是维护网络意识形态安全的治本之策。因此，我国应加强网络基础技术和通用技术发展，推动网络核心技术创新攻关，强化对网络新媒体技术的有效把控，制定有效的监测、预警和反馈体制机制，优化对网络舆情的实时监测与动态管理。

---

① 习近平. 习近平谈治国理政：第一卷 [M]. 北京：外文出版社，2018：198.

从根本上来说，网络意识形态安全的维护与实现，离不开网络治理能力。只有不断提高治理能力，才能切实实现格局载体、体制机制以及技术创新的综合效能。所以，提升各级领导干部的网络治理能力素养，是维护网络意识形态安全的关键要素。因此，要做好新时代网络民意表达引领，就要不断提高领导干部的政治领导力、思想引领力、理论创新力与舆情引导力；增强政治意识与理论储备，锤炼把控网络舆论导向的领导力与行动力，加强对重大突发事件的舆论监管，巩固与捍卫网络舆论话语权，把控与引领舆论发展方向，维护网络意识形态安全。因此，新时代网络信息民意表达引领有助于维护网络意识形态安全。

第四节　世界层面：有利于构建网络命运共同体

互联网技术的高速发展促进了信息化与全球化高度融合，人类社会已经步入"数据时代"。互联网是一把"双刃剑"，不仅能为人类社会发展提供无限便利性，而且也极易滋生网络领域公共性难题，这进一步强化了人类社会的利益共同体特征，促使网络空间的利益共同体建设成为共识。当今世界正经历百年未有之大变局，国际关系和地缘政治更加复杂敏感，个别西方国家凭借信息技术优势和话语霸权操纵国际舆论走势，严重干扰国际传播秩序，这迫切需要新的网络治理理念凝聚共识，形成规则和体系。因此，新时代中国共产党提出共建网络空间命运共同体倡议，是审时度势，是顺势而为，更要乘势而上。正如习近平总书记强调，"网络空间是人类共同的活动空间，网络空间前途命运应由世界各国共同掌握。各国应该加强沟通、扩大共识、深化合作，共同构建网络空间命运共同体。"①

新时代网络民意表达引领既要重视自上而下的官方舆论组织引导，也要注重发挥民间舆论自发作用，进而实现网民思想与行动自觉。网络空间命运共同体的构建要遵循安全与发展相统一的内在逻辑，网络安全是网络健康发展的基本前提，网络健康发展是网络安全的根本保障，网络安全与网络健康发展相辅相成，互相促进。其一，网络安全是网络空间命运共同体的基石。"网络安全是全球性挑战，没有哪个国家能够置身事外、独善其身，维护网络安全是国际

---

① 习近平. 习近平谈治国理政：第二卷 [M]. 北京：外文出版社，2017：534.

社会的共同责任。"① 维护网络安全，有赖于掌握先进的信息技术，完善互联网管理领导体制，提升网民素养，做好网上舆论工作，依法治理网络空间。而网络民意表达引领在加强国家网络安全教育，把握网络舆论斗争的规律与方法，筑牢国际网络舆论斗争的战略防线，培养传播正能量、弘扬主旋律的网民意见领袖或网络文明志愿者，维护清朗的网络空间生态方面发挥着重要作用。其二，网络只有在推动经济社会发展中才能实现其角色价值。网络不仅要在国民经济领域发挥自身作用，同时也要服务于社会，让更多国家和人民共同享受信息时代的便利快捷。网络空间命运共同体内在蕴含着崇高的价值关怀与厚重的责任意识。正因如此，新时代网络民意表达引领，要着眼于引导网民自觉构建网络空间命运共同体，推动互联网成为更为优质的公共产品，为人类社会整体福祉服务。就此意义而言，从世界层面来看，新时代网络民意表达引领对于推动网络空间互联互通、共享共治构建网络命运共同体，具有重要价值。

---

① 习近平. 习近平谈治国理政：第二卷［M］. 北京：外文出版社，2017：535.

第四章　新时代网民意见表达引领的现实境遇

库利曾指出："没有表达，思想就难以存在。"① 意见表达是新时代网民通过网络社交平台阐释个人思想、见解、观点和情感的一个过程，是人际交流互动的首要基础，也是信息传递的出发点。基于此，深入剖析和探赜新时代网民意见表达的现实境遇，从机遇与困境两个维度进行审视和分析，是本书的内容之要、立论所在。

第一节　新时代网民意见表达引领的现实机遇

习近平总书记指出："互联网让世界变成了'鸡犬之声相闻'的地球村，相隔万里的人们不再'老死不相往来'。可以说，世界因互联网而更多彩，生活因互联网而更丰富。"② 互联网作为 20 世纪最伟大的科技发明之一，自 20 世纪在中国大地"开花结果"，不仅给我国社会带来了一场伟大的信息革命，而且给人民群众进行自我意见表达带来了一场深刻的社会变革。发展至今，网民依托互联网进行意见表达，在内容、方式、载体等方面均取得了丰硕成果，实现了普通民众自由表达个人思想观点的飞跃式发展，为新时代网民意见表达引领带来了机遇，即党对网络强国建设坚强领导的政治机遇、数字化经济与科技实力壮大的经济机遇、社会精神文明建设深化发展的文化机遇、人民群众精神需求日益满足的社会机遇以及网络舆论环境治理力度加强的生态机遇，从而为助力新时代网民意见表达引领提质增效提供了基础与动力。

---

① 查尔斯·霍顿·库利. 人类本性与社会秩序 [M]. 包凡一，等译. 北京：华夏出版社，1989：60.

② 中共中央党史和文献研究院. 习近平关于网络强国论述摘编 [M]. 北京：中央文献出版社，2021：35.

一、政治机遇：党对我国网信工作的坚强领导

习近平总书记曾在全国网络安全和信息化工作会议上指出："信息化为中华民族带来了千载难逢的机遇。我们必须敏锐抓住信息化发展的历史机遇……自主创新推进网络强国建设。"① 推进网络强国建设、做好我国网信事业工作始终是我国社会主义现代化强国建设的有机组成部分，而对新时代网民意见表达的引领又是推进我国网信工作发展的重要内容。无论是微观层面的网民意见表达引领，还是中观层面的网信工作，抑或是宏观层面的网络强国建设，中国共产党的坚强领导为其持续推进提供了根本保证。具体而言，新时代网民意见表达引领的政治机遇主要体现在以下三个方面：

一是党对我国网信工作的科学领导。科学的领导不仅意味着党运用先进的网络科技对网民的网络生活进行领导，还意味着遵循一定的网络生活规律对包括网民意见在内的网络生活规律的领导。恰如习近平总书记所指出的："过不了互联网这一关，就过不了长期执政这一关。党管媒体，不能说只管党直接掌握的媒体。党管媒体是把各级各类媒体都置于党的领导之下，这个领导不是'隔靴搔痒式'领导，方式可以有区别，但不能让党管媒体的原则被架空。"② 这为强化党对新时代网民意见表达的引领提供了方向指引。

二是党对我国网信工作的民主领导。民主的领导意味着党对网信工作的领导遵循"一元主导"与"多元包容"有机统一、相互渗透的领导。对于当下拥有 14 亿多人口、网民规模高达 10.32 亿的中国而言，管理好互联网，尤其是引领网民科学合理、健康文明地进行网络发声和意见表达，是一项极为复杂繁重的系统工程。这不仅需要党和政府承担集中统一领导的责任，而且需要各行业有关主体责任部门各司其职、协调配合，发挥各自的能动性和积极性，齐心协力做好网信工作，以便为网民意见表达提供动力引擎。对此，习近平总书记在 2016 年网络安全和信息化工作座谈会上的讲话中就强调："网上信息管理，网站应负主体责任，政府行政管理部门要加强监管。主管部门、企业要建立密切协作协调的关系，避免过去经常出现的'一放就乱、一管就死'现象，走出一条齐抓共管、良性互动的新路。"③ 实践已证明，经过多年的持续努力，政党对我国网信工作的民主领导，为新时代网民意见表达引领提供了实践依循。

---

① 习近平. 习近平谈治国理政：第三卷［M］. 北京：外文出版社，2020：305.
② 习近平. 论党的宣传思政工作［M］. 北京：中央文献出版社，2020：183.
③ 习近平. 论党的宣传思政工作［M］. 北京：中央文献出版社，2020：206.

三是党对我国网信工作的法治领导。法治领导意味着党对网民的网络生活的领导是以遵循法治为基础的领导。法治领导是杜绝或排斥人治这种随意性的领导，是牢牢抓住以"立、改、废、释"为核心基点的网络法治，以便为网民的网络生活提供相应的法律法规的领导。这为新时代网民意见表达引领提供了有力的制度保障。党的十八大以来，"党中央从进行具有许多新的历史特点的伟大斗争出发，重视、发展和治理互联网，成立中央网络安全和信息化领导小组，统筹协调涉及政治、经济、文化、社会、军事等领域信息化和网络安全重大问题，做出一系列重大决策、提出一系列重大举措，推动网信事业取得历史性成就。"[1] 其在法治领导方面的成就主要体现为：制定出台《关于加强网络安全和信息化工作的意见》《关于加快建立网络综合治理体系的意见》《国家网络空间安全战略》《国家信息化发展战略纲要》《关于加强数字政府建设的指导意见》和"十四五"相关规划等文件；制定实施《党委（党组）网络意识形态工作责任制实施细则》《党委（党组）网络安全工作责任制实施办法》，以压实政治责任将党管互联网落到实处，有利于为新时代网民意见表达引领打造忠诚干净担当的人才队伍建设，营造风清气正的政治生态。

二、经济机遇：数字化经济与科技实力的强盛

马克思主义认为经济基础决定上层建筑，新时代网民意见表达引领作为意识形态领域的实践性活动，在其深层次是与我国主体经济机制有效衔接、荣辱与共的，与数字经济理念有着千丝万缕的联系，与科学技术的迭代升级和创新发展有着高强度的现实关联。

一方面，改革开放40多年来，随着社会主义市场经济的深入人心，我国国民经济总量的持续增长，经济高速腾飞。2020年我国国内生产总值（GDP）突破100万亿元，占全球比重超过17%，对世界经济增长贡献率达30%左右，成为世界经济发展的主要驱动力。今日之中国，已经成为世界第二大经济体，第一大工业国、货物贸易国和外汇储备国。强大的经济硬实力为新时代网民意见表达引领提供了坚实的基础。与此同时，我国经济发展也逐步实现了从工业经济时代到数字经济时代的转型。如今，我国数字经济在国民经济中的占比越来越高，有助于为网民意见表达引领起飞护航。2022年1月12日，国务院印发的《"十四五"数字经济发展规划》指出："2020年，我国数字经济核心产

_____

① 中共中央党史和文献研究院. 习近平关于网络强国论述摘编［M］. 北京：中央文献出版社，2021：8.

业增加值占国内生产总值（GDP）比重达到 7.8%，并为经济社会持续健康发展提供了强大动力"。与此同时，我国"信息基础设施全球领先"，"互联网协议第六版（IPv6）活跃用户数达到 4.6 亿"①。据此，无论是我国的实体经济的腾飞，还是我国数字经济的加速发展，二者的"双轮驱动"为新时代网民意见表达引领提供了厚实的经济基础。

另一方面，随着网络科技的日新月异，人工智能、大数据、云计算等尤其是融媒体技术的发展，既为网民进行意见表达提供了载体渠道，又为引领网民的意见表达提供了强有力的技术支撑。"数字化服务是满足人民美好生活需要的重要途径。数字化方式正有效打破时空阻隔，提高有限资源的普惠化水平，极大地方便群众生活，满足多样化个性化需要。数字经济发展正在让广大群众享受到看得见、摸得着的实惠。"② 大数据技术是数字经济的基础要素，它作为一种基础性和战略性资源，不仅是提升网民生活品质和国家治理能力的"富矿"，而且也是助力网民意见表达引领的有效依托。譬如，利用大数据技术对网民在不同网络社交媒体、各大网站上发表的言论进行实时动态地检测，以精准掌握哪些意见表达需要加以引领和规范。

2022 年 4 月 19 日，习近平总书记在中央全面深化改革委员会第二十五次会议上的讲话中指出："要全面贯彻网络强国战略，把数字技术广泛应用于政府管理服务，推动政府数字化、智能化运行，为推进国家治理体系和治理能力现代化提供有力支撑。"③ 数字化经济与科技实力的壮大有助于为新时代网民意见表达提供良好的物质经济基础。首先，国家实体经济与数字经济带来的财政收入，确保了网民意见表达引领的资金保障，从中央到地方的各层级相关引领主体开展相关活动有制度性的资金支持。其次，随着社会主义市场经济的逐步壮大和数字经济的"加盟"，人民群众的权利意识不断增强，公平、公正、公开的观念日渐深入人心，由经济和科技赋能的相关制度、机制成为引领主体考量相关活动长效性的一个重要标准。新时代网民意见表达引领一方面回应了社会公众在数字经济和科学技术条件下对弘扬主旋律、传递正能量，营造风清气正的网络舆论氛围的诉求；另一方面，要想更好地满足网民大众的精神需

① 国务院关于印发"十四五"数字经济发展规划的通知［EB/OL］.（2022-1-12）［2022-10-18］.http://www.gov.cn/zhengce/zhengceku/2022-01/12/content_5667817.htm.

② 国务院关于印发"十四五"数字经济发展规划的通知［EB/OL］.（2022-1-12）［2022-10-18］.http://www.gov.cn/zhengce/zhengceku/2022-01/12/content_5667817.htm.

③ 习近平. 习近平主持召开中央全面深化改革委员会第二十五次会议强调加强数字政府建设推进省以下财政体制改革［N］. 人民日报，2022-4-20（1）.

求，也需要建立健全网民意见表达引领机制，确保相关引领实践活动有良性运行的先进载体。最后，网民意见表达引领水平的提升和完善，能够推动相关责任组织部门的成长壮大，这些组织部门通过提供一定的决策咨询、监管服务、纠纷调解等方式，又能够促进和带动相关产业的发展和升级，从而加强了社交媒体的市场交流，确保整个媒体事业市场秩序得以规范运行，继而成为加快转变网络媒体经济发展方式、促进媒体行业可持续发展的一股重要力量。

三、文化机遇：网络精神文明建设的深入推进

网络文明是伴随着互联网发展而产生的新型文明形态，是现代社会语境下中国特色社会主义发展所需的社会文明进步的重要标志。进入新时代以来，以习近平同志为核心的党中央高度重视网络精神文明建设。党的十九届五中全会做出"加强网络文明建设，发展积极健康的网络文化"[①] 的重要部署。2021年9月，中共中央办公厅、国务院办公厅印发了《关于加强网络文明建设的意见》，为我们紧密聚焦网络精神文明建设，面向全社会广泛推进文明办网、文明用网、文明上网、文明兴网指明了路径方向，同时也为新时代网民意见表达引领提供了根本遵循。习近平总书记指出："精神是一个民族赖以长久生存的灵魂，唯有精神上达到一定的高度，这个民族才能在历史的洪流中屹立不倒、奋勇向前。"[②] 他还一针见血地指出："一个政权的瓦解往往是从思想领域开始的，政治动荡、政权更迭可能在一夜之间发生，但思想演化是个长期过程。思想防线被攻破了其他防线就很难守住。"[③] 新时代持续推进网络文明建设是顺应信息化时代发展潮流的必然要求，是强化中国共产党网上执政能力的重要内容，也是满足亿万网民美好精神生活需求的迫切需要，更是加强网民意见表达引领的依托保障。

在我国网络精神文明建设过程中，网民自身的思想价值观念的变化，从一定意义而言，也为新时代加强网民意见表达引领提供了适切的创生空间。一方面，改革开放40多年来，随着我国社会经济成分和利益关系日趋复杂多变，网民的思想价值观念也更加多元。譬如，因社会主义市场经济规则、目标、方式的转变，催生出一部分网民的极端个人主义、享乐主义倾向，进而冲击着他

① 中共中央党史和文献研究院. 十九大以来重要文献选编：中 [M]. 北京：中央文献出版社，2021：805.
② 习近平. 习近平谈治国理政：第二卷 [M]. 北京：外文出版社，2017：47-48.
③ 中共中央党史和文献研究院. 十八大以来重要文献选编：上 [M]. 北京：中央文献出版社，2014：465.

们对社会主义道德秩序、崇高理想信念、社会诚信、优良精神文明的坚持与恪守；各种畸形的不良的"饭圈文化"乱象丛生，部分网民甘做"躺平"青年或者"摆烂"青年等，在一定程度上弱化了网民理想信念的坚定，导致网民在网络社交媒体上发表各种消极、忧郁以及部分不良意见和观点。以上这些现实"难点、痛点和赌点"致使网民极易通过网络表达意见，从而给网络舆论环境带来极大的负面影响。因此，需要以网络精神文明建设的深化发展为契机，积极加强新时代网民意见表达的引领。

另一方面，面对"融媒体"或"全媒体"时代"消费主义"与"后工业文明"的深度交融，使得商品需求、资本裹挟与技术理性极度扩张，不断强化着网民对"物的依赖性"，各种理性与非理性的、积极与消极的、先进与落后的思想价值观念相互激荡，由此生成的网络意见表达便日渐消解着社会主义精神文明，尤其是网络文明建设所需要的富有崇高神圣意味的思想观念、价值尺度和行为标准，人类日渐陷入普遍的精神危机，即"世界符号化与快速流动性带来的'无根性焦虑'，价值多元化与标准相对性带来的'选择性困惑'，理想拟物化与思想易变性带来的'信仰性缺失'。"① 在这种社会环境下，对网民群体，尤其是青少年网民一代的思想价值观念的正向塑造与引领尤为迫切，否则整个网络空间便成了充斥着一股焦虑、无奈、沉闷的虚拟言说空间，弥漫着一种消极懈怠、愤懑不满的意见表达氛围。对此，需要紧扣我国社会主流意识形态发展现状，以推进我国网络精神文明建设为抓手，为提升新时代网民意见表达引领水平提供重要助力。

四、社会机遇：网民精神文化需求的多元多样

在我国的网民群体中，青少年占据主要部分，如何使他们通过网络意见表达传递和输出正确的"三观"，养成良好的思想倾向、文化情趣和网络素养，攸关培育合格的建设中国特色社会主义的时代新人。2022 年 4 月，国务院新闻办公室发布的《新时代的中国青年》白皮书指出，中国青年不仅"精神成长空间更为富足……不断扩展的精神文化生活空间，为其追求更有高度、更有境界、更有品位的人生提供了更多可能"；而且"在与互联网的相互塑造中成长"，"互联网已经成为当代青少年不可或缺的生活方式、成长空间、'第六感官'""面对纷繁复杂的网络信息，中国青年在网上积极弘扬正能量、展示新

---

① 任志锋. 新时代思想政治教育发展：问题、借鉴与发展 [M]. 北京：中国社会科学出版社，2020：38.

风尚，共同营造清朗网络空间"。这较好地印证了新时代以青少年为主体的网民群体参与网络空间、自由发表言论的总体态势良好，能够在润物细无声中帮助带动、引领极少部分网民群体非理性的意见表达。

复旦发展研究院传播与国家治理研究中心、上海信息安全与社会管理创新实验室、哔哩哔哩公共政策研究院联合发布的《中国青年网民社会心态调查报告（2009—2021）》的数据结果显示，当代青年群体思想观念和行为具有多样性。他们开放、自信，乐于在互联网上展现自我，具有强烈的精神需求和典型的文化价值取向特色。偶像关注或多或少满足了部分青年网民的精神需求，是青年网民暂时跳脱现实压力、寻求精神寄托的渠道；大部分青年网民没有固定圈层，往往"多圈流连"，处在相对理性的流动关注状态中；一些亚文化议题在青年群体中形成主流态度。较之于过去单一化的集体主流意识，当代网民多元多样的精神文化需求其实更有利于对部分网民发表的非理性意见表达进行引领。

以精神文化产品为例，新时代青年网民对精神文化产品的强烈需求，在日益成熟的商业化运作背景下，促成了近年来圈层文化的"繁荣"。对比2010—2017年和2017—2021年两个时间段可以发现，青年网民关注的圈层类型愈发多样，曾盛极一时的日韩风潮有所消退，中国内地（大陆）娱乐圈成为青年网民的新宠，圈层文化从传统娱乐圈延伸到"体育圈"。2017年以前，年轻人提及日韩娱乐圈圈层的微博数量占比高达66.79%，而同期提及中国内地（大陆）娱乐圈圈层的微博数量占比为32.45%。2017年之后，年轻人提及中国内地（大陆）娱乐圈圈层的微博数量占比升至65.22%，而提及日韩娱乐圈圈层的微博数量占比降至34.09%。在2016年、2021年等奥运年份，亦有很多青年网民涌入"体育圈"，孙杨、马龙、樊振东等著名体育选手被提及频率高，也在某种程度上体现出圈层文化的流动性。据此可见，网民群体关注圈层的流动性越强，一般情况下其所发表的网络意见也就更加多元化，就更有利于避免网络负面舆论的集群化现象或者一边倒的倾向。如此一来，对于引领主体而言，已经存在非理性的网民意见表达，在很大程度上降低了引领的难度。

正如习近平总书记所指出的："人民对美好生活的向往就是我们的奋斗目标，人民的信心和支持就是我们国家奋进的力量……在今后工作中更好发挥互联网在倾听人民呼声、汇聚人民智慧方面的作用，更好集思广益、凝心聚力。"① 近年来，随着我国网络事业的深入推进，党和国家在满足日益庞大的网民群体的美好精神文化需求方面呈现日臻良好的态势，这也与当代网民个性化的多元需求相互印证，共同为新时代网民意见表达引领提供了优良的社会发展机遇。

五、生态机遇：网络媒体舆论治理力度的加强

习近平总书记指出："全媒体不断发展，出现了全程媒体、全息媒体、全员媒体、全效媒体，信息无处不在、无所不及、无人不用，导致舆论生态、媒体格局、传播方式发生深刻变化，新闻舆论工作面临新的挑战。"② 党的十八大以来，互联网为人民群众获取信息、进行网络意见表达提供了诸多便利，但是各种网络谣言、网络暴力、网络诈骗等不良现象也时有发生。正所谓"网络是一把双刃剑，一张图、一段视频经由全媒体几个小时就能形成爆发式传播，对舆论场造成很大影响。这种影响力，用好了造福国家和人民，用不好就可能带来难以预见的危害。"③ 从表面上看，这些网络乱象的出现动因在于全媒体时代下网络信息的泛传播语境下，鱼龙混杂的网民意见表达，致使网络信息甄别的技术成本不断提高，为各种网络负面舆论提供了滋生土壤。但是其根本原因在于"共建共治共享"的网络社会治理格局尚未完全形成，"碎片化"的网络舆论监管极易导致网络社会治理失灵。

但是不可否认的是，进入新时代以来，党和国家对我国网络媒体舆论治理的力度不断得到强化，这也为新时代网民意见表达引领提供了良好的生态环境保障。习近平总书记指出："信息化为我们带来了难得的机遇。我们要运用信息革命成果，加快构建融为一体、合而为一的全媒体传播格局。"④ 党的十八大以来，党和国家"坚持导向为魂、移动为先、内容为王、创新为要，在体制机制、政策措施、流程管理、人才技术等方面加快融合步伐，建立融合传播矩阵，打造融合产品，取得了积极成效"⑤。

以微博开通 IP 属性功能为例。2022 年 4 月 28 日，"#微博全量开放 IP 属

---

① 中共中央党史和文献研究院. 习近平关于网络强国论述摘编［M］. 北京：中央文献出版社，2021：30.

② 中共中央党史和文献研究院. 习近平关于网络强国论述摘编［M］. 北京：中央文献出版社，2021：59.

③ 中共中央党史和文献研究院. 习近平关于网络强国论述摘编［M］. 北京：中央文献出版社，2021：83.

④ 习近平. 习近平谈治国理政：第三卷［M］. 北京：外文出版社，2020：318.

⑤ 习近平. 习近平谈治国理政：第三卷［M］. 北京：外文出版社，2020：317.

地功能#"位居热搜榜第一，也标志着微博新功能的全面上市。当日，微博官方宣布 2022 年 3 月上线的展示用户 IP 属地功能已经面向所有微博用户全量开放，用户发表评论均会显示 IP 属地，同时还上线了"个人主页一级页面展示自己的 IP 属地"功能。其中，国内用户显示到省份/地区，国外用户则显示到国家。需要注意的是，这两项功能均为强制开启，用户无法手动关闭。微博官方负责人也表示，此举主要是为进一步保障用户的个人权益，减少冒充热点事件当事人、恶意造谣、蹭流量等不良行为，以确保微博传播的信息真实、透明。近年来，微博等网络社交媒体发生的极端造谣生事、盲目跟风带节奏，致使网络负面舆论频发，亟须加强网络媒体舆论治理力度。习近平总书记指出："要牢牢把握舆论主动权和主导权，让互联网成为构筑各民族共有精神家园、铸牢中华民族共同体意识的最大增量。"微博全量开放 IP 属地功能便是对虚拟的网络空间进行实名制约束、用好互联网这一"最大增量"的一大进步。尽管此举还有诸多有待优化和完善之处，但毋庸置疑，此举对于规范网民理性发表意见，营造良好的网络媒体舆论生态功不可没。与此同时，微信、QQ、抖音、快手、今日头条、知乎、小红书等平台也将相继上线类似功能。据此可见，以上各类网络社交媒体做出的努力，为更好地提升新时代网民意见表达引领水平提供了良好的舆论生态机遇。

第二节　新时代网民意见表达引领的困境研判

新时代网民意见表达引领的机遇与困境总是相伴而生，主要体现在现实挑战与现存问题两个维度。据此，综合研判新时代网民意见表达引领的现实困境，描绘出其与时俱进的发展图景，有助于为提升新时代网民意见表达引领实效提供新思路和新方向。

一、新时代网民意见表达引领面临的现实挑战

机遇总是与挑战并存。新时代网民意见表达引领面临的现实挑战具体表现在以下三个方面：

一是新媒体冲击了原有的网民意见表达媒体格局、信息传播模式和舆论环境。一方面，就网民意见表达依托的媒体格局而言，传统媒体生存空间一定程度上受到新媒体的挤压。进入新时代以来，各类新媒体发展势如破竹，有近 2.52 亿的微博日活跃用户、超过 1 000 万较为活跃的微信公众号以及用户超过

1亿的抖音等网络短视频平台日活跃用户。新媒体相较于传统媒体而言，优势明显，如受众广、传播力强、信息无限共享、不受时空限制，具有更强的交互性和时效性等优势，使得网民的意见表达渠道更为畅通，极大地拓展了网民的言说空间，使新媒体不断成为新时代网民表达自我意见的新阵地，但同时在一定程度上压缩了传统主流媒体的生存空间，增加了网民非理性意见表达的可能性。为了消解和缓冲两者的矛盾，党和国家积极顺应媒体融合发展大势。但就当前媒体融合发展现状而言，虽已取得一定进展，但要实现从"简单相加"到"深度融合"，仍需要进一步的理论创新和实践探索，才能突破当前的网民非理性意见表达的现实瓶颈，化挑战为机遇，继而助力新时代网民意见表达的有效引领。

另一方面，就网民意见表达的信息传播方式而言，海量传播、即时传播、人人传播的基本特征，在一定程度上加大了网民意见表达引领实践的难度。新媒体的发展，使得原有的单向传播、人们较为被动接受新闻资讯的时代一去不复返。当今网民意见表达的信息传播主体多元、传播渠道多样，网民不仅可以通过各类网络社交媒体随时随地发布观点、传播信息，而且还可以通过各类网络社交媒体接收其他网民的意见表达信息。此种条件下就形成了以新媒体为主导的"民间舆论场"和以传统媒体为主导的"官方舆论场"有机共存的局面①。此种情形下，网民形形色色的意见表达，尤其是非理性的意见表达比以往任何时候都更容易引起负面网络舆论的形成和发酵，甚至可能诱导社会问题或公共危机的产生，这对新时代网民意见表达引领的精准度和实效性增加了难度。

二是网民意见表达的思想行为与社会发展及其引领要求之间存在矛盾。无论是在现实生活中，还是虚拟的网络世界，个体的思想及其言行很难完全契合当下社会发展的客观要求，两者之间总会存在一定的距离，甚至产生一定的阻碍，这就是矛盾的核心所在。就网络空间而言，对于绝大多数网民来讲，其在意见表达过程中蕴含的思想行为与现实社会发展要求大体上是较为一致的，这决定了这类矛盾是长期而普遍存在的。其主要表现在：一方面，网民的精神发展需求与社会要求之间的不一致。网民的意见表达通常表征着其内心的精神世界。现实社会发展所需要的是理性的、正向的、积极的网民意见表达，这样才有助于营造和谐稳定的网络社会环境。但现实却是，部分网民因认知差异、不

---

① 万光政，杨猛，祝源.建设"四大工程"实现"四力"的有效提升 [J].新闻战线，2018 (1)：52-54.

良心理而借助网络媒体表达自己内心的不满或消极情绪。另一方面，网民意见表达引领要求与网民完成这些要求的可能性之间的不一致。引领主体对网民意见表达提出的要求和标准如果偏高，甚至高到大部分网民在意见表达中经过自身努力也难以企及的程度，这不仅毫无意义，而且很容易导致引领要求与网民之间的冲突，这势必会使网民意见表达的引领效果大打折扣。

三是意识形态层面的文化价值冲突消解了网民意见表达的有效引领。新时代的网民多以青少年为主体，其在各类网络社交媒体发表的言论、观点一定会或多或少地受到多元文化价值的冲击，从而影响其理性的意见表达，这种意识形态层面的文化价值冲突也会与网民意见表达的有效引领形成对冲，如果两者相互博弈中的主流网民意见表达引领处于低势位，便会直接影响其引领成效。其具体表现在：

其一，各类亚文化与主流文化的价值冲突，弱化了网民意见表达的有效引领。"随着信息技术迭代对网络文化和媒介生态进行全方位的重塑，使得新媒介语境下的文化生态呈现新的面貌"①，催生着亚文化样态的形塑与发展。一方面，这是由各类亚文化的自身特性所决定的，如时下流行的"粉丝文化"等。作为一种亚文化形态，它们自诞生之日起就表现出了区别于主流文化的特征。相对于主流文化，各类亚文化处于被支配、从属、弱势地位，天然具备了对主流文化、传统价值观、正统权威的抵抗特征。以当下青少年群体热衷的"粉丝文化"为例。粉丝文化的传播和发展主要依附于各种媒介资源，这实际上也抢占了主流意识形态的传播载体，势必会对主流文化的权威造成一定的消解，并且在发展过程中产生多元、个性的话语表达方式，即网民的意见表达也会弱化主流意识形态的话语体系。但这并不意味着可以直接否定"粉丝文化"的价值，契合主文化方向的亚文化可以激发社会活力，只有偏离主文化的亚文化才会阻碍社会的进步。另一方面，亚文化的非理性或消极因素偏离了主流文化价值，也在一定意义上阻碍着网民意见表达的有效引领。之所以称之为"亚文化"，主要原因在于其或多或少都会存在一定的糟粕，需要主流文化的正向引领，最大化地发挥其积极作用。譬如，各类亚文化存在一定的违反法律秩序、公序良俗的现象，它们大肆渲染的娱乐主义、拜金主义、享乐主义都在持续消解着主流文化所倡导的价值，既阻碍了网民理性的意见表达，也不利于网民意见表达的科学有效引领。

---

① 席志武. 新媒介语境下的政治萌化景观：主流话语与青年亚文化的互动与互构 [J]. 西南民族大学学报（人文社会科学版），2022（4）：162-168.

其二，外来多元文化与我国主流文化的价值冲突，影响了网民意见表达的有效引领。邓小平曾指出："西方国家正在打一场没有硝烟的第三次世界大战。"① 以娱乐文化、消遣文化、商业文化等为代表的西方不良文化，在如今文化全球化和网络社交媒体愈益盛行的时代语境下，其对我国主流意识形态造成了严重的冲击。譬如，美国好莱坞商业电影中潜藏的价值观对我国青年网民群体的输出和渗透，不断左右着其在网络媒体上的意见表达。此外，随着互联网将全球变成一个不受时间和空间限制的"地球村"，日韩文化、欧美文化等在青年网民群体中广为流行。此类外来文化中潜藏的，尤其以美国为首的西方国家力图对我国青年网民兜售其普世价值、个人主义、自由主义、历史虚无主义、娱乐主义等不良思想价值观念，以期麻痹我国社会青年。其打着娱乐外表、人权主义的旗号伺机消解我国的主流意识形态主导地位，肢解我国网民的价值共识，继而导致网民出现价值判断混乱、价值取向模糊、理想信念消解、价值信仰迷失等问题，这不仅使部分网民在意见表达过程中深受其害，而且也日渐成为新时代网民意见表达引领路上的"拦路虎"，带来了极大的思想冲击和负面影响。

二、新时代网民意见表达引领的现存问题及其原因探赜

在事物的因果联系的链条中，既没有"无因之果"，也没有"无果之因"，从引领主体、引领客体、引领载体、引领环境四个维度深入挖掘、综合探讨、全面分析新时代网民意见表达引领的现存问题，并深入探赜其内在成因，是研究新时代网民意见表达引领的关键环节。新时代网民意见表达引领的问题主要通过网民意见表达的主要内容得以显化。前文已经详细论述了新时代网民意见表达的不同类型，其中涉及非理性的、消极的网民意见表达，可以理解为当前我国网民意见表达存在的问题。此外，也有学者持有类似观点，认为新时代网民意见表达存在"虚假性、情绪性、低俗性、暴力性"等意见表达乱象②。此种"非常态的""另类的"意见表达构成了新时代网民意见表达引领的现存问题，亟须对其成因进行科学合理的剖析探赜。马克思主义唯物辩证法认为，世界上的万事万物都处于普遍联系之中，任何现象的产生或存在，都必然有一定的原因。新时代网民的非理性意见表达是多种因素综合作用的结果，亟须摸清"病灶"、找准"病根"。

---

① 邓小平. 邓小平文选：第三卷 [M]. 北京：人民出版社，1993：344.
② 向长艳. 自媒体意见表达乱象、原因及治理 [J]. 新闻爱好者，2017（6）：52-57.

（一）引领主体：网民意见表达话语体系不健全与把关不严

1. 网民意见表达的话语体系构建尚待加强

（1）网民意见表达的话语体系构建尚待加强的具体表现。

一是网民意见表达引领话语权的分配存在矛盾。新时代网民意见表达引领主体在话语权的分配中存在一定的现实矛盾。所谓"哪里有话语，哪里就有权力，权力就是话语运作的无所不在的支配力量"①。任何一种权力都是流变而分散的，而新时代网民意见表达引领的话语权也正在从引领主体向引领主客体双方分流。但网民意见表达话语权的流动还存在一些亟待解决的矛盾，它们不仅影响网民意见表达的科学分配，还阻碍着网民社交互动的有效实现。

一方面，引领者作为网民意见表达话语支配者的权力逐渐失却与引领主体间客观存在的能力偏差之间的矛盾。从客观上来看，引领者因其丰富、系统的知识储备和健全、成熟的思想价值观，在网民意见表达的引领中能够以引导者的角色将科学理性发表的意见和观点的相关知识和信息传递给网民，从而在有效引领的同时推动网民意见表达朝着科学有效的方向发展。概言之，引领者的教育引导角色是由主体自身发展的客观状态与现实社会和网络社会的客观要求决定的，有效的引领是网民进行科学理性的意见表达的实现和网民意见表达话语有序发展的关键所在。但是在网络社交媒体的人际互动中，引领者的话语权正面临着"被分流"的危险，多元化的主体格局使得引领者的教育引导作用与核心角色逐渐被削弱，网络社交媒体的公共化使得引领者一度拥有的信息资源的独特优势逐渐消失，被引领的网民受众便迫不及待地发出自己的呼声，使自己的网络意见表达占据主导优势，淹没了引领者的话语主导权。据此，这一发展局势与现实的客观状况之间存在着制约性的根本矛盾，对新时代网民意见表达的引领及其话语体系的深化发展提出了诸多考验。

另一方面，部分网民意见表达话语素养的欠缺与其不断膨胀的权力欲望诉求之间的现实矛盾。进入新时代以来，网民意见表达引领主体的多元化发展使引领对象，即网民的自我意识和引领的影响力大幅增加，他们对网民意见表达话语权的重视和目标要求前所未有，非常重视自身的体验效果和自我现实诉求的充分表达。但就客观而言，引领对象原本较为欠缺的话语素养与其空前的话语权诉求之间存在根本性的视域分歧。所谓话语素养，是指主体的认知能力和意见表达能力，"认知能力关涉话语主体能否对话语信息、方式及价值等内容

---

① 傅春晖，彭金定. 话语权力关系的社会学诠释 [J]. 求索，2007（5）：79-80.

完成正确的判断和科学选择"①，意见表达能力的高低则决定了话语主体能否以正确的方式打开对话并合理地进行自我思想、观点以及想法的陈述。认知能力和意见表达能力共同决定了引领主体能否科学推动意见表达的积极实现。此外，话语素养还直接关乎网民主体能否对新时代网民意见表达的整体局势形成正确认识和科学把控，能否在进行正确引领的同时也维系好其他网民意见表达的话语权利。但审视当下现实，大多数的引领对象——网民群体尚未形成自身意见表达话语的更高修养，对自身话语表达权的诉求与欠缺的意见表达话语驾驭能力之间存在着较大张力，这就极有可能导致新时代网民意见表达话语空间的失序与话语效用的失却。

二是网民意见表达话语的引领理念存在错位。引领理念从根本上制约着网民意见表达话语体系的发展方向。进入新时代以来，网民意见表达话语体系的引领理念在与时俱进的过程中仍然存在一定的错位，这主要表现为网民意见表达话语引领模式"前喻、同喻、后喻"② 之间的不平衡与话语体系对后喻化发展的重视不足。美国人类学家玛格丽特·米德（Margaret Mead）在《未来与文化》一书中通过以文化的扩展指向作为坐标体系，提出了著名的"三喻文化理论"，即把人类文化的延续分为前喻文化、同喻文化（也称并喻文化）、后喻文化三种。其中，前喻文化是指年长者向年幼者传授文化，年幼者向年长者学习文化，即人类的文化价值是由老一代向新一代传递的；同喻文化是指同代人相互学习的文化，即同龄人之间横向的价值互通；后喻文化是指年幼者向年长者传授文化，年长者向年幼者学习文化，即由年轻一代向老一代传递文化价值。在米德看来，科技的进步和历史的变革最终会推动人类文明后喻文化的发展，使得文化知识以解构、重构、反哺等多元化方式产生和扩散，这也是人类社会发展进步的重要标志之一。事实上，以网民意见表达生成的网络文化具有鲜明的后喻性文化的特征：互联网的虚拟化、社会化与低门槛性使得任何一位具备基本网络操作能力的人都可以在各类网络社交媒体平台中获取最新资讯、发表自由言论，传统的线下面对面的交谈互动已不再是人们获取信息、人际互动的唯一渠道。此外，网民发表意见的速度已经逐渐超越了其引领者，甚至新的网络信息还在引领教育对话过程中经由引领对象传递给引领主体，渐次形成了网民意见表达引领的"文化反哺"现象。

---

① 吴满意，景星维，唐登蕓. 网络思想政治教育理论前沿问题研究 [M]. 成都：四川大学出版社，2019：195.

② 吴满意，景星维，唐登蕓. 网络思想政治教育理论前沿问题研究 [M]. 成都：四川大学出版社，2019：195.

但是，当前网民意见表达引领话语体系研究和建设的理念仍然基本停留在同喻文化和前喻文化两个阶段，后喻文化的发展趋向还未受到足够重视。概言之，被引领者在意见表达引领互动过程中的自主性和独立性并未得到完全、充分的重视和肯认，部分理性化意见表达的话语责任和话语效用也未完全得到引领主体的认可。反之，被引领者在意见表达话语体系的建构和发展过程中依然在潜移默化中被视为被动性的参与者，而非积极主动的建设者，其建设力量在一定程度上被忽视了。此种与现实走向背道而驰的引领理念所造成的直接结果就是在网民意见表达引领过程中"主流的、官方的意见表达"对"非主流的、非官方的意见表达"的不接受、不认可。网络话语体系的文本符号所指代的语句、词组和叙事方式等被赋予了不可侵犯的"官方权威色彩"，导致新时代网民意见表达引领的现实性和精准性不足、亲和力和感召力欠缺，最终使得网民意见表达引领本身脱离网民的内心需求与真实生活，满足新时代网民精神层面的获得感、幸福感、安全感的能力水平持续走低。

（2）网民意见表达的话语体系构建不足的归因。

就引领的主体维度而言，新时代网民意见表达话语体系建构存在不足的原因主要体现在话语理性结构在网民意见表达发展中的失衡。毋庸置疑，和谐理性的意见表达是网民交流互动的理想状态，也是新时代网民意见表达引领的目标旨归。"理性就是要在客观法则与主观精神之间寻求协调，这就是理性和谐的本质。"[①] 文明和谐的理性结构就是"要求事物内在理性的规律尺度与非理性的人性关系完美结合，从而使有效性与'人本'性、合规律性与合目的性共同显现"[②]。理性的和谐也是网络社交媒体时代网民意见表达引领的内在要求。新时代网民意见表达话语体系的理性结构在引领过程中呈现为一定的螺旋式上升的发展态势，之所以会出现这种曲折式的发展变化，主要在于网民意见表达话语体系内部的价值理性与工具理性的博弈，并且这一矛盾一旦处理不好，就容易导致网民意见表达话语体系的理性结构由健康和谐走向失衡混乱。意见表达话语引领主体理性结构失衡的原因主要表现为两个方面：

一方面，多元引领主体之间的疏离。这种对其他主体存在的否定性在网民意见表达引领的话语主体之间呈现为一种"去主体化"的趋势，即引领主体在引领对象不断膨胀的话语权和愈益丰富的网络社交媒体面前的弱势地位不断

---

① 刘卓红，关锋. 和谐理性与马克思主义发展哲学的新话语［M］. 北京：社会科学文献出版社，2014：18.

② 吴满意，景星维，唐登蓥. 网络思想政治教育理论前沿问题研究［M］. 成都：四川大学出版社，2019：198.

凸显，并且引领主体相互之间并没有完全形成科学的、即时的意见表达引领联动机制，这就直接致使他们作为引领者的身份和能力水平被不断地切割和削弱。同时，引领对象——众多网民相互之间也没有形成足够紧密的链接互动，难以实现网民之间理性意见表达的相互熏陶和引领教育。

另一方面，引领主体与个体自我精神的疏离。在物质至上、技术至上主义的影响下，引领主体对于以网络社交媒体为代表的网络信息技术的非理性狂热与对物质消费欲望的疯狂增加显得愈发难以抑制，但同时他们对自我内在的精神需求和人格价值发展重视程度较低。譬如，随着各种高新技术的网络社交媒体的迭代更新和升级，部分引领主体自身作为其中的一名网民，也会在非理性的消费行为和意见表达中自觉或不自觉地迎合技术市场的狂热浪潮。然而，这些引领主体的消费动机和意见表达动因并非为了满足自我精神发展的根本需要，而是像一位普通的网民一般出自对"技术""科技进步""自我情绪释放"的盲目崇拜。他们在受各种文案符号、网络信息下潜藏的"非理性意见表达自由"的鼓动，使自我沉浸在意见表达的欣喜之中，而忘记了自己作为网民意见表达引领主体的初心和使命，因而很少去扪心自问他们的一句非理性的意见表达会给普通网民带来多大的困扰。这种单向度的精神发展状态与内耗式的网络生存方式，也终将导致引领主体的网民意见表达引领实践活动的碎片化和低效化。

2. 网民意见表达引领主体把关不严

（1）网民非理性意见表达的疏通引导不足。

在任何一个社会，突发事件、消极言论、非理性意见表达等的出现都是难以避免的。在新时代语境下的网络社会中，尤其是在网络社交媒体中，网民的心理和情绪越来越依赖于不同媒体平台的意见表达及其信息传播，当某些非理性的、消极的、低俗的意见表达未得到及时有效疏通和引导时，引发负面网络舆情、增加群体性的不良意见表达的概率便会大大增加。

一方面，非理性的网民意见表达的正面引导不足，容易引发次生伤害。部分网络社交媒体在面对来自个别网民消极的、虚假性、报复性的意见表达时，没有第一时间主动发声澄清相关事件的事实真相，而是一直处于被动、忽视、观望或任由其肆意发展的态度，或企图在网民的质疑声中，"大事化小、小事化了"，掀起由非理性意见表达引发网络负面舆论的热潮。例如，某社交媒体在"老爸正在家里抢救，儿子却在隔壁救他人"的报道中，因缺失关键信息，对事件发生的前因后果交代不清，而后也未在第一时间主动澄清事实真相，导致"儿子"被网民们指责为"不孝、无情"。类似的不实网民意见表达极易引发负面舆论。

另一方面，网络社交媒体主动承担社会责任、正面宣传的意识不强。其主要表现在三个方面：一是部分网络社交媒体工作者在新闻报道宣传中带有"未审先判"、先斩后奏、先入为主等立场，未实事求是地报道新闻事件；二是部分网络媒体有故意迎合大众的不良社会心理进行炒作曲解新闻信息之举，没有以身作则地正面宣传和引导以及承担媒体自身的社会责任；三是缺乏相对完善的疏通引导体制机制，网络社交媒体领域没有建立健全完善的网络负面舆情风险预警机制、虚假新闻报道澄清机制以及网民社会心理疏导与利益协调机制。以上内容都容易增加网民非理性意见表达的可能性。

（2）网络社交媒体正面报道的尺度欠精准。

习近平总书记在2013年的全国宣传思想工作会议中明确提出："把握好时、度、效，增强吸引力和感染力，让群众爱听爱看、产生共鸣，充分发挥正面宣传鼓舞人、激励人的作用。"[①] 但对于网络社交媒体中"过渡渲染与推向极端"与"自我美颜与模范塑造"式的新闻报道而言，往往是因为部分新闻信息发布者或宣传者没有把握宣传报道中的尺度与分寸，"只知道旗帜鲜明，不知道委婉曲折；只知道浓墨重彩写英雄，不知道轻描淡写也可以写英雄；只知道浓眉大眼是美，不懂得眉清目秀也是一种美；只知道响鼓重锤，不懂得点到为止；只知道大雨倾盆，不知道润物无声"[②]。类似的不真实、不可靠的宣传报道，不仅不会得到公众的认可和理解，甚至会酿成非理性的网民意见表达，继而引发负面网络舆情。诸如此类的宣传报道，很大程度上是宣传尺度不精准导致网民解读错误，并随之发表不当言论，致使非理性意见表达频频发生。

（3）传统主流媒体的把关作用未充分发挥。

Leo Bowman认为，"传统主流媒体在网络社交媒体环境下仍然掌控着信息的传播，并在网络社交媒体信息内容尤其是网民意见表达的'把关作用'方面具有重要意义。"[③] 其主要原因在于：

一方面，网络社交媒体的大众化，在一定程度上弱化了传统主流媒体

---

① 习近平. 习近平在全国宣传思想工作会议上强调 胸怀大局把握大势着眼大事 努力把宣传思想工作做得更好 [N]. 人民日报, 2013-8-21 (1).

② 祝华新. 做好"灰色地带"的争取和转化 [EB/OL]. (2016-07-27). http://yuqing.people. com.cn/n1/2016/0727/c357068-28589421. html.

③ LEO BOWMAN. Re-examining gatekeeping: how journalists communicate the truth about the power of the public [J]. Journalism Practice, 2008 (2): 199-112.

"把关"地位的主导性。"尽管现代性产生稳定性，但现代化的过程却产生不稳定性。"①随着网络信息技术和电子科技的高速发展，"以微博、微信为代表的新型网络社交媒体不断从边缘走向主流舞台，也是受众从'沉默的大多数'走向公众的过程"②。当网民无法从主流媒体或官方渠道获得权威信息或新闻报道时，极有可能受到他人的暗示或感染，相信并传播流言。特别是一些社会热点问题和各类突发事件，如果处理不好，就容易引发社会心理失衡和秩序混乱，加剧非理性意见表达的不良现象。在这个过程中，国家主流官方媒体或传统社交媒体的"把关人"地位便进一步被弱化。

另一方面，主流传统社交媒体与网络社交媒体在信息传播中的"非同步性"和"错位"掩盖了传统主流社交媒体的"把关人"作用。如今数字化时代的互联网飞速发展，网络社交媒体信息传播的速度、范围和内容都远远胜过传统主流社交媒体，传统主流社交媒体的"把关人"作用往往滞后于网络社交媒体信息的传播速度，二者信息速度的不对称，导致传统主流社交媒体难以在第一时间有效发挥新闻信息的"把关人"作用，使得网络社交媒体中的非理性网民意见表达变成了"侥幸者"而幸存下来。

（4）网民意见表达内容的监管审核不到位。

根据"把关人"理论，网络社交媒体在信息监管审核方面的"把关"主要体现于新闻事件及其信息的生产者、直接"把关人"和间接"把关人"三个维度。首先，就新闻信息的生产者维度而言，主要是网络社交媒体自身的监管力度不够，如关于新闻工作者的选拔任用、政治素养和专业本身的考核、新闻信息发布和审核中的"把关"等；其次，就直接"把关人"维度而言，即信息传播的渠道方面，网络社交媒体在新闻报道的传播、虚假信息的甄别、网民的社会心理状态等方面的动态监管不到位；最后，就间接"把关人"维度而言，即社会管理的角度方面，以社会各层级的相关宣传部门或国家网信办为例，部分相关社会管理部门、机构等没有提前做好网络负面舆情领域的应急预案管理机制和日常舆情监测机制，未能迅速查证非理性网民意见表达的来源、分析其产生的主要因果关系。部分公众面对各类网络新闻信息，难以科学分辨，在微信朋友圈对部分不良言论信息进行点赞、评论和转发，相关媒体责任人没有对宣传报道做最后的审核把关，没有发挥"谣言止于智者"的作用，

---

① 塞缪尔·P. 亨廷顿. 变革社会中的政治秩序 [M]. 王冠华，等译. 北京：生活·读书·新知三联书店，1989：102.

② 陈晓彦，杨茜. 社交媒体环境下职业把关人的受众思维与行为模式 [J]. 新闻记者，2018（11）：26-33.

反而助长了非理性网民意见表达在网络社交媒体燃烧的火苗。例如某地曾报道"政协委员坐高铁返回，领导到机场迎接"、某街道送温暖的报道中出现"受助哑巴群众开口说话"等的宣传①，由于审核不过关、报道不谨慎，对新闻事件的关键细节不核实，漏洞百出，网民非理性的意见表达一片哗然，可谓令人尴尬不已。

（二）引领客体：网民的媒介素养不够与社会心理问题增多

1. 网民自身的认知水平与认知能力不足

（1）部分网民的思想文化水平与媒介素养较低。

新时代网民意见表达引领需要主体、客体、中介等要素，其中网民不仅是网民意见表达引领的主要客体，也是通过网络社交媒体进行意见表达的主体核心力量，其自身思想文化和认知水平以及媒介素养的高低，直接关乎新时代网民意见表达引领成效的好坏。从整体上看，新时代的网民思想道德修养与文化素养较高，但由于家庭资源禀赋、家庭与社会成长环境、受教育程度、价值观念等多种因素的交织组合，部分网民在网络社交媒体中针对不同的新闻报道、信息言论等会给出不同的意见表达。譬如，部分网民在受教育或成长过程中经历的区域经济发展相对滞后，如受教育环境较差、科学文化知识的积累相对较少、信息相对闭塞、公共网络文化基础设施相对缺乏等因素影响着网民的文化认知能力、思想价值观念和个人修养的整体提升等。在世界多元化的政治、经济与文化的相互交织影响下，网民依托网络社交媒体对各类社会热点、新闻事件等自由发表评论、观点、意见的表达欲日益增强，网络舆论格局日益复杂和多元，"千人一面""万人一声"的舆论格局似乎成为常态，但这并不符合网络信息传播和网民意表达的客观规律，因部分网民个人道德修养与思想文化水平较低，无意之中便助长了一些非理性意见表达的产生。例如，之前"反日"情绪高涨时发生的群众"砸车"事件，部分网民利用社交媒体发表鼓动民众积极参与"砸车"的言论观点，他们以为这是爱国行为的有力表现，实则是以"爱国主义"之名行非理性的意见表达之实，无形之中便表现出部分网民道德修养和文化水平的不足。

（2）部分网民对思想政治理论的学习深度不够。

新时代复杂的网络空间中之所以会出现一些非理性的网民意见表达，原因之一在于部分网民因思想政治理论学习深度不够、学习不到位而导致的思想认

---

① 吴金. 谨防报道失当产生"低级红""高级黑"[J]. 新湘评论，2019（9）：52.

知水平不高、能力不强，因而在发表自己的思想见解和观点想法时，容易"走偏"。一方面，部分网民在思想政治理论学习方面的虚化。习近平总书记指出："理论上不彻底，就难以服人。"① 网民头脑中的"理论武器"的强大程度，决定了其意见表达的理性化和真实化程度。部分网民的常态化学习是只满足于走马观花式的书籍浏览和"网页扫描"，没有真正做到静下心来、俯下身来、带着脑袋的精度深悟，做到"真学、真懂、真用"，缺乏对思想政治理论的系统研究、深入学习和深刻理解，没有全面掌握重要理论的精髓实质，理论与实际相脱离，不能很好地在"知行合一"中融会贯通、学以致用，没有学会用辩证思维、创新思维、底线思维等研究和处理新情况、新问题，因此对于网络上的信息进行评论转发等意见表达时就难免会"摸不着头脑"。

另一方面，部分网络媒体工作者党性修养和宗旨观念淡化。对待本职工作缺乏激情和主动性，缺乏开拓进取、艰苦奋斗、攻坚克难的工作毅力，缺乏"以人为本"的工作理念和为人民服务的宗旨意识。据统计，在我国社交媒体中，"八成社交媒体用户都是全职人员"②，大部分用户都缺乏系统的、足够的思想政治理论学习时间；相反，社交媒体中泛娱乐的表现较为突出，多数网民都是用其来社交，而没有好好利用其开展相关党政方针政策和相关政治理论的学习。

（3）部分网民难以理性分析辨别虚假网络信息。

新时代非理性网民意见表达产生的重要原因之一在于网民因自身理性认知分析能力的不足，难以精准判断和辨别网络社交媒体中的各类不实新闻报道和虚假言论，致使部分情绪化、低俗化等意见表达产生。一是部分网民喜欢采用讽喻或讽谏的语言修辞手法对某一新闻热点事件发表自己的看法和观点。这样既得到了其他网友的热情关注，又在一定程度上增加了诱导网民逆向思维、反向解读的倾向，进而混淆网民的视听判断与理性分析，加大了非理性意见表达的"连锁反应"。二是部分非理性意见表达类的消息或言论大多具有以点带面、以偏概全、一叶障目的模糊性特征。以"中国游客泰国疯抢大虾"为例，一段手机拍摄的小视频掩盖了该新闻事件的关键信息要素——时间、地点、人物、前因后果等细节，网友们的意见表达及其不实解读产生了一定的负面效果与消极影响。三是网民在网络社交媒体面向他人发表的意见表达，最终目的是

---

① 习近平. 在庆祝中国共产党成立95周年大会上的讲话 [M]. 北京：人民出版社，2016：9.
② Kantar. 2018年凯度中国社交媒体影响报告 [R]. 2018：19.

通过引发网民的舆论关注，扩大其意见表达的传播面与信息流。因经常不分青红皂白地迎合社会热点，偷换概念或"听风就是雨"式的网民意见表达会影响其他网民的理性判断力，加之部分网民的网络媒介素养和理性认知能力较差，极易被这种不实意见表达传播的虚假信息误导，从而增加了群体性的非理性意见表达的风险。四是网民意见表达的片段性导致网民认知的片面性，加之外来多元文化价值观的冲击、挑战与影响，致使部分网民的舆情辨别能力和逻辑思维能力不强，缺乏对网络空间中不同网民意见表达的理性认知和深度思考。

（4）部分网民"知网、懂网、用网"能力较差。

以微博为代表的网络社交媒体自 2010 年成为引领公共网络空间潮流的主导力量后，随着"意见领袖由去中心化发展为'再中心化'的变迁"，"当事人、意见领袖以及众多粉丝用户都成为网络中的'社会行动者'"①。与此同时，网民的网络媒介素养却没有跟上步伐，部分网民对网络社交媒体中各类意见表达的认知识别能力和舆情分析能力较弱，助长了网民非理性意见表达现象的滋生和蔓延。一方面，部分网民会使用网络社交媒体，但不会善用。根据"2019 年互联网微博影响力"调查，微博使用功能前三名分别是"休闲娱乐、人际关系及社交、用户记录自己的心情"②。这说明大多数网民并不懂得正确利用网络社交媒体来维护社会公平正义、传递正能量、以主人翁的角色进行意见表达和网络发声，而是沉迷于单纯的盲目跟风式的网络社交和网络娱乐中的意见表达。另一方面，部分网民表现出一定的网络媒介素养缺失现象。媒介素养是指网民"通过积极接触媒介，并解释其所遇到的消息的意义"③。近年来，网络暴力、网络谣言、网络诈骗等屡见不鲜，这为非理性的网民意见表达留下了"一席之地"。在现代社会语境下，网民的心理和情绪越来越依赖于意见表达及其观点信息的传播。尤其是作为舆论监督主体的公众，因其"知网、懂网、用网"的能力较差，网络社交媒体中的非理性意见表达现象层出不穷，亟须网民意见表达的正向引领。

---

① 苗蓓，佘骄. 网民媒介素养的缺失与改善 [J]. 青年记者，2014（24）：89-90.

② 佚名. 2019 年互联网微博影响力研究报告 [EB/OL]. http://www.chinabgao.com/tag/hlwwbyxl.html.

③ 詹姆斯·波特. 媒介素养 [M]. 李德刚，等译. 北京：清华大学出版社，2012：19.

2. 网民意见表达中蕴藏的社会心理问题

（1）借助意见表达释放压力的焦虑社会心理。

"互联网是把双刃剑，用得好，它就是阿里巴巴的宝库；用不好，它就是潘多拉的魔盒。"① 互联网加速了网民社会心理的复杂变化。一些具有消极社会心理的网民，"善于通过时尚的娱乐方式、个性化的生活方式，尤其是各种新兴传媒手段加以传播，令相关政府机构和社会治理工作人员顾此失彼，无所适从"②。面对现代社会生活节奏的加快和激烈的社会竞争，以及就业、住房、教育、医疗、养老等方面的负担和食品、安全、婚恋等方面焦虑的增加，现代人们在生活、学习和工作等各方面的压力与日俱增。极少数青少年网民面对巨大的现实生活压力而产生的焦虑、急躁的社会心理促使他们更想通过网络社交媒体进行自我缓解和释放，他们在这个过程中发表的不当言论或传播的不实信息就容易产生非理性的意见表达。社会心理学阿希的实验表明，"在群体压力下，个体更有可能改变自己的原有信念，并做出与群体一致的行为。"③"为了减少焦虑，获得对环境的控制感，个体会通过一些消极、非官方的渠道来寻求事实"④。面对社会的发展变化，网络社交媒体报道的"一夜暴富""一夜成名"和"幸运锦鲤"等新闻屡见不鲜，一些网民耐不住寂寞，受不住清贫，幻想一举成名，心浮气躁、急功近利、追求短期效应的非理性的社会心理日渐凸显。因此，部分网民更想借助网络社交媒体，通过社交、转发和评论缓解自己焦急不安的心理，非理性的网民意见表达便由此产生。

（2）蓄意反向解读意见表达的逆反社会心理。

网络社交媒体的开放性、匿名性、虚拟性和互动性特征，极大地改变了现代网民生产生活方式和工作学习方式，继而引起网民文化价值观念与思维方式的变化，个别网民扭曲与极端的价值观会加剧非理性意见表达的产生。

一方面，收入差距的扩大，激发了部分网民的"相对剥夺感"⑤。在计划经济时代的"统一分配"调控下，人们之间的收入差距不甚明显，但在市场经济环境下的"按劳分配"体制下，阶层与城乡的收入差距和区域经济失衡

---

① 佚名. 2015 年中国电子商务峰会在筑举行 陈刚致辞［EB/OL］.（2015-05-07）.http://news.cntv.cn/2015/05/07/ARTI143099468369410.1shtml.

② 孙伟平. 培育和塑造健康成熟的社会心态［J］. 马克思主义哲学论丛，2015（4）：215.

③ ASCH S E. Opinions and social pressure［J］. Scientific American，1995（5）：31-35.

④ 赵娜，李永鑫，张建新. 谣言传播的影响因素及动机机制研究述评［J］. 心理科学，2013（4）：965-970.

⑤ 朱艳丽. 集群行为情绪表达机制的理论构架［J］. 领导科学，2014（32）：64-66.

不断扩大。尤其是新时代语境下各类网络媒体共生互融格局的形成，加快了信息的传播速度，拓宽了人际交往圈，丰富了网民意见表达的方式方法。同时，社会经济和阶层群体间的收入差距对比也愈加明显，增加了"一些原本安贫若素的群体的相对剥夺感"①，"当相对剥夺感高涨时，一些人会采取违法行为或参加社会运动，以此来表达他们的不满或改变现状"②，由此产生了埋怨社会不公平的群体性消极心理，继而引发了情绪性的意见表达。

另一方面，"仇官、仇富、仇权"等极端怨恨心理滋生。现代社会中来自权利、金钱、财富等各方面的诱惑不断增多，一些违背健康社会心理发展规律和与社会主义核心价值观相悖的思想价值观念不断出现，如官僚主义、拜金主义、形式主义的泛滥，崇尚娱乐至上式的精神消费等，一定程度上加剧了网民世界观、价值观的异化与扭曲。面对权力寻租、分配不公、物价上涨等社会现实问题，部分领导干部的不作为、商人的"为富不仁"等社会乱象，引起部分网民的强烈不满，容易滋生非理性的偏激怨恨情绪和极端报复心理，继而出现借助网络社交平台蓄意发表非理性评论观点等意见表达行为。在这一过程中，网络社交媒体扮演了非理性意见表达风险的"发酵器"和"鼓风机"的角色，其背后却是网民的逆反社会心理在作祟。例如"我爸是李刚"事件，部分网民经常借助网络社交媒体，利用这句意见表达来释放自己的"仇富""仇官"心理或嘲讽那些飞扬跋扈的"官二代"。

（3）盲目跟风迎合炒作意见表达的从众社会心理。

社会心理在形式上可分为个体心理现象（如价值观、信念、态度等）和群体心理现象（如模仿、感染、社会舆论等）③。新时代的网络语境下，"社会思想观念和价值取向日趋活跃、主流和非主流同时并存、社会思潮纷纭激荡的新形势"④，面对长期驻扎在网络社交媒体中的"常住民"和"原住民"，盲目跟风、迎合炒作意见表达的群体性从众社会心理会在无意之中增加了产生非理性网络舆论的风险。

一方面，部分热衷于"标题党"的网民盲目跟风。网络社交媒体"从来不是对物理状态的信息资源或新闻事件进行直接开放或反映，而是一种服从于

---

① 马丽. 转型期的社会心理特征及引导 [J]. 人民论坛，2018（34）：68-69.

② 李春雷. 新媒体与社会心理研究：方法、问题与取向 [J]. 现代传播（中国传媒大学学报），2018（3）：70-73.

③ 俞国良，王浩. 社会转型：社会心理变迁影响社会舆论引导 [J]. 西北师大学报（社会科学版），2017（4）：97-103.

④ 习近平. 在哲学社会科学工作座谈会上的讲话 [N]. 人民日报，2016-5-19（1）.

社会目的和选择的社会性表达工具"①。部分网民正是由于自身的求异求新心理与盲目从众的非理性心理，热衷于通过网络社交媒体制造、发布、传播吸引人眼球的虚假"标题"成为"标题党"，进而在网络社交媒体中通过"作秀"、自我炒作潜移默化地诱发了非理性的网民意见表达。另一方面，部分网民价值取向功利化。现代生活中的部分网民奉行利己主义原则，价值取向相对比较功利化。部分青年网民为了满足自己的物欲追求或精神刺激，不惜突破道德底线和法律红线，借助网络社交平台充当"意见领袖""网络水军""网络大 V"和"看客"等来迎合社会热点事件发布虚假的意见表达，甚至是反向或歪曲解读宣传报道，掀起阵阵网络舆论风波。究其实质，这种网民价值取向功利化导致的从众社会心理产生的非理性意见表达，具有言论信息传播中的伦理和道德绑架的因素。哈佛神学院的拉尔夫·波特博士曾提出了一个"社会道德伦理模式"，即"针对某一问题从定义情况→确认价值→提出一个道德原则→选择一个应该忠诚的对象→推理出要解决的问题"②。可见，网络社交媒体由立场到情感认知框架再到意见表达模式的确立，一定程度上强调了网民心态的"泛公共性"，其中网民的从众社会心理是非理性意见表达产生的重要原因。

（4）利用意见表达发泄不满情绪的消极社会心理。

网络社交媒体既是网民发泄不满情绪的有效渠道，也是网民借此产生情绪性意见表达的"有力推手"。一是网民失衡不满、消极埋怨情绪的升温。党的十九大报告指出，我国社会主要矛盾已经转化为"人民日益增长的美好生活需要和不平衡不充分的发展之间的矛盾"③，面对现代高速发展的互联网社会，各方面的竞争与标准都在不断提高，社会发展的不充分和不平衡所引发的系列问题与矛盾，必然对网民的社会心理造成一定冲击，并出现日益复杂多元的特点。面对不同区域、不同社会群体间的发展差异、社会资源分配的差异，部分贫困落后地区经济发展水平、社会保障、公共基础设施等发展不充分等突出矛盾，导致部分网民埋怨社会的不公平、制度体系的不合理、资源分配的不均衡，从而想通过网络意见表达来疏解自己的失落、无助、挫败与不满情绪。二是生活满意度不高，幸福感与获得感不足。幸福感是个体关于自己生活状态的主观体验和评价。一方面，如今大多数网民的物质文化生活水平得到了大幅提

---

① 陈卫星. 传播的观念 [M]. 北京：人民出版社，2004：45.

② 克利福德·G. 克里斯蒂安. 媒体伦理学：案例与道德论据 [M]. 张晓辉，等译. 北京：华夏出版社2000：3.

③ 习近平. 决胜全面建成小康社会 夺取新时代中国特色社会主义伟大胜利：在中国共产党第十九次全国代表大会上的报告 [N]. 人民日报，2017-10-28（1）.

升；另一方面，网民在不断扩大的社会竞争与经济收入水平的对比和快节奏的生活中对自身生活的期望值不断提高，而幸福感则会不同程度地降低，因为"财富上升有可能使人的幸福感下降"，二者并非直线上升的关系，"经济越繁荣，人们的普遍幸福感反而会越下降"①，进而产生情绪性的网络意见表达。三是部分青年网民心理认知的自私化。"80后""90后"和"00后"是当前我国青年网民群体的主要组成部分，由于多数人出身于独生子女家庭，极易在父母的宠爱甚至溺爱下养成以自我为中心的习惯，"甚至产生极端自私化的倾向"②，部分青年网民在网络意见表达中经常以自我为中心、追求个性化，对国家和社会缺乏责任感，以自私的眼光审视、评论当前社会和他人他物，思想价值观念偏离正确的轨道，极易产生不满情绪或怨恨心理，继而在网络社交媒体中出现盲目无序、低水平自我发泄的言语失范行为，助推情绪化意见表达的产生。

（三）引领载体：网络社交媒体宣传报道及意见表达的变质

1. 部分媒体工作者缺乏求真务实精神

从网络社交媒体来看，部分网络社交媒体工作者和相关新闻舆论工作者因自身的专业素养较低，业务本领不强，缺乏求真务实和守正创新精神，在一定程度上容易为网民的非理性意见表达提供"温床"。

一是部分新闻媒体工作者缺乏专业素养和责任意识，损害媒体形象。面对日益复杂嬗变的网络舆论格局和部分敏感的新闻话题，部分网络社交媒体工作者应该胸怀大局，不能擅自做主发布、刊发、转载和解读有关新闻报道，但在实际工作中，部分新闻媒体工作者为了节省人力、物力、财力，在没有调查新闻事件的真相前就擅自发布或报道相关新闻信息，由此引发网民的非理性意见表达。与此同时，部分媒体工作者因专业素养和业务本领低，习惯于用传统经验"创作"新闻以及"网感"较差，导致非理性意见表达。

二是迎合网民的消极社会心理，忽视意见表达的社会效果。就网民意见表达与信息宣传报道效果两者之间的关系而言，消极非理性的意见表达通常会使一些正面的宣传报道产生负面的效果。部分网络社交媒体工作者在宣传报道时，没有把握好宣传报道中的"时、效、度"，忽视新闻事件的真实性，不懂得宏观真实与微观真实、现象与本质的辩证统一，在"只知其一，不知其二"

---

① 埃米尔·涂尔干. 社会分工论 [M]. 渠东，译. 北京：生活·读书·新知三联书店，2000：204-206.

② 徐礼堂. 当代青年精神生活的引导路径分析 [J]. 思想理论教育导刊，2018（8）：137-140.

的情况下妄下评论、发表意见，就会导致原本理性的意见表达及其信息传播产生负面效果，进而滋生更多的非理性的网民意见表达。譬如，某地方媒体在宣传报道一名被拐女孩成为最美乡村女教师时，完全不顾主人公的心理感受和舆论压力，硬是将其塑造为"嫁给大山的女人"，这种颠倒黑白式的虚假网民意见表达，霎时间遭到众多网友的极度反感。

三是部分网民意见表达呈现出对于特定群体或事件的同质化与标签化。新时代网民比较善于对某一群体或事物进行归纳和分类，极易给人留下挥之不去的固有印象，在网络意见表达中擅长运用标签化思维将某些词汇作为新闻标题，极易误导受众，如"中国网红""躺平/佛系青年""中国大妈""星二代""橙色人群""苹果派"等。部分网民在发表自己的言论观点时倾向于利用诸如此类标签化的思维逻辑将当事人的身份冲突予以放大和夸张，甚至"升级"，用正义的意见表达逻辑掩盖预设的一个有失偏颇的价值或道德判断的不正义的意见表达逻辑。以"网红"为例，最早"网红"是作为一个中性词汇出现的，甚至是代表"正能量"的人物形象，但经网络社交媒体的舆论建构和意见表达，如某些网络主播想当网红、整容当网红、违背主流社会价值观的网红人物的出现等负面新闻频频爆出时，这个词汇就作为贬义词被赋予了消极意义，成为网络时代网民非理性意见表达的一个重要论据。

2. 网络社交媒体的逐利性与眼球效应

诚如马克思所言："思想一旦离开利益，就一定会使自己出丑。"① 网络社交媒体的商业化思维与现实物质利益具有很大关系，其逐利性与眼球效应是导致网民非理性意见表达的重要外在因素之一。

一是市场经济在如今的互联网社会中具有双重影响，部分网络社交媒体具有与生俱来的逐利性便是纵容网民意见表达产生消极影响的原因之一。马克思和恩格斯曾指出，"物质生活的生产方式制约着整个社会生活、政治生活和精神生活的过程。不是人们的意识决定人们的存在，而是人们的社会存在决定人们的意识"②。改革开放40多年来，我国一跃成为世界第二大经济体，经济实力和综合实力迅速腾飞，在社会物质经济基础日益丰富的同时，市场经济也给正在发展中的社会和人们带来了一定的消极影响，驱使和加重了网络社交媒体的逐利性和商业化思维。在市场经济逐利性的影响下，部分网络社交媒体过度

① 中共中央马克思恩格斯列宁斯大林著作编译局. 马克思恩格斯文集：第一卷 [M]. 北京：人民出版社，2009：286.

② 中共中央马克思恩格斯列宁斯大林著作编译局. 马克思恩格斯文集：第二卷 [M]. 北京：人民出版社，2009：590.

关注自身利益，谋求以最低的成本获取最大的收益，时刻追求自身商业效益的最大化，主要表现为：部分社交媒体忽视社会责任，发布、宣传一些望文生义、华而不实的"假的真新闻"，妨碍了网民的理性意见表达的生成；部分网络社交媒体为了获得媒体行业中的竞争优势而在新闻报道、意见表达中弄虚作假，歪曲解读，误导受众，引发了消极负面的网民意见表达。

二是市场化中商业逻辑的资本操控。网络社交媒体中非理性意见表达的产生，很大一部分原因在于市场策划和操纵，其相关言论的产生、传播、扩散等都具有商品的特性。商业主导下存在重言说、轻精神、高效率的网络舆论特点。在消费社会语境下，基于利润最大化的原则，投资者必须将大众的趣味、习惯、经济水平作为打造迎合市场发展的网民意见表达的指南针，再凭借手中庞大的社交媒体资源大力宣传，吸引大量网民的追随。这种重言说、轻精神、高效率的网络舆论特点塑造出的网民意见表达以满足广大网民的情绪表达需求为目的，很少关注网民自身的内在道德品质以及专业素养。与此同时，网民意见表达本身固然有自主权，然而在商业文化的时尚潮流中，其自主能力往往非常有限，容易迷失在商业化的洪流中。还有部分网民出于对自身安全、商业价值的考虑不再表达自己的意见观点，对其他网民群体的失范行为、社会热点议题、政治倾向、价值倾向等表现出失声状态，对网民群体理性意见表达的正向引导力极为有限。

三是网络社交媒体的即时性、敏捷性、快速性等特点决定了其热衷于追求商业化利益和眼球效应。部分网络社交媒体为博人眼球、吸引观众增加点击量、获取流量和浏览量等，或利用媒体炒作，剪接事实、改变语境、曲解和加工相关新闻报道或上级文件、会议精神等，或成为"标题党"，歪曲观点、篡改原意，故意制作混淆视听、耸人听闻的"吸睛标题"，造成引发网民非理性意见表达的导火索。

3. 网民意见表达的网络舆论导向偏离

随着网络信息科学技术和网络社交媒体的全方位发展与宽领域运用，网民意见表达引发的网络舆论作为社会公众舆论的重要组成部分，成为互联网时代影响网民工作生活、社会秩序、价值导向的重要影响因素。偏离的网络舆论导向是诱发非理性网民意见表达的重要原因。

一是网络社交媒体中部分网民意见表达的舆论导向偏离了以社会主义核心价值观为核心的主流价值观。网民作为网络社会的主体，由传统的舆论单一传输式的接收者变为双向互动式的舆论接收者，由传统的单向度的主体与客体相分离的舆论场发展为多维度的主体客体化或客体主体化的舆论场。而网络社交媒体的快速发展，"使'沉默的螺旋'发生了倒置"，"人们会因为孤立、恐惧而选择保持沉默或转向多数派"①，而那些选择走向多数派的网民受自身的社会认知水平、偏激怨恨的社会心理、自私自利的社会心态、复杂多元的网络社会环境等诸多因素的影响，容易产生有悖社会道德规范的失范行为，其意见表达也会或多或少地偏离主流价值观，消解网络舆论中的正能量，从而催生了非理性网民意见表达的产生。

二是网络社交媒体中信息传播的舆论导向偏离了网民意见表达的舆论共识。这主要体现在：一方面，互联网社会利益主体的多元化制约了网民意见表达舆论共识的形成；另一方面，网络社交媒体的虚拟性、匿名性和"去中心化"等特征影响了网民意见表达网络舆论共识的凝聚。

三是网络社交媒体中的意识形态安全问题突出。来自外来多元文化的影响、"西方文化渗透"等社会意识形态方面的入侵干扰着网民意见表达舆论共识的形成。Faye 认为，"当个体处于模糊或不确定的情景中，同时又面临对个体自身较为重要的话题时，谣言等虚假言论就更容易产生。"② 一些别有用心的"网络造谣者""网络水军"利用热点新闻事件煽风点火、添油加醋，发布和宣传不实言论、制造虚假信息，干扰正确网络舆论共识的凝聚。此外，部分网络社交媒体炒作的个别事件也会加剧国家意识形态领域的不安全与不稳定，继而影响网民科学理性地进行意见表达。

（四）引领环境：新时代网民意见表达引领环境的复杂嬗变

1. 网民意见表达舆论环境的复杂嬗变

文明和谐、健康理性的网络舆论环境对于新时代网民意见表达的引领有利；反之，消极的网络舆论环境则不利于当代网民发表理性的意见观点。尽管消极、不正确的网络舆论屡见不鲜，但能够在一定程度上被很好地控制，但是当前整个网民意见表达的舆论环境日益复杂多样，使得新时代网民意见表达引领的成效大打折扣。

（1）国际维度：全球化时代西方价值观念的渗透。

身处全球化浪潮，任何一个国家或者公众都不可能独善其身，完全不受他国价值观的影响。有学者指出，"多元信息竞争背后是多元价值观和话语权的

① 伊丽莎白·诺尔-诺依曼. 沉默的螺旋：舆论：我们的社会皮肤 [M]. 董璐，译. 北京：北京大学出版社，2013：126.

② FAYE C. Governing the grapevines：the study of rumor duringworld war two [J]. History of Psychology，2007.10（1）：1-21.

较量，各种思潮在网络空间汇集和交锋，意识形态领域话语权争夺激烈"①。尤其是对我国青年网民而言，全球化在带来创新、竞争、自由等意识的同时，也带来了一些错误价值观念，严重影响着我国青年网民意见表达背后的价值目标、价值取向和价值标准。一是个人主义的泛滥。与新中国成立初期倡导的个人利益服从整体利益的集体价值观念不同，在全球化的背景下，起源于西方的个人主义过分强调个人价值，这就导致新时代的我国网民在思想文化选择上过于强调自我的独立性和独特性，在网络交际互动中过分展现自我意见。部分网络社交媒体集团或公司越来越强调网民的个人利益和成就，而对社会责任感的重视则有所下降，这严重影响着网民发表非理性的言论及其有效引领。二是自由主义的狂热。正如美国《独立宣言》所宣称的"人人生而平等"，人们的生存权、自由权和追求幸福的权利都不可侵犯，转换过来就是指人人都有按照自我的价值标准自由发表言论、观点的权利，且以政府为代表的国家管理机构应该维护个人的自由权利。这样的直接后果就是公众的意见表达缺少相应的监管机构，导致个人意见表达自由跨越法律伦理边界，个人欲望无限制扩张，青年价值观念失去社会和自我平衡，这为我国的网民尤其是青年网民高呼拥有意见表达的"自由权"提供了可乘之机。三是功利主义的浸入。功利主义是建立在个人利益之上的利己主义和拜金主义。西方功利主义的代表者边沁认为，个人利益大于共同体利益，共同体利益只是个人利益的简单总和，共同体利益存在的前提是个人利益的增加②。全球化背景下的功利主义伴随市场经济使我国网民越来越关注个人的利益得失，表现在意见表达上就是言论观点的物质化。

（2）国内维度：网民意见表达审美观出现世俗化与低俗化现象。

传统的中国大众在意见表达中蕴含的审美自带高雅特征，注重调整人与自然的关系、人与道德的统一。然而，随着社会主义市场经济和互联网技术的高速发展，新时代网民意见表达的审美观也出现了世俗化和低俗化现象。

一方面，世俗作为一种文化概念，其对网民意见表达的影响表现在其输出的价值观以及网络语言的世俗化倾向。"世俗化"概念诞生之初与宗教相关联，它用来表示对冲破宗教观念束缚的强烈愿望。在我国，世俗化蕴含着两重意蕴："一种是对偏激的乌托邦式的理想主义的反叛，对'克里斯马式'的迷狂的反思，它以一种更加实际和现实的观念来看待社会生活；另一种是指随着

---

① 柳礼泉，刘佳.全媒体时代榜样文化的舆论引导功能探析 [J].湖南社会科学，2019 (4)：156-161.

② 韩艳.论现代性的文化意蕴与文化全球化 [J].河南师范大学学报（哲学社会科学版），2014 (6)：23-27.

经济的高速发展，我国社会正在蔓延着一种消费主义的意识形态，一种物质主义和享乐主义的倾向。"① 以新时代网民最热衷的偶像崇拜为例，其相关的网民意见表达善于将世俗化滞后性的一面展示出来：对以英雄为代表的崇高人物的远离；从"娱乐"走向"愚乐"的崇拜目的；标榜物质主义的消费观念；精英文化和高雅文化的退场；等等。

　　另一方面，低俗属于道德范畴，它反映了新时代网民意见表达的落后性质。低俗一般是指日常生活中的浅陋趣味或风俗。除了最基本的内涵之外，"低俗"也呈现出包含淫秽色情、暴力等法律概念的趋势。2010年，胡锦涛在中共中央政治局第二十二次集体学习时强调："要引导广大文化工作者和文化单位自觉践行社会主义核心价值体系，坚持社会主义先进文化的前进方向，坚决抵制庸俗、低俗、媚俗文化之风。"② 这与当代网民在意见表达上表现出来的审美观密切相关：其一是网民对某一公共事件审美的同质化；其二是网民对事物"真善美"的异化。以网民在微博上讨论的热搜话题"与自己的素颜和解"为例。这一话题实质就是现代人的容貌焦虑问题，即美丑问题。从广义上说，"丑"也是"美"的范畴，丑与美共生共存。"审丑"也并非"审美"的反面，它是通过对"丑"的批判来表达对美的向往和追求。"审丑"有其独特的历史传统和文化内涵。然而，与社会现实相联系，网民"审丑"功能的批判性反思转向了借"丑"消费的功利化和以"丑"为常的判断迷失。对于大多数网民而言，丑比美更容易获得，也更容易被包容。加之随着闲暇时间的增多，对未来生活的强烈愿望，那些徘徊于热闹市井与孤独内心的网民需要借助不同的意见表达达到文化补偿和情绪宣泄的目的。因此，对于神圣又难以实现的"美"而言，网民在意见表达中更倾向于对"丑"的文化消费（包括情感消费和物质消费），这就导致以扮丑为言说方式的非理性意见表达的产生，可以显见，部分网民的主体理性意识也在这种意见表达中逐渐被淹没。

　　2. 网络社交媒体传播环境的复杂嬗变

　　互联网时代，人人都有麦克风，处处都是聚光灯，网络社交媒体中的宣传报道哪怕"失之毫厘"，都会被网民在第一时间抓住，最终"谬以千里"，埋下非理性意见表达的祸患。网络舆论生态空间包罗万象，网络介质的交互作用和"网络社交媒体信息传导链"日益复杂，产生了深刻嬗变的网络社交媒体舆论环境，而多元化的网络介质的交互作用对于网民意见表达的产生发挥着重要

---

① 周宪. 文化表征与文化研究 [M]. 北京：北京大学出版社，2007：261.
② 中共中央宣传部，中共中央文献研究室. 论文化建设：重要论述摘编 [M]. 北京：学习出版社，中央文献出版社，2012：71.

作用。网络社交媒体中的某一新闻热点事件不可能占据全部网络空间，相比于传统的媒介传播，互联网时代的各类网络介质的交互作用所形成的"网络社交媒体介质交互带"（见图4-1）和"网络社交媒体信息传导链"（见图4-2），会在一定程度上加大新时代网民意见表达的复杂程度，极易引发非理性的网民意见表达①。

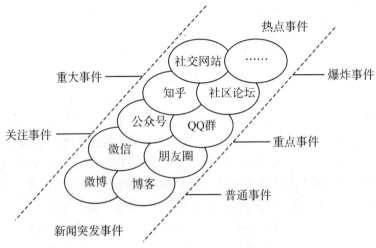

图4-1　网络社交媒体介质交互带

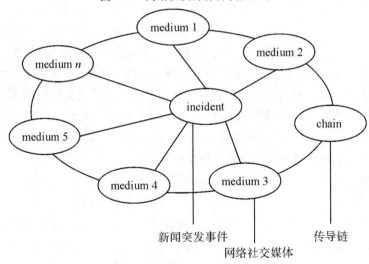

图4-2　网络社交媒体信息传导链

---

① 姜兰，邢雪婷. 新时代网络舆论生态环境的优化与对策研究［J］. 情报科学，2018（7）：40-44.

在图4-1中，各类新闻信息传播介质交互作用，将某一新闻突发事件不断推向网络热点。在此过程中，各类介质不断交换和制造网民意见表达的信息，通过层层传递，经新闻突发事件→普通事件→关注事件→重点事件→重大事件→爆炸事件→热点事件这一路径，逐渐形成"网络社交媒体介质交互带"①。其中每一个环节都有可能通过网民的意见表达引起舆论交锋，形成复杂多变的网民意见表达舆论环境。在图4-2中，某一新闻突发事件（incident）发生后，首先会在某一网络社交媒体（medium 1）产生影响。在这一社交媒体发酵之后，网民的各类意见表达信息会呈几何级数沿传导链（chain）向其他媒体（medium 2）扩散，并通过与宣传报道的相关突发事件不断进行反复证实或证伪的互动，加大网民意见表达的传播力和影响力，继而形成强大的网络舆论。此外，由于网络舆论环境具有"网络舆论'易燃点'凸显"和"民意意见表达偏向负面"② 等特点，致使网民会利用网络社交媒体发布或传播负面言论信息，形成的非理性意见表达容易产生负面舆情效应，打破相对平衡的网络舆论环境，经过部分网民情绪化的、夸张化意见表达的传播或加工，网络社交媒体中的负面网络舆情便由此聚合。

第三节　新时代网民非理性意见表达的消极影响

产生于网络社交媒体中的非理性网民意见表达对社会的稳定发展和人民的生产生活具有极大的负面作用和消极影响，主要包括影响党的思想政治建设、扩大负面网络舆论影响、阻碍网民的身心健康发展、弱化意见表达生态的改善以及降低意见表达引领的实效五个方面。

一、影响党的思想政治建设

（一）损害党和国家的政治公信力的建设

新闻舆论学中的"塔西佗陷阱"是指"当一个部门失去公信力时，相关部门无论采取何种措施、发表何种言论，人们的负面评价都会大大增多，进而

---

① 姜兰，邢雪婷. 新时代网络舆论生态环境的优化与对策研究 [J]. 情报科学，2018 (7)：40-44.

② 王荟，伏竹君. 网络舆论生态视域下的网络舆论引导问题探析 [J]. 甘肃社会科学，2015 (6)：252-255.

使政府的公信力丧失"①。当网络社交媒体中的非理性网民意见足以构成"塔西佗陷阱"时，就会严重损害党和国家的政治公信力的建设。首先是损害党和国家的公共政治形象与政治信誉。政治形象和道德形象统一且不可分割，部分网络社交媒体工作者或网民道德绑架式的意见表达损害和诋毁了党和国家在民众中的政治形象与政治信誉。其次是引发了网民对党和政府的政治信任危机。部分披着"政治正确"旗号或在"学术迷彩衣"掩护之下的报道言论，看似是正义理性的意见表达，实则是消极的、非理性的意见表达。譬如，部分网民打着爱国主义旗号的意见表达，往往让其他网民分辨不清"假的真言论"和"真的假言论"，最后采取事不关己的政治冷漠态度，引发对党和政府的政治信任危机。

（二）妨碍党对宣传思想工作的全面领导

坚持党对宣传思想工作的全面领导是国家意识形态工作中的一项重要内容。非理性的网民意见表达极大限度地妨碍了党对宣传思想工作的全面领导。其一是降低了党管新闻媒体的引导力。部分网络社交媒体工作者在新闻报道中不求实际的"套路化、刻板化、模式化"和"做表面文章、摆花架子、走过场"，过度渲染与拔高典型式的宣传报道，容易纵容网民的非理性意见表达，这不仅是破坏新闻媒体事业发展的重要"搅屎棍"，还是党管新闻媒体的重要阻力，降低了党对新闻媒体的正面引导作用。其二是削弱了党对网络社交媒体的正面引导。由于网络社交媒体传播内容的复杂性和新闻信息表达的隐蔽性，其中非理性的意见表达常常以"低级红"的形式在鱼龙混杂中与网民们"见面"，使党和政府宣传部门难以及时、精准、高效地识别这类非理性的意见表达，这些内容再经由网民的加工处理和持续发酵后，会引发负面舆情，削弱了党对网络社交媒体的正面引导。其三是降低了党在新闻舆论工作方面的正面影响力。网络社交媒体中的非理性意见表达不仅降低了新闻传播内容的真实性，成为聚合网络负面舆情的"集散地"，还加剧了网络负面舆情传播和扩散的"靶子效应"。

（三）降低了网民的政治素养和党性修养

非理性的意见表达会在潜移默化中成为降低网民尤其是党员身份网民的政治素养和党性修养的主要"幕后推手"。一是弱化了党员身份网民的政治立场与党性修养。以党员干部网民为例，部分党员干部在网络社交媒体或社交平台

---

① 李枫，刘福媚. 网络舆情视阈下的塔西佗陷阱及其引导策略 [J]. 出版广角，2018（23）：72-74.

中（如微信朋友圈、微信公众号、社区论坛、微博空间等）的一次转发、评论或点赞，都可能表现出对某一事件的态度与看法，从而折射出个人的政治立场、态度与党性修养。部分政治站位不高或理想信念不坚定的党员干部在面对此类意见表达时，极有可能被伪装的"非理性"蒙蔽双眼，继而弱化自身的政治立场与党性修养。二是助长了具有党员身份的网民群体的形式主义与主观主义作风。当部分网民群体因宣泄或表达自己的不满情绪而蓄意发表非理性的意见时，也会助长部分党员网民群体在从众心理的暗示下，盲目地加剧非理性的意见表达。这是因为网络社交媒体催生的中国网民群体本身因具有"冲动、急躁、缺乏理性、夸大感情、没有判断力和批判精神"等特点，在"暗示和相互感染"的交织作用下会表现出孤立的个人所不会表现出的行为①，从而助长了部分党员网民群体的形式主义与主观主义作风。三是降低了具有党员身份的宣传思想工作者的"四力"（脚力、眼力、脑力、笔力）本领。习近平总书记在 2016 年党的新闻舆论工作座谈会上指出，好的新闻报道，要靠好的作风文风来完成，靠好的脚力、眼力、脑力、笔力得来。其中，"四力"本领应涵盖宣传思想工作者的政治素质、理论素养、业务能力、工作作风，但网络社交媒体中的非理性意见表达产生的原因之一，在于部分媒体工作者的业务本领不足、政治素质不强、工作作风不优，因而此类非理性的网民意见表达也会反过来在潜移默化中降低党员宣传思想工作者的"四力"本领。

二、扩大负面网络舆论的影响

（一）加速不实网络信息与言论的传播进程

互联网时代，以网络社交媒体为核心而主导的舆论场多元复杂，"千人一面""万人一声"的舆论传播格局并不符合新闻传播的客观规律。网络社交媒体中的非理性意见表达在无形之中极易推动网民群体之间的互动交流，而在这个互动过程之中，不同网民的不同社会心理会促使他们产生性质各异的意见表达。"社会舆论是社会心理的外在表征，社会心理是社会舆论的直接生产者。"② 一方面，部分拥有消极的社会心态和不健康的社会心理的网民，为引导网络舆论，借助网络社交媒体蓄意扭曲事实、传播虚假言论，或通过所谓的"内幕""揭秘"等部分信息言论予以便捷加工或选择性呈现，最后在网民群体中形成了非理性表达传播的"多米诺骨牌效应"。加之网络社交媒体信息传

---

① 曹汝，王秋菊. 心理学视野中的网络舆论引导研究［M］. 北京：人民出版社，2013：85.
② 乌尔里希·贝克. 自反性现代化 现代社会秩序中的政治、传统与美学［M］. 赵文书，译. 北京：商务印书馆，2001：9-10.

播具有高速度、宽领域、即时性等特点，在"一传十、十传百"中加速着非理性意见表达的传播进程，扩大了网民意见表达的消极影响。另一方面，以微博、微信、知乎等为代表的网络社交媒体传播方式的变革为非理性意见表达的产生带来了极大"便利"。较之于传统社交媒体，如报纸、广播、电视等，网络社交媒体在信息传播的主体、速度、范围、时间等方面都远超于传统社交媒体，致使传统社交媒体在信息传播过程中的垄断地位被打破，出现了"你说我听"到"大家相互说、相互听"的去中心化的网络信息传播新格局。对网络社交媒体中的宣传报道和言论信息，部分网民甘当"吃瓜群众"，甚至以幸灾乐祸的消极心态加以解读，并将经创造、加工和改编后的信息进行非理性意见表达，从而消解网络信息宣传报道的真实性和权威性，加速了网民非理性意见表达的传播进程。

（二）降低网络社交媒体正面报道的有效性

网络社交媒体本应是社会正义、公平和理性的"放大镜"，但近年来网络社交媒体中由正面宣传报道产生的非理性意见表达的"反转剧"频频上演，进而变成了网络暴力、道德绑架和网络谣言等"万花筒"，忽视了正面报道的社会效果，引发了极大的负面网络舆论。与此同时，互联网时代网络社交媒体中的舆论引导具有"自反性"①，削弱了网络社交媒体正面报道中的社会效果。当前网络舆论媒介生态中的信息繁杂多样，网络社交媒体中的舆论引导也由绝对日益走向相对。网络社交媒体舆论引导的"自反性"主要体现为舆论不仅是被引导的单一对象，也是引导者监督管理的对象，网络舆论的引导者也表现出被引导的一面。网民意见表达的主导者主要为网络舆论的网民引导者，当部分网民群体有意或无意成为非理性意见表达的背后推手时，就会使网络社交媒体中正面报道的社会效果大打折扣，进而降低和忽视网络社交媒体正面宣传报道的有效性。

（三）削弱网络社交媒体的主流舆论塑造力

网络社交媒体作为实现网民意见表达、人际交流互动的重要平台与信息传播沟通的重要桥梁，在互联网社会扮演着"传声筒"的重要角色，对人们的生活、学习和工作发挥着重要作用。在任何一个社会，当网民面对突发事件、公共危机或热点事件时，无法在第一时间从主流媒体或官方传统媒体中获得有效信息、参与意见表达时，更容易在朋辈群体的暗示或感染下相信流言并做出

---

① 古斯塔夫·勒庞. 乌合之众：大众心理研究 [M]. 冯克利，译. 北京：中央编译出版社，2014：22.

不理智的行为、发表不理性的意见。特别是面对社会热点问题或极具吸引力的"爆炸性新闻事件"时，如果被别有用心的人通过非理性的意见表达利用时，不仅容易造成网民社会心理的失衡和社会秩序的混乱，掀起阵阵负面网络舆论风波，还极易解构社会的主流价值观，消解社会正能量，削弱网络社交媒体的主流舆论塑造力。

三、阻碍网民的身心健康发展

（一）影响网民塑造健康理性的社会心理

就心理学角度而言，网民的意见表达通常是网民个体或群体用来释放情绪、缓解压力、发表言论、彰显个性的一种手段，而网络社交媒体却对非理性意见表达起到了推波助澜的作用。网民的非理性意见表达通常具有欺骗性与误导性、伪装性与迷惑性、反抗性与危险性等特点，部分网络社交媒体用户中"糊涂的一刀切者""漠视群众利益的自私自利者""别有用心的泼脏水者"利用网民群体的盲目从众心理，在微博、微信、论坛或社交网站上发布、传播看似正面宣传的不当网络信息，容易产生过于极端的观点，从而引发网民的"群体极化"现象，进而使网络社交媒体成为消解正能量的语言滋生地、网民群体利益的语言厮杀地，最终导致网民在潜移默化中被网络社交媒体中的部分消极心态或不良社会心理深度"传染"或"渗透"。"在群体中，每种感情和行动都有传染性，其程度足以使个人随时准备为集体利益牺牲他的个人利益。这是一种与他的天性极为对立的倾向，如果不是成为群体的一员，他很少具备这样的能力。"① 此种非理性的意见表达，既降低了网民自身的思想道德修养、政治修养与媒介素养，还影响了网民积极健康的社会心态和理性平和的社会心理的塑造。

（二）引发网民在社交中的言语失范行为

网络社交媒体的高速发展与广泛应用不仅改变了网民意见和观点的传播方式以及其生产生活方式，也影响并塑造着网民的思想价值观念和行为习惯。任何一则新闻信息或热点事件在网络社交媒体中传播的速度和广度都得到快速提升，进一步拓展了网民接受或阅读新闻信息，以及发表意见和观点的广度和深度。进入新时代以来，随着网络社交媒体中非理性意见表达的渐次增多，导致整个网络舆论充斥着大量的言语失范行为，由非理性意见表达引发的对网民的

---

① 古斯塔夫·勒庞. 乌合之众：大众心理研究 [M]. 冯克利，译. 北京：中央编译出版社，2014：22.

语言误导现象屡见不鲜。事实上，较之于网民理性化的意见表达，非理性的意见表达在网络社交媒体中以"病毒式扩散"和"排浪式传播"的速度和趋势更快也更强，并影响着每一位网民，对网民的思想价值观念和行为习惯造成了一定的冲击和误导，极易引发网民在意见表达中的言语失范行为。譬如，虚构信息与过度渲染式的非理性意见表达为吸引眼球，利用新颖标题制造噱头，通过刺激网民的猎奇心态，在看似正面宣传的迷惑下发表不当言论，致使网民难以理性分辨或接受与网络新闻标题相符的新闻内容，从而增加了部分网民的情绪化意见表达以及片面化的非理性传播，导致部分网民出现言语失范行为。再如，推向极端式的非理性意见表达，呈现于网络社交中过于极端情绪化的意见表达方式，很容易击中部分带有不良社会心理的网民的心，煽动网民的负面情绪，对网民形成误导，促使网民盲目的模范迎合，或趁机利用该公共事件在网络社交媒体中释放、宣泄自己的消极情绪，导致出现严重的言语失范行为，从而扩大非理性意见表达的负面舆论影响。

（三）造成网民成长过程中的片面化发展

非理性的网民意见表达在一定程度上是对社会发展中各种现实问题与冲突矛盾的反映与折射。由于部分网民个人的认知水平不足、媒介素养不高、所处环境不好，容易对网络社交媒体中非理性意见表达的认识和思辨判断意识不足，而这些认知不足与非理性判断却极有可能在网络社交媒体中形成一股极端化的"负面舆论风潮"，并对网民的生理和心理的健康带来负面影响。这种情况如果没有得到及时的纠正和正面引导，部分青年网民群体很容易在非理性意见言论下的"意见领袖"和"微博大 V"中沦为"新闻信息权威"的追随者，在网络社交媒体的大型舆论场下形成偏激的观点，成为不实言论的发布者、"假的真新闻"的传播者，甚至在部分"低级红"言论的极端思想影响下，加剧网民自身的形式主义、主观主义作风，阻碍网民身心健康的全面发展和健全人格的积极塑造，进而造成部分网民自身在部分非理性意见表达的网络舆论中的片面化，甚或是畸形化的发展。

四、弱化意见表达生态的改善

（一）增大网民意见表达引领的监管难度

首先是网民的非理性意见表达的特点和性质决定了网民意见表达引领监管的难度。类似于"正话反说""明褒暗贬""明捧暗损""虚抑实扬""含沙射影""话中有话"等的反讽、隐喻的言论叙事方式是非理性意见表达的惯用伎俩，部分非理性意见表达方式具有一定的隐蔽性、伪装性和模糊性，加大了引领主体对部分非理性意见表达的识别、防范、监督和管控难度，导致相关宣传部门负责人等引领主体很难在第一时间及时发现其实质意义上的负面影响。其次是网民非理性意见表达的信息内容决定了网民意见表达引领监管的难度。网络社交媒体中出现的非理性意见表达，其内容大都是时下最新热点社会事件或爆炸性新闻事件。当某一热点新闻事件经某一网络社交媒体发布，如微信朋友圈、微博头条、知乎趣答等网络社交平台，由于其受众面和影响面广、传播速度快、时间短，会立刻成为广大网民关注的网络舆论焦点，继而在多极分化的意见表达中持续发酵。尤其是面对不实的、虚假的相关言论，在部分网民不明事情真相的情况下乱扣"帽子"，加剧了网络负面舆情的积聚，加之网络社交媒体自身的开放性、虚拟性和匿名性等特征，致使网络社交媒体负责人或相关宣传部门等引领主体的监督管理难以第一时间有效发挥作用。此外，主流网络社交媒体或传统新闻媒体及时性的网络舆论澄清和平息、疏通引导较为滞后，进一步加大了网民意见表达引领的监管难度。

（二）扰乱网民意见表达传播空间新秩序

当前，网络社交媒体中存在着大量的网络诈骗、网络谣言、网络暴力、网络舆论竞争、网络信息安全等问题，尤其是因网民非理性意见表达引发的一系列问题，对包括社会、文化、政治和经济在内的网民意见表达传播空间产生了不同程度的影响。马克思曾指出，"社会不是坚实的结晶体，而是一个能够变化并且经常处于变化过程中的有机体。"[①] 网络社交媒体中的各种非理性意见表达产生的负面舆论，极有可能在网络中形成一股"歪风"，在网络舆情的持续发酵中盛极一时，并影响网络负面舆论的走向，掀起负面网络舆论的风波，造成网民意见表达传播空间秩序的持续性混乱。网络社交媒体信息传播空间模型如图4-3所示，某一热点事件首先通过网络社交媒体由网络社交传播媒介及其技术传播给网民，再经过网民的评论、宣传、加工，会在网络社交媒体中以网络舆论的形式出现，在这个过程中如果出现了非理性意见表达的相关言论，就会在网络社交媒体将这些信息反馈给网民，进而在网络社交媒体中聚合网络负面舆情。加之网络社交媒体用户的匿名性、网络信息传播的快速裂变性、网络社交媒体中网络舆论的难控制性以及网络社交媒体中网民意见表达的非理性化倾向等诸多特点的综合作用，进一步加剧了网民意见表达传播空间秩序的混乱。

---

① 中共中央马克思恩格斯列宁斯大林著作编译局. 马克思恩格斯文集：第五卷［M］. 北京：人民出版社，2009：13.

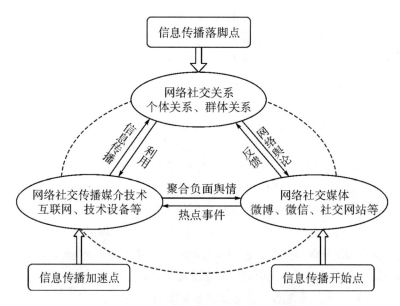

图 4-3　网络社交媒体信息传播空间模型

（三）引发网络社交媒体舆论环境的失衡

马克思和恩格斯认为："人创造环境，同样，环境也创造人。"[①] 在互联网背景下，网民的非理性意见表达通常会对网民意见表达引领环境带来一定的消极影响。一是由于网络时代的各类信息的高速传播，网络社交媒体是公众舆论滋长和传播的重要起源地和社交枢纽之一，如微博空间、微信朋友圈等，当部分非理性意见表达中的热点事件出现在微信、微博、QQ 中时，会很快成为网民热议的焦点。二是网络社交媒体的即时性和互动性为网民在第一时间接收信息、发表意见提供了便利，不仅加快了网络负面舆论的产生或传播速度，还加大了非理性意见表达发生及其网络舆论传播进程中的不可控性，使部分非理性意见表达的舆情反转概率大大上升，从而引发二次负面舆情。三是网民非理性意见表达的误导性、迷惑性和伪装性容易导致其在传播过程中的"失真"，经过大众传播后，网民口中的"假的真言论"变成了"真的假言论"，使得网络负面舆论占了上风，严重影响了网络社交媒体健康文明的舆论表达环境。四是无形中的网络舆论压力。网络社交媒体中的非理性意见表达经常会在网民群体中出现"一边倒"（或支持或反对）的情况，在部分"微博意见领袖"的带领

---

① 中共中央马克思恩格斯列宁斯大林著作编译局. 马克思恩格斯选集：第一卷 ［M］. 北京：人民出版社，2012：172-173.

下，迫于舆论压力或当时的舆论环境，部分网民不加以理性思考的盲目迎合，导致原本就是非理性意见表达中"一边倒"的舆论声音持续变大，打破了网民意见表达舆论环境的动态平衡。

五、降低意见表达引领的实效

（一）加大网民意见表达引领的难度

所谓引领，是指主体根据网民意见表达的现实状况、主客观条件，因地制宜、因事而为地主动介入和干预引导新时代网民进行理性意见表达的积极正向的实践行动。但引领并非不加思考地迁就或迎合网民的言论表达，而是需要主体对网民的心理、情绪、思维等进行深入准确的理解、尊重和认同。新时代网民意见表达引领的影响因素复杂多样，如引领的主体、客体、内容、方法、环境，等等。如今日益复杂的网络舆论环境，要求引领责任主体及时关注网民的被引领意愿，采用契合当下网民意见表达实际的引领方式方法，从而有助于网民意见表达引领工作的顺利实施。但这加大了引领网民意见表达的难度。较之于线下的、固定的、模式化的意见表达引领，新时代网络技术的更新、网民主体意识的增强、时代环境的多元多样，都对新时代网民意见表达引领提出了更严标准、更高要求。恰当的引领内容理念和方式方法有助于确立引领主体和网民之间的优良关系；反之，不当的内容理念和方式方法则更容易导致引领过程中双方关系的僵化，降低主客体之间的交流黏性，弱化网民意见表达的引领效果。毋庸置疑，如今更加复杂严峻的国际国内形势以及各类网络文化的渗透影响，在一定程度上使得网民意见表达环境更加难以把控和掌握，严重影响了新时代网民意见表达引领的实效性。据此，日益复杂主客观环境要求网民意见表达引领主体积极提升网民意见表达引领的能力和水平。

（二）弱化网民意见表达引领内容的权威性

新时代网民意见表达引领主要是对网民的思想价值观念、现实精神需求、心理发展动态、意见表达行为等的教育引导，引领者传递输出的主要是契合国家主流意识形态和以社会主义核心价值观，以网络意见表达言行规范为基础和标准的相关内容。一方面，较之于过去的意见表达方式及信息流通速度，互联网的飞速发展打破了时空地域限制，能够为网民发表各种意见观点提供更加便捷的条件。此种境况下形成的不同意见表达舆论场和意见表达的多元性与隐秘性，在一定程度上弱化了引领者传达内容的权威性。譬如，脚踏实地、艰苦奋斗的话语表达与当前"躺平""摆烂"的青年网络话语之间的对冲和博弈，以及崇尚西方价值观的"自由主义""享乐主义""拜金主义"与我国自古以来提倡和践行的主流意识形态之间的冲突，都不同程度地弱化了网民意见表达引领内容的权威性，不利于新时代网民的身心健康发展。另一方面，由网民意见表达汇聚而成的网络舆论可谓是包罗万象，涵盖我们日常生活的各个方面。以微博为代表的网络社交媒体，"月阅读量超百亿的垂直领域覆盖至电影、财经、时尚、互联网、时政、教育等 25 个领域"①，这些领域既为网民的个性化意见和观点的发表提供了必备场域，也掺杂着部分不和谐、不理性的错误言论，这在无形之中会煽动大众的不满情绪，甚至产生更多的与主流意识形态背道而驰的非理性意见和观点，对于构建和谐清朗的网络空间有害无益。长此以往，部分网民不会主动辨别虚假或错误言论，对于理性或非理性的意见表达都会全盘吸收，从而导致网民意见表达引领内容的权威性被弱化。

（三）影响网民意见表达引领的时效性与针对性

马克思曾指出："最主要的就是不要错过时机！"② 这里的"时机"就是体现时效性的重要表征。时效性是引领主体能够在预见或监测网民的非理性意见表达时，及时厘清和掌握事情的真相原委，有针对性地提出解决之策。时效性是当今网络社交媒体的标志性特征之一。针对某一社会公共事件，网民的意见表达及其所形成的网络舆论的传播速度和广度前所未有。可以说，网络社交媒体宣传报道的社会事件能够为网民提供了解天下大事的广阔视野，但同时也容易使某些言论观点被推上风口浪尖，并以暴发状态进行传播和扩散，会增加网民非理性意见表达产生的风险。据此可见，一方面，在互联网时代语境下，网民能够以最快速度知晓某一事件，如微博的"热搜""超话"等，他们要么根据自己的主观意愿对其进行评论言说，要么在一片网络舆论信息中盲目站队或者选择自己所偏好的意见观点；另一方面，网民意见表达的引领平台在面对被热烈讨论的话题时，其疏通引导往往较为滞后和延迟，尤其是部分官方媒体的声明和澄清，相应的意见表达引领效果也在这一时间差中大打折扣。对此，需要网民意见表达引领主体善于从源头上把控和处理负面网络舆论，提升新时代网民意见表达前期、中期、后期等不同时段的监管调控力度。

①　蒋杨. 网络舆论环境下的高校思想政治教育引导研究 ［D］. 大庆：东北石油大学, 2020.
②　中共中央马克思恩格斯列宁斯大林著作编译局. 马克思恩格斯全集：第三十一卷 ［M］. 北京：人民出版社, 1972：563.

第五章　新时代网民意见表达引领的实践策略

实现新时代网民意见表达的有效引领，尤其是非理性意见表达的防范与治理，是本书的核心内容与重要章节。为充分发挥网络社交媒体正面宣传和传递正能量的积极作用，营造更加风清气正的网络舆论空间，有效规避或治理网络社交媒体中的非理性意见表达，必须坚持以问题为导向，注重新时代网民意见表达引领的"靶向治疗"，全方位、多层次、宽领域地对"症"下药、综合施策、多措并举、共同发力，打出网民意见表达引领"组合拳"，通过强化主体话语体系构建和把关功能、提高网民理性认知水平与辨别能力、培育健康成熟从容平和的社会心理、提升网络社交媒体社会公信力、营造文明健康的网民意见表达环境五维路径的多元合力，以期提升新时代网民意见表达引领策略的可操作性，助力新时代网民意见表达引领水平提质增效。

第一节　坚持正本清源，强化主体话语体系构建和把关功能

一、加强网民意见表达话语体系多维构建

新时代网民意见表达话语体系的构建涉及方方面面，如构建的基本原则、理念、内容、渠道、载体等。此处主要围绕完善话语体系构建的技术保障、培养引领主体的话语素养以及创设理想的话语表达环境三个方面进行阐析。

一是完善话语体系建构的技术保障。技术是历史的有力杠杆，是最高意义上的革命力量。于是，技术的变迁与社会发展之间的互动关系贯穿了整个人类生活。在网络化、智能化和数字化的时代背景下，新时代网民意见表达引领不可脱离技术的支撑和保障。各项技术的突飞猛进推动着网民意见表达引领话语

体系的意见表达内容、言说叙事方式、话语渠道载体以及媒介等的发展和运行。可以认为，网络化、智能化和数字化的技术不仅构成了新时代网民意见表达引领话语体系的物质性存在，为网民的网络人际互动提供了广阔言说空间和丰富的自我发展资源，而且成就了网民意见表达话语体系的精神性存在，以价值理念和思维方式的形式控制和引导着网民的意见表达及其精神诉求。因此，引领主体一方面要加强建设完备的技术基础，以期推动网民意见表达的话语理念、思维方式从根本上实现网络化的转变；另一方面，要积极从时间空间、思想价值等维度搭建起"技术之形"，进而形成技术化的思维方式和逻辑体系，以此架构起网民意见表达话语体系的技术支撑。

二是培养引领主体的话语素养。素养蕴含着技术、知识、意识、价值四个层面的内容，贯穿于人类社会与个体发展的始终，是人类社会和个体的人所必须始终高度关注的发展内容。构建科学完善的网民意见表达引领的话语体系，培育和发展引领主体的话语素养是前提基础。首先，话语主体应该具备最基本的人际互动技巧和人际交往能力，可以在与引领对象，即网民的对话过程中，自觉地实现引领目标、内容、价值的有效流动，推动对话形成科学、有效的共赢局面。其次，话语主体应具备对网络社交媒体的操作、使用和把控能力，能够充分利用和开放网络社交媒体的意见表达功能，使网民的理性意见得到最大程度的表达，而非理性的意见得到合理控制。再次，话语主体应当具备科学的网络话语知识结构，即能够识别和构造网络话语及文本符号、理解和掌握网络语言的叙事和表意，以及具备对网民意见表达的价值判断和思想引领等方面的知识能力，进而能够有效地判断和建构引领网络话语体系。最后，话语主体还应具有良好的思想道德修养和过硬的专业本领，在意见表达引领过程中以显性或隐性的对话方式影响和感染引领对象，以真正推动新时代网民意见表达体系的良性循环构建。对此，一方面需要通过话语议题设置和课程目标内容规划等方式来加强对话语主体的教育和管理；另一方面需要引导和鼓舞话语主体加强自我教育，提升其在网民意见表达引领中的人际交往能力、话语知识储备水平、社交媒体把控能力、思想道德修养水平等。

三是创设理想的话语表达环境。"理想的话语环境"出自哈贝马斯的"交往行为理论"。他认为，语境与发现语境之间以及有效性与生成性之间有着一种从未彻底中断过的内在联系。在他看来，人际交往行为与交往对话的有效性主要受制于主体对话沟通中的"成与败""知与无知"之间的相互博弈，而决定这一关系是否实现辩证正向发展主要在于是否形成了理性的交往，即话语的价值理性与工具理性在结构上是否实现了平衡和协调，以及话语主体间能否达成彼此的相互理解和一致共识。新时代网民意见表达话语体系的构建与发展趋势决定了引领主客体之间是否能够达成彼此间的认同和理解。即是说，交往行为理论中的"理想的话语环境"旨在强调话语主体运用没有差别的言说叙事的权利，以保证整个话语表达过程的主客体方都能处于平等地位，并始终保持整个对话内容的真实性、对话过程的正当性，以及对话结果的有效性。基于此，加强新时代网民意见表达引领，首先需要进一步完善和优化网民意见表达的话语场域，具体可以从话语表达的价值伦理环境、技术支撑环境、网络文化环境、引领实践环境四个维度着手，更好地助力新时代的网民意见表达。

二、完善网民意见表达舆情风险预警机制

网民在社交媒体中对网络舆论的关注度情况（见表5-1）表明，通过网络舆情研判和监测，积极完善网民意见表达融入风险预警与流言澄清机制是加强新时代网民意见引领亟须解决的问题和重要机制保障。

一是要深入开展网络社交媒体中有关非理性网民意见表达的网络舆论斗争。要严密防范和精准治理各种暴力性、低俗性、情绪性的网民言论观点；对部分网民的故意曲解、极端言论以及不良的思想价值观念要及时进行引导和纠偏；对网络社交媒体中打着正面宣传的旗号，实则是在制造负面网络舆论的网民个人或群体，要在第一时间查明事情真相，建立相关预警机制。

二是要充分发挥网络社交媒体的"把关人"作用。有效依托物联网、大数据、云计算、云平台等互联网技术和网络社交媒体中的网络舆情监测技术，实时监测审核网络社交媒体中新闻信息传播内容、网民发表的个人言论等，及时了解网民意见表达信息传播的最新动态，加强网络舆情的分析研判，严把网络社交媒体网民意见表达的"内容关""传播关""评论关"；提升网民意见表达的网络舆情分析辨别能力，做好网络社交媒体中非理性意见表达的防范工作，杜绝部分网民为了自己的一己之私和情绪宣泄以及部分网络社交媒体的商业利益和"眼球效益"，在看似合法正面宣传报道外衣的遮掩下，传播不实信息，发表虚假性意见表达的行为，积极维护网络社交媒体和相关宣传思想工作部门的公信力、影响力和权威性。

三是建立健全网民意见表达的应急预案和日常舆情监测机制。在发现网络社交媒体中的非理性意见表达后，网络社交媒体和相关政府部门应及时做好突发网络舆论事件的应急预案工作与日常的网络舆情监测工作，争取在第一时间从根源着手分析研究非理性意见表达的主要来源，查实传播内容的基本信息，及时向网民发布信息，澄清事实真相，防止网络舆论风波的倒逼加剧非理性意见表达的负面影响。此外，还要完善网络社交媒体信息发布的审核机制，对网民意见表达信息的传播进行实时把关。

四是完善网民意见表达的风险预警机制。合理利用"互联网+风险预警"，利用网络数据建模建立风险预测模型，通过网络舆情信息间的相关性分析，提前预测网民意见表达相关舆情走向和舆情风险，开展网络舆情引导工作；完善和升级网民意见表达的风险预警系统。及时有效地对与网民相关联的意见表达数据进行过滤、分析和挖掘，对网络用户相关言论信息进行"自动发现、趋势分析、专题追踪、自动预警、自动分类"，夯实网络新闻正面宣传的基础，涵养网络舆论生态，减少非理性意见表达的产生概率，提升新时代网民意见表达引领的风险预警能力。

表 5-1　网民在社交媒体中对网络舆论的关注度情况

网络舆论状况	关注度/%
网络主流舆论占主导	60
网络低俗眉俗庸俗现象普遍	74
网络谣言、网络抹黑、网络攻击、网络人肉搜索等现象时有发生	68
"意见领袖"、"网络大 V"、网络推手、网络明星爆料盛行	36
网络不文明、不规范用语比比皆是	54
网络群体事件、网络突发事件频发	61
网络暴力、网络欺诈等现象屡禁不止	70

三、把握好媒体正面报道的"时、度、效"

网络社交媒体的正面报道必须把握好"时、度、效"，这是防范和治理网民非理性意见表达、提升网民意见表达引领力的科学诉求。

一是注重网络社交媒体正面报道过程中"时、度、效"的整体协调。"时""度""效"三者之间是紧密联系、相互渗透、互为因果、有机统一的关系。"时"和"度"的正确把握是正面宣传获得良好"效"的必要前提，同时也是"时"和"度"综合作用的结果，需要以"效"作为最终的检验标准。在网络社交媒体新闻或信息宣传报道的过程中，新闻工作者和网民们既要注重新闻信息的时效，也要掌握好正面宣传的"火候"，注意把握好分寸，才能达到最优的宣传报道效果，避免因用力过猛的宣传报道引发非理性的意见表达。

二是网络社交媒体工作者在网络信息的宣传报道中要注意掌握好"时、度、效"。网络新闻的宣传报道具有一定的专业门槛和技术含量，需要媒体工作者真正做到以理服人、以情感人，真正做出有温度、有思想、有品质的宣传报道，尤其在正面宣传中要特别注意"度"的尺寸把握，切不可"只知响鼓重锤，不懂点到为止；只知大雨倾盆，不知润物无声"。网络社交媒体工作者应该坚持用心创作、用情报道，切实提升宣传报道内容的正面社会效果。面对部分非理性意见表达引发的网络负面舆情事件，部门网络社交媒体往往使用过于极端化的宣传报道，试图形成正面报道，结果形成正负面的对冲。因此，应该拿捏好正面报道的尺度分寸，否则会因过犹不及而引发二次网络负面舆情。

三是以马克思主义唯物辩证法为理论指导。要紧紧抓住网络社交媒体新闻信息的"时、度、效"和正面宣传报道内容质量等，否则工作的最终结果是只见苦劳，没有功劳，甚至在用力过度或无意之中"功变成过"了，使得原本理性的意见表达经过多次加工变成非理性的意见表达，继而引发严重的网络舆论风波。

四是要把握网民意见表达信息传播引导的"时、度、效"。善于运用网络舆论中"沉默的螺旋"现象、"议程设置"效果、"两级传播"理论，把握信息传播引导的"时、度、效"；要积极推动网络社交媒体的融合发展，主动借助新媒体传播优势；要抓住时机、把握节奏、讲究策略、体现"时、度、效"的要求，在遵循网络新闻信息传播规律与网民意见表达规律的基础上，改进和创新网络社交媒体中的宣传方式方法；注意把握网络社交媒体宣传报道中的"时、度、效"问题，为新时代网民的意见表达营造清朗绿色、可信适度的网络社交媒体传播空间。

四、发挥主流媒体过滤意见表达的把关功能

积极发挥网络新闻媒体过滤净化网民意见表达的把关功能是新时代网民意见表达引领的重要方式。

一是充分发挥传统新闻媒体与新兴网络社交媒体的优势互补作用。信息泛滥之下缺少的是主流信息，而以主流信息发布为特点的传统媒体可以"后发制人"和重要性、经典性的内容创新来实现对"垃圾信息"的覆盖，找到自己的生存空间。传统新闻媒体必须发挥传统渠道和现代网络渠道的"双优势"，自觉承担过滤净化不实虚假信息和无效信息的媒体责任，有效防止非理性意见表达对网民思想道德价值观念、社会和谐稳定和网络社交媒体舆论空间的腐蚀，净化网络社交媒体中的话语场域环境；要推动传统新闻媒体与新兴网

络社交媒体的融合发展，充分发挥两者的多元融合互补作用，立足于遵循网络社交媒体发展规律、网络新闻宣传报道规律以及网民意见表达规律，不断强化互联网思维，坚持以互联网技术为支撑、新闻内容的正面宣传报道为根本；有效发挥传统社交媒体在新闻报道和网络信息的内容、平台、渠道、管理、监控等方面的过滤净化作用和把关功能，着力提升网民意见表达的真实性、公信力和影响力。

二是有效发挥官方网络新闻媒体（如人民日报、新华网、央视网、光明网等）在国家和人民宣传思想工作中的"喉舌"功能。要强化官方网络新闻媒体在网民意见表达中的舆论发声、正向引导、流言澄清和网络舆论生态的净化作用；加快构建官方网络新闻媒体与网络社交媒体融合发展的多元网络媒体格局，形成立体多样、功能互补的现代网络新闻信息传播体系；坚持以发展网络社交媒体为主，充分发挥官方网络新闻媒体过滤筛选非理性意见表达作用为辅，真正实现网民非理性意见表达的多元有效治理，确保新时代网民意见表达朝着正面积极的方向推进。

三是有效依托官方主流新闻媒体建立网民意见表达筛选过滤机制。通过在社交媒体网站后台设立网民意见表达筛选过滤机制，利用人工智能、云计算和大数据等技术和网络社交媒体网监人员两端的同时监管，加快非理性意见表达的审核精准度与速度，对不实言论和虚假宣传报道等意见表达进行适当屏蔽和撤销；网络社交媒体信息管理部门应加强对官方主流新闻媒体的交流合作，在发现有关非理性意见表达的言论时，迅速联系相关负责人，查证消息；通过官方主流新闻媒体发布权威性的官方信息，及时筛选过剩信息、把关权威宣传报道、驳斥网民的不实意见言论、凸显网络社交媒体宣传报道中的人性光辉，防止网络负面舆情的扩大化，降低非理性意见表达的负面影响，积极实现官方主流新闻媒体与网络社交媒体的"同频共振"。

五、加大网民意见表达内容的审核监管力度

习近平总书记指出：要依法加强网络社会管理，加强网络新技术新应用的管理，确保互联网可管可控。加强网民意见表达内容的监督管理和审查力度是防范治理非理性意见表达的大势所趋和必要环节。

一是不断加强网络社交媒体各环节的监督力度。政府要加强网民意见表达的思想动态监督，充分发挥我国优秀传统文化道德资源的教化引导作用，强化网民的网络伦理道德、网络社交规范等方面的教育引导；政府和相关负责部门应积极牵头推进网络社交媒体文明建设，面对非理性意见表达，要教育引导网民提高自身认知识别水平和分析甄别能力。政府要加强网民意见表达的法律监督。面对网络社交媒体中以不实报道、虚假信息等为主要内容的非理性意见表达，要立足于网络社交媒体发展实际和网民意见表达现状，加快网民意见表达的立法进程，完善依法监管审查举措，提升网民意见表达引领的实际成效。政府要加强网民意见表达的技术监控。网络舆论中的技术监督主要包括"围堵""疏导""转移"三种形式。通过建立网民意见表达监控机制、对非理性言论的过滤或特殊域名的拦截、社交媒体应用端口的动态封锁等技术手段实现网民意见表达及其网络舆论的实时监控。政府要加强网络社交媒体行业及其相关组织机构的监督。政府、宣传思想工作和网信办等部门要完善网络社交媒体的管理领导机制，协调整合各宣传思想工作职能部门的职责，主动"触网""联网"，建立健全网民意见表达内容的传播管理机制，形成有效防范和治理非理性意见表达的联动机制，不断提高对互联网规律的把握能力、对网络舆论的引导能力和对网民意见表达内容的驾驭能力。

二是要继续完善网民意见表达内容的规范化与网络化管理。政府要积极推动网民意见表达内容的规范化和网络化管理进程，紧密结合现阶段网络社交媒体中非理性意见表达引发的负面网络舆论情况和网民意见表达传播的规律及其特点，制定出台具有针对性和法制化的网民意见表达内容管理机制和相关政策，充分展现网络社交媒体的优势和建设作用，推动新时代网民意见表达的文明健康发展。

三是要完善网民意见表达内容传播的法律规章制度。相关政府部门要根据当前我国网民意见表达现状和网络社交媒体发展实际，加快修订《互联网信息服务管理办法》《互联网文化管理暂行规定》《互联网新闻信息服务管理规定》等网络法律法规和制度条例，制定一系列关于网民意见表达内容传播的规范性文件，加强网络社交媒体的行业自律，依法依规处理和惩治非理性意见表达的行为主体，不断完善新时代网民意见表达引领的法制治理体系。

第二节　善用教育引导，提高网民理性认知水平与辨别能力

一、加强网民对政治理论知识的学习与教育

马克思认为："理论一经掌握群众，也会变成物质力量。"加强网民对政治理论的学习教育是提高网民理性认知水平与辨别能力、防范非理性意见表达

的首要前提。

一是创新网民政治理论学习教育的方式方法，提升网民的理论学习深度。丰富政治理论教育内容，增强教育内容与时政热点、新闻事件的有机融合，提升网民政治理论学习的热情与认同感；更新政治理论教育理念，立足于网民群体教育学习发展实际，遵循网民群体的教育学习规律，积极运用互联网思维，开创网民群体政治理论学习实践的良好局面；积极开展丰富多样的政治理论教育学习活动，如开设理论联系实际问题的专题知识讲座，扩大政治理论的学习力度；充分发挥网民群体中领导干部、党员骨干等的引领作用，用网民群体喜闻乐见、通俗易懂、生动活泼的方式，依托各类网络社交媒体或网络平台以漫画、视频、音频等方式有效融入马克思主义基本理论、中国特色社会主义理论、新闻传播学和党的各项方针政策等理论知识，用政治理论知识武装头脑，不断增强网民群体的政治理论素质。

二是不断完善网民政治理论学习的激励机制，强化网民学习意识，实现网民自主学习与集中引导的常态化目标。通过积极引导网民合理制订思想政治理论学习计划、根据个人偏好选择学习平台，以学习平台的"积分兑换"等形式给予奖励，提升网民思想政治理论学习的主动性和积极性，激发网民自主学习的内生动力。

三是加强思想文化的教育引领，从根源处解决网民的思想认知问题。通过加强对网民在政治教育、历史教育、网络教育、文化教育等各方面的教育，尤其是狠抓思想价值观教育，引导新时代网民树立积极正确的思想价值观念，增强社会责任感，以期科学地参与网络意见表达。

四是充分利用"互联网+教育"，积极构建开放多元的思想政治理论学习空间。有效依托大数据、人工智能、云计算等，开设网络政治理论学习课堂，科学引导网民利用网络社交媒体在线自主学习，或借助听书类的各类 App、微信小程序等，聚焦提升网民的思想政治理论知识，制作短视频、录制学习音频等，切实提升网民的理论知识素养与理性认识水平，不断增强网民识别非理性意见表达、正确发表网络言论的实效性。

二、提升网民自觉辨别虚假网络言论的意识

增强网民自觉辨别虚假网络言论的意识是新时代网民意见表达引领的重要基础。

一是提升网民在网络社交过程中对非理性意见表达的辨别能力。教育引导网民在面对鱼龙混杂的网络社交信息和意见表达中自觉提升网络舆论辨别能

力，对于没有官方媒体发布的权威结论的新闻报道，要保持中立的理性态度，切忌在某些"意见领袖""微博大V"等言论观点的煽动下盲目从众，在无意中掉进非理性意见表达的陷阱；面对当下网民群体热议和关注的焦点新闻、突发事件、热点话题时，要教育引导网民在网络舆论风波中独立思考、理性求证，不能人云亦云；政府或网信办相关负责部门应加强网络相关法律法规的宣传教育工作，帮助网民了解学习我国网络的相关法律规定和网民主体的相关义务与责任，切实在网络社交媒体中做一名合格、合法、合规的中国网民，自觉维护良好的网络舆论环境。

二是增强网民在对网络社交媒体中非理性言论的信息甄别能力。相关宣传主管部门可在线上线下同时开展内容丰富、形式多样的以"如何分辨虚假网络言论""正面宣传隐藏下的负面舆论"等为主题的宣传教育活动，帮助网民充分认识网络社交媒体中"正话反说""明褒实贬""明赞暗讽"的非理性意见表达的表现形式、主要特点、本质及其危害等。

三是积极引导网民关注国内外时政新闻，增强网民对各类意见表达的舆论敏感度。在全社会大力倡导网民积极利用国家推出的"学习强国""学习中国""央视影音"等集"视频、音频、图片、文字"于一体的主流官方App，积极关注国内外大事、时政热点和新闻报道，在潜移默化中提升网民的网络舆论敏感度和理性意见表达，不断提升网民辨别虚假网络言论的自觉意识。

三、引导网民养成理性发表言论观点的习惯

引导网民养成理性发表言论的习惯是防范和治理非理性意见表达、提升网民意见表达引领实效的关键环节。

一是要引导帮助网民养成理性分析新闻报道、言论、文章的习惯。近年来，网络社交媒体中的非理性意见表达屡见不鲜，相关负责部门可通过选取诸如"低级红""高级黑"等难以甄别的非理性意见表达的相关新闻报道和典型案例，在理论与典型案例分析的有效结合中，帮助网民快速直观、通俗易懂地认识和了解此类非理性意见表达的主要表现形式、叙事手法、常用伎俩、主要特征、主要实质以及危害影响等，逐步提升网民快速识别、精准分辨、理性分析非理性言论观点的能力和水平。同时，要避免自己被网络负面舆论带偏，陷入非理性意见表达的舆论漩涡之中。

二是引导网民养成理性分析判断新闻宣传报道真实性的习惯。习近平总书记曾在党的新闻舆论工作座谈会上指出："真实性是新闻的生命。"新闻信息宣传报道的真实性是新闻信息得以存在的根基命脉，失去了真实性的新闻报道

不仅失去了其存在的价值，也会给网民意见表达带来极大的负面影响。因此，既要规范网民的网络使用习惯，又要提升网民的网络素养和自身的社会责任感，积极教育引导网民理性发表网络言论，自觉做网络社交媒体中新闻报道的真正传播者、监督者与维护者。

三是要规范网民在网络社交中的网络使用习惯和自觉抵制非理性意见表达的习惯。相关政府部门要教育引导网民树立自觉抵制非理性意见表达的意识，增强分析识别网络负面信息的能力。

四是要积极引导网民增强突发事件中网络舆论的应对、处理、分析和把控能力。网络舆论具有较强的情绪感染性和现实互动性，相关政府部门应该建立日益完善的网络突发事件应急处理方案系统，如建立网络舆论把控分析小组，在及时、合理、科学地引导网民正确处理和把握突发事件的网络舆论中完善网络舆论管理工作，帮助网民在突发事件的网络舆情中临危不乱，增强网民应对网络舆论中意见表达的把控分析能力。

四、增强网民在意见表达中的信息传播意识

提升网民的网络媒介素养，增强网民在网络意见表达中的信息传播意识是促进新时代网民意见表达提质增效的核心内容。

一要强化和规范网民在意见表达中独立理性的信息传播意识。相关负责部门或网络社交媒体机构要积极引导网民在接受网络社交媒介信息流的过程中，运用批判辩证思维，客观冷静地分析思考，不能不负责任地随意站队，情绪化地随意评论、转发、传播不实信息；应积极帮助、引领网民加强和规范自身的网络传播意识，及时掌握分析最新网络舆论动态，将网络相关法律法规以漫画或趣味视频、幽默网络段子的形式加以呈现，在化被动为主动中掌握引导网民在意见表达中正确传播网络信息的优先权。

二要加强网民的网络媒介素养，提升网民在网络社交中自觉识别和应对非理性意见表达的防范辨识能力。网民的各种非理性意见表达，极易误导网民偏离主流思想价值取向，对网民的思想价值观念带来巨大影响和冲击。因此，首先要培养网民的政治鉴别力和政治敏锐感。属于文化领域的东西，一定要用马克思主义对它的思想内容和表现方式进行分析、鉴别和批判。面对各种非理性网民意见表达，亟须引导网民积极运用马克思主义理论鉴别、分析，批判和揭露其"真实意图"，识破其实质与危害。其次要增强网民选择和分析网络社交中新闻信息的能力。要以科学的世界观、人生观和价值观武装网民，全面提升网民的网络媒体素养，增强自觉抵制网络社交中负面网络舆论的影响，培养积极健康的网络意见表达情操。

三要科学合理地引导网民学会"看网、知网、懂网、用网"。网络社交媒体中的新闻报道的宣传和网民意见表达的舆论引导是一门艺术。作为新时代的网民，必须在与时俱进中跟上网络新时代，在网络社交中不断增强网络舆论敏感度，必须科学认识网络传播规律，提高用网治网水平，使互联网这个最大变量变成事业发展的最大增量，养成正确发表网络意见观点的良好习惯，能够快速准确地识别网络社交媒体中的非理性意见表达，力争在网络社交媒体中做一名传播正能量、进行理性意见表达的新时代网民。

第三节　加强疏通调节，培育健康成熟从容平和的社会心理

一、加强网民意见表达心理疏通与价值引导

积极提升和强化网民意见表达的心理疏导与价值引导是有效提升新时代网民意见表达引领水平的首要前提。

一是采取创新教育调节与心理疏导相结合的方式方法。社会、政府和相关部门要有效结合心理学领域的专业知识，积极打造专业网民心理疏通团队，成立"网民群体心态心理疏导专业机构"；邀请心理学专家和具有积极社会心态的志愿者，积极融入网络社交中的网民群体，长期开展网民社会心态的教育引导活动。

二是引导网民塑造健康理性的社会心理，培育从容平和的社会心态，塑造健康宽容的社会心理。合理利用新技术、新手段和新文化形式，加强网民健康理性的社会心理的培育和塑造。例如，实现影视剧、体育比赛、综艺节目、歌剧戏曲、文学艺术等的多元融合，不断丰富塑造网民积极健康社会心理的传播方式；相关责任主管部门在对非理性意见表达的相关言论或事件进行监管时应做好分类工作，普通事件不必太过于上纲上线，要加强关键或重要领域的监管，不能因小失大，引起网民的情绪失控和"集群恐慌"；积极培养网民的大局意识和国际视野，帮助其树立健康平和的心态。科学引导网民，不能因自己的消极不良心态成为非理性意见表达的背后推手，完善网民意见表达中的负面网络舆情疏通机制，及时消解网络舆论中的不良社会心理，培育健康、宽容、平和的社会心态，从而消解网民非理性意见表达带来的消极影响。

三是重视网民非理性意见表达的心理疏导。如设置网络新闻事件官方发言人，与网络社交媒体紧密接接相关工作，稳定网民社会心理。当网络舆论偏离

时，及时设置网络舆论疏通调节议程，逐步实现网民意见表达的理性回归等。

四是增强社会主义核心价值观的积极引导，培育网民的价值信仰。"信仰缺失"是当前部分网民存在消极社会心理、利用网络社交媒体发表非理性言论的深层次原因。缺失信仰的网民就像一个失去灵魂的躯壳，极易在网络意见表达中迷失自我。因此，应立足于当前网民价值观差异化、多元化的现实，积极发挥社会主义核心价值观的引领作用，引导网民积极"将社会主义核心价值观作为自己的基本遵循，并身体力行地将其推广到全社会中去"，解决部分网民"信仰缺失"问题；积极倡导网民从自身做起，在唱响主旋律、弘扬正能量中防范网民的非理性意见表达。

五是不断丰富网民的精神世界。不断丰富网络社交中公共精神文化产品的高质量供给，积极推动我国优秀传统文化、革命文化、社会主义先进文化等与时代进步内容的多元融合，实现文化内容的数字化和网络化传播，积极建设文化内涵丰富、文化产品形式多样、正能量十足的网民意见表达精神家园。

二、完善网民意见表达渠道与利益协调机制

建立健全网民意见表达渠道与利益协调机制是新时代网民意见表达引领的重要手段。

一要坚持"疏"与"堵"的有效结合，"收"与"弃"的统筹兼顾，完善网民在网络社交中的情绪表达渠道机制。相关政府部门要积极应用互联网思维，密切关注网民意见表达的个性化需求、内心的情感社交需要和公共意见的表达，遵循网络社交发展规律，积极采取具有针对性的网民个体情绪疏通方案，做好网民情绪表达疏通应急处理预案工作；通过建立相对完善的网民意见表达情绪疏通调节机制，帮助网民树立积极健康的社会心理，在根源处防范非理性意见表达的产生。

二要引导网民正确理性地面对各种利益矛盾纠纷，畅通网民意见表达的利益协调渠道。网络社交媒体和相关政府部门要积极引导网民正确理性地面对和处理各种利益矛盾纠纷，有效疏通利益表达渠道，积极建立和完善利益协调机制，促进网民理性社会心理的形成；利用网络社交媒体、政府官网、社交网站和网络热线等，建立网民意见表达和网络舆论信息反馈机制，拓宽网民意见与建议的反馈渠道和空间；建立突发网络公共事件信息反馈平台，全面了解网民的社会心理情况，更好地满足网民参与网络社交的诉求，保证网民利益、意见、建议等表达渠道的通畅。

三要充分发挥网络社交媒体中"意见领袖""微博大 V"等的积极引导功

能。网络社交中的部分网络"意见领袖"影响着网络的设置议程,在网络舆论引导中发挥着重要作用,尤其是当网络社交媒体中出现不实新闻报道或极端言论、部分网民缺乏清晰的舆论认识和理性判断时,往往更容易在网络"意见领袖"的点评引导下发表言论或做出行为选择。因此,要充分发挥网络社交媒体中"意见领袖"的正面导向作用,积极引导网民发表理性的意见和观点,疏导网民的负面消极情绪,不断化解社会矛盾。

四要努力解决民生问题,提高社会保障能力和公共服务水平,提升网民的幸福感、获得感与安全感。国家、政府和社会各界力量应聚焦民生福祉,解决人民群众最关心、最直接的利益问题,在公共资源分配、相关利益调节方面发力,着力解决人民群众"住房难、就业难、看病难、上学难"和社会保障、公共安全、基础设施设备等方面的现实问题;加快推进乡村振兴战略,缩小社会贫富差距,解决社会经济、政治、文化等各方面发展不平衡、不充分问题;积极完善社会应急救助体系和各类应对援助体系,缓解人民群众尤其是青年网民群体的巨大生活压力,有效防治和避免部分网民因现实生活中的各种焦虑、逆反、从众、消极、极端等不良社会心理引发的非理性意见表达。

三、提高网民的思想道德修养与社会责任感

要坚持在提高网民的思想道德修养和社会责任感方面"浚其源、涵其林,养正气、固根本"。

一是不断加强网民的思想道德修养。首先是提高网民自身的科学文化素质。政府相关部门要注重对网民文化素质的科学培育和全面提升,大力支持、引导、提倡和鼓励网民群体积极加强科学文化知识的补给,在全社会画出"共同学习、热爱学习"的"同心圆",积极促进网络精神文明的建设与发展。其次是增强网民的网络伦理道德修养。网络伦理是指网民的网络空间行为应该遵守的道德规范及其准则的总和,主要包括伦理行为、伦理意识、伦理规范等。要引导网民树立正确的网络伦理道德观,使网民在意见表达中认识到个人的网络言论、网络行为必须遵循一定的伦理道德要求,积极维护网络信息传播的正面性和真实性,不断展现健康文明的个人网络行为;加强传统道德和思想素质的教育引导,增强网民的网络伦理道德素质。传统伦理道德是网络伦理道德的源泉和根基,要注重传统伦理道德与网络伦理道德教育引导的协调统筹,科学引导网民及时分辨和自觉远离非理性的网络言论。

二是积极培育网民的社会责任感。积极创新社会责任感培育的理念方式,采取积极引导与正面强化相结合的方式创新网民社会责任感的培育模式,实现

网民社会责任感的全面提升；利用网络社交平台的正向社交功能，营造良好的社会责任感氛围，引导网民明确网络法律法规和自身的网络社会责任，在网络社交媒体的信息传播、意见表达中以身作则；不断完善网民道德诚信评价体系，以各类网络主流社交平台为载体，积极开展网民理想信念教育与道德诚信教育，不断提升网民在意见表达中的社会责任感。

三是积极引导网民自觉遵守网络秩序，强化网民的网络自律意识。网民在意见表达中要积极发挥自身的正向引导作用，对网络社交媒体中的非理性意见表达要有独立理性的思考、分析与辨别能力，努力实现网络负面舆情风波的最小化；立足于现实生活中的思想道德准则，引导网民严格要求自己，自觉遵守网络道德准则和现实思想道德准则，强化网民在意见表达中的自律意识，努力营造健康和谐的网络舆论氛围。

四要引导网民树立正确的世界观、人生观和价值观。要用马克思列宁主义、中国特色社会主义理论体系，尤其是习近平新时代中国特色社会主义思想，以及社会主义核心价值观武装新时代网民的头脑，引导网民树立正确的世界观、人生观、价值观，增强网民识别和防范网络社交媒体中非理性意见表达的能力水平。

四、提升网络社交媒体宣传报道的人文关怀

"人文关怀"一词最早可追溯至欧洲文艺复兴时期的"人文主义"，其核心是坚持"以人为本"的人文精神。"人文关怀"是马克思主义哲学中的基本维度，其在马克思《1844年经济学哲学手稿》提出的"劳动的异化"观点中有着淋漓尽致的体现。因此，为防范和治理非理性意见表达，提升新时代网民意见引领实效，在网民意见表达中的人文关怀向度不可或缺。

一是力求网络新闻报道的客观真实与正面宣传，杜绝用力过猛式的宣传报道。《中国新闻工作者职业道德准则》第三条明确规定，坚持新闻宣传报道的真实性原则是新闻工作者必须坚持的基本原则。因此，网络社交媒体工作者不能被"低级红""高级黑"式的宣传报道误导，而应该在新闻撰写和宣传报道的过程中坚持做到客观公正、不偏不倚，以中立的态度对各种网络新闻舆论热点事件辩证分析，坚持以"新闻第一现场"为轴心，获得"第一手"的新闻素材，不能天马行空、道听途说式地进行自我创作，或者附带个人情绪地进行新闻宣传报道及其意见表达。

二是选择适宜恰当和具有针对性的新闻信息传播报道方式，因地制宜地开展网络社交媒体中的新闻传播报道工作。一方面，网络社交媒体工作者要在新

闻宣传报道的技术上体现人文关怀。对于一些意外突发事故或者关于国家核心要义的带有政治敏感度的新闻事件，要注意宣传报道的方式方法，对于部分不太适宜的画面、场景、文字表述，应该适当地运用技术手段加以过滤和处理，如为了减轻对当事人造成更大的二次伤害和网络舆论影响，可对部分视频和照片进行马赛克处理或隐藏当事人的信息，在坚持真实性原则的基础上彰显人文关怀。另一方面，要注重新闻信息宣传报道实质内容方面的人文关怀。网络社交媒体工作者要注意宣传报道的语言表达和措辞技巧，既要体现真情实感，又要坚持新闻内容的朴实性和真实性，杜绝在新闻内容中虚构信息、过渡渲染、用力过猛、滤镜美颜，甚至毫无思维逻辑的反向论证、推向极端，以防网民因非理性意见表达而酿成悲剧。

三是网络社交媒体的宣传报道必须坚持"以人为本"和正确的网民意见表达舆论导向，增强网络社交媒体新闻工作的凝聚力。网络社交媒体工作者必须坚持以人民为中心的创作导向。在坚持正确的伦理道德和价值取向原则的基础上，立足于事件发生的实际情况，开展更加人性化、有温度、有情感、聚人气、接地气的宣传报道，激发网民的同理心，让网民能够及时接受真实可靠的新闻信息，同时将那种变味走形的非理性意见表达式的宣传报道遏制在萌芽期，不断提升和凸显网络社交媒体宣传报道的人文关怀。

第四节　强调守土有责，提升网络社交媒体社会公信力

一、弘扬网络社交媒体工作者求真务实的作风

"打铁还需自身硬"，加强网络社交媒体工作者的业务本领和专业素养、弘扬求真务实的工作作风是新时代引领网民意见表达的客观要求。

一是增强网络社交媒体新闻工作者的"四力"本领。习近平总书记在2018年的宣传思想工作会议上强调，要"增强本领能力，加强调查研究，不断增强脚力、眼力、脑力、笔力"，要解决好"本领恐慌"的问题，使网络社交媒体新闻工作者成为有效运用现代网络媒体技术做好新闻宣传报道工作的行家里手；要努力打造一支政治立场坚定、业务本领精湛、理论素养深厚、工作作风优良的网络社交媒体新闻工作队伍；要强化网络社交媒体新闻工作者的职业能力操守和职业道德精神，加强队伍"四力"本领的教育提升，增强队伍在新闻信息素材的收集、整理和新闻报道的写作、发布方面的源头把关与优化管理；网络社交媒体工作者要积极学习马克思主义基本理论，掌握唯物辩证法

和哲学相关理论知识，广泛涉猎大众传播、历史文化、经济政治、科学法律等各方面的知识理论，增强辩证思维、历史思维、政治思维、创新思维和底线思维，确保表里如一，打牢新闻工作者的基本功，练就拨开云雾辨是非、透过现象看本质的过硬本领；要努力增强新闻报道创作过程中的语言表达技巧和知识水准，始终坚持实事求是的正面宣传，真正做到"以理服人、以情感人、少贴标签"，注重网络社交媒体中新闻报道的宣传效果和宣传实效。

二是网络社交媒体工作人员要坚持锤炼优良作风与实事求是的科学态度，真正做到"政治强、信念足、本领高、作风硬"。形式主义和主观主义是防范和治理网民非理性意见表达的大敌，真正清除形式主义和主观主义，弘扬实事求是、求真务实的作风，较之于解决网民非理性意见表达技术层面的问题，是更为基础和重要的改进方向。网络社交媒体工作者要积极引导网民始终保持对形式主义和主观主义的高度警觉，加强对马克思主义认识论和唯物辩证法理论的学习运用；网络社交媒体工作者在新闻创作和宣传报道中要突出"实"、力戒"虚"，坚持实事求是、求真务实，杜绝套路化、模式化，要坚持短实新、反对假长空，多讲实话家常话，少讲套话场面话，多一些平实务实切实，少一些过度铺陈渲染；大力弘扬唯实求真的工作精神，深入工作实际和新闻事件"第一现场"开展调查研究，在新闻宣传报道中力求既"见人见事"又"见精神见思想"，不断增强网络社交媒体中新闻宣传报道的现实针对性和准确性。

二、坚持网络社交媒体经济效益与社会效益相统一

网络社交媒体自觉坚持经济效益与社会效益二者之间的动态平衡与有机统一，是引领新时代网民理性意见表达的重要原则。

一是网络社交媒体要坚持正确的政治方向、舆论导向和利益价值取向，实现经济与社会效益的统筹兼顾。网络社交媒体行业应坚持最基本的政治原则和正确的政治方向，以积极正向的网络舆论导向和利益价值取向为发展目标，注重经济效益与社会效益的有机统一。网络社交媒体应加强与相关负责部门或政府部门的沟通联系与积极合作，努力构建良性健康的网民意见表达信息传播机制，不断提升网络社交媒体和相关思想宣传部门的公信力和影响力；充分发挥网络社交媒体的媒介技术与工具性作用，网络社交媒体要积极承担社会责任，主动配合宣传工作部门有效开展网络社交舆论治理工作，加大非理性网民意见表达的防范治理力度，做好网络舆论的把控管理工作；网络社交媒体要以身作则，积极主动引导网民崇德尚文，自觉遵守网民意见表达秩序和网络社交法律法规。

二要注意加强规范和引导网络社交媒体中的市场经济秩序。网络社交媒体要注意提防被眼前的商业暴利蒙蔽双眼，要秉承正确和谐的新闻事实观，遵循网络信息大众传播规律，合理规避网络市场经济的弱点，不断完善和规范网络社交媒体行业的市场经济秩序，积极为网民意见表达的文明有序传播做出表率；加强网民意见表达的民主与法制建设，明确网络社交媒体中的"网络道德底线"和"网络法制红线"；建立健全网络社交媒体中网民、媒体行业工作者和其他相关组织部门的网络征信系统，严厉问责和处罚有意利用网络社交媒体进行非理性意见表达的不良行为，有效提升新时代网民意见表达引领实效。

三是积极引导网络社交媒体始终坚守新闻宣传报道中的"红线"，坚持"不越雷池一步"。互联网时代网络社交媒体信息传播范围的拓宽、速度的加快、内容的拓展，甚至部分网络社交媒体工作者和网民逾越了宣传报道中的"红线""底线"，在潜移默化中为网民非理性意见表达提供了滋生的温床。一个网民就是一个公民，一个法人微博就代表一个社会组织，并不能因为场所地域的更换就降低网民意见表达的底线原则。面对如今乱象丛生的网络舆论空间，部分网民的失范行为和言论以及部分披着舆论监督和正面宣传外衣的非理性意见表达变本加厉。因此，相关网络社交主体、组织和部门应在相关法律法规的框架之下自觉遵守网络秩序。对于突破网络新闻宣传报道"红线"的相关主体，相关负责部门要严厉问责和处罚，不断增强网络行为主体的自律意识和法律规则意识，有效防范网民非理性意见表达的产生。

三、加强主流社交媒体的示范引领与正面引导

加强主流社交媒体的示范引领和正面引导是引领新时代网民意见表达、防范非理性意见表达的应然所在。

一是要充分发挥主流网络社交媒体的示范引领作用。面对网络社交媒体快速发展的历史新机遇，要"因势而谋、应势而动、顺势而为"，不断提升主流网络社交媒体阵地意识，守好网络舆论责任田，充分发挥主流网络社交媒体的强大影响力与传播力，扩大主流网络社交媒体的价值影响力版图，切实提升主流网络社会媒体在新闻宣传报道中的示范引领与榜样作用；发挥主流网络媒体传播社会正能量的积极引导作用，努力"构建网上网下一体、内宣外宣联动的主流舆论格局"，为有效预防和精准治理网络社交媒体中的非理性意见表达，打造积极健康的网络社交舆论平台。

二是积极发挥传统主流媒体的正面导向功能。要充分发挥主流传统社交媒体的正面宣传引领作用，积极引导网络社交媒体和网民群体在网络新闻的报

道、宣传、转载、评论等各方面、各环节都要坚持正确的意见表达舆论导向，唱响新时代网民意见表达的主旋律；通过传统主流媒体积极引导网民在国家主流社交媒体中寻找意见表达引领的"定盘星"，自觉做网络社交媒体中社会正能量的传播者、理性意见表达的践行者和网络舆论的维护者。

三是要积极推动网络社交媒体对网民意见表达的正确引导。首先是对网络社交媒体中意见表达舆论内容的引导。要充分利用网络社交媒体信息传播的即时性和高效性，对网络舆情做出快速反应，占据时间上的主动权，防止类似情绪化的、虚假性的、低俗性的网络言论和宣传报道产生后再进行舆情疏散处理的被动；对于突发性新闻事件或网络热点事件，应在坚持发布内容真实可靠的基础上及时通过主流网络社交媒体和官方新闻媒体向社会网民进行公开透明的报道，减少不必要的误导、猜忌，最大限度地防范网络新闻正面宣传中的非理性意见表达。其次是对网络社交媒体中网民意见表达传播方式的引导。网络社交媒体在网民意见表达引导中应变"堵"为"疏"，充分利用已经形成的网络舆论平台，有效疏通和缓解网民的消极社会形态、负面社会心理和不满情绪；相关负责媒体部门要充分发挥主流传统媒体、官方新闻媒体和网络社交媒体"珠联璧合"的作用，互投议题，发挥主流官方媒体的权威性和公信力，增强网络议题的可信度和影响力，揭露网络社交媒体中非理性意见表达的现实面目，及时引导网民意见表达回归理性的正面宣传报道。最后是对网民的积极正面引导。网络社交中的意见表达引导工作具有一定程度的自组织、自协调、自适应性，而且这个自组织系统是循环发展的，具有自我再生和复制、自我选择和优化的功能。因此，要加强网民的网络自律意识，培养网民对网民意见表达传播规律的认识和了解，使网民充分认识网络意见表达的"生成、传播、利益博弈以及自然衰变规律"。

第五节　注重环境创设，营造文明健康的网民意见表达环境

一、加强政府监管，营造健康文化环境

文明健康、理性和谐是新时达网民意见表达的坚实根基，因此需要加强监管，营造良好的网络文化环境。

一是完善网民意见表达的相关法律法规。围绕新时代网民意见表达产生了太多涉及道德伦理、法律法规的问题，也凸显出国内的相关法律法规还存在缺失。因此，应该重视法治在促进、实现、保障网民意见表达健康发展方面的作

用，建立和完善相关法律法规。一方面，在网络社交中，部分非理性意见表达会或多或少地存在不符合社会伦理甚至触犯法律的行为。有些网民因为缺乏自律而频现丑闻，非但没有成为其他朋辈网民意见表达的正面标杆，反而误导其他网民做出言语失范行为。对此，我国文化部门与广电系统应加强对媒体及网络舆论的监督，严格约束媒体及相关行业，对出现非理性意见表达且情节严重的要实施严惩措施，还新时代网络一个健康理性的网民意见表达环境，为整个网民群体树立正确的学习标杆。另一方面，部分非理性意见表达危害公共安全。以盲目追星为例，由追星引起的一系列社会问题，如低龄"打赏"引发纠纷、危害公共安全的言论行为等不仅需要道德的约束，更需要法律的制约。因此，社会相关部门要完善法律法规，规范、引导网民有序参与网络文化，降低网络文化中存在的语言暴力和极端意见表达行为造成的负面影响。

二是强化网络空间秩序建设。网络为大众提供了集体讨论娱乐议题的场域，以微博、贴吧等社交软件为主的自媒体更成为"众声喧哗"的意见表达娱乐场，海量良莠不齐的娱乐消息充斥各大网络平台，网民对信息的辨别力往往是相对有限的，容易受到虚假消息的误导。越来越多的由网民群体制造的网络意见表达极端事件告诫我们，必须端正网络社会的价值取向，虚拟社会更需要理性回归。首先，整肃自媒体中炒作明星绯闻隐私的不良风气。目前国内相关部门已经采取了相关措施，针对网络空间现存的大肆炒作明星绯闻隐私的不良风气，国家互联网信息办公室联合六部委在 2018 年依法排查、整治各类涉嫌违法违规主体，这有利于维系网络空间秩序。其次，构建契合新时代网民群体特征的、良好的公共意见表达空间和平台，引导其形成文明健康的网络社交方式。针对部分网民粉丝群体频繁制造的网络骂战和网络暴力等非理性意见表达事件，更要加以引导和制止，化解网民偏激和极端的意见表达行为。要借助各类网络社交媒体平台推进公共民生热点议题讨论，降低网民尤其是青年网民对不良新闻报道的关注度，引导其做到"吃瓜"有度，自觉遵守网络意见表达的相关道德规范，积极打造一个风清气正的网络空间。

二、强化媒体责任，创造健康传播环境

新时代网民意见表达引领既是一项复杂的系统工程，也是一项必须长期坚持的硬任务。坚持营造风清气正的网络空间，创造绿色文明、健康安全的网络社交媒体新环境，是防范和治理网民非理性意见表达不可或缺的重要底色保障。

一是打造绿色安全的网络社交媒体传播矩阵。良好的网络舆论传播平台载体、传播方式方法是网民意见表达传播系统中连接信息源和受众的重要环节。

要坚持正确的舆论导向，高度重视传播手段建设和创新，提高新闻舆论传播力、引导力、影响力、公信力；要积极推动网络社交媒体意见表达平台的有机融合，通过国家资金、技术的积极投入支持，搭建更加绿色安全、开放高效、积极健康的网络社交舆论传播平台。

二是积极营造风清气正的网络社交媒体空间。党的十九届四中全会提出，"全面提高网络治理能力，营造清朗的网络空间。"相关政府部门要引导网络社交媒体积极推动互联网舆论生态的规则治理和自组织引导相结合，强化网络舆论圈层自净能力，维护并推动网络舆论生态系统的多元稳定和可持续发展；要加强网络社交媒体中的网络立法与监管，依据网络信息传播规律和网民的网络社交实际发展需要，对在网络社交媒体中发布、传播、宣传非理性的相关言论而产生严重后果或不良影响的利益主体，应根据相关法律法规和规则条例给予及时有效的处理，为互联网时代营造风清气正的网络社交媒体空间提供有力保障。

三是构建文明健康和谐有序的网络社交舆论环境。积极利用网络问卷调查、网络行为数据等全方位、多角度地了解不同网民的上网习惯、关注话题，真实、准确、动态地把握网民群体的网络社交发展动态，增强网络社交媒体中非理性意见表达的"靶向施治"；要加强对网民群体在网络社交规范知识和网民意见表达信息安全方面的学习、宣传和普及；通过开展网络社交知识讲座、拍摄公益网络社交信息宣传片，有效结合传统传播媒介如报纸、广播等达到引导网民积极主动学习的目标，全面提升互联网时代网民的意见表达技能和"懂网用网"水平，积极引导网民自觉做到绿色、文明、健康上网和开展网络社交活动；要着力提升网民群体的网络舆论认知判断能力，以及对不实宣传报道和虚假言论的分析甄别能力。

三、规范网络用语，净化网民话语环境

新时代网民意见表达引领需要文明健康、雅致简洁的网络语言环境。不同于线下面对面的语言交流，网民在网络社交媒体中使用同一种语言，对于不同的语境，接受者会理解为褒贬不一的涵义。网络语言作为固定后的"屏幕语言"，其以虚假化、低俗化、情绪化等非理性特征的面貌呈现，显然让受众群体深感不适。可以认为，网民意见表达中的网络用语不仅扰乱了网民相互交流互动的氛围，而且还会加剧网络社交媒体平台的崩塌，此外，其与现实人际社会存在的戾气、粗鄙等的相互渗透和裹挟，也会对整个社会大众的心态和情绪产生极大的负面效应。对此，为更好地引领新时代网民意见表达，需要更好地

规范网络用语，净化新时代网民话语表达环境。

一是加强新时代网络语言使用的教育和引导。如今，网民意见表达中出现的各类网络语言呈现出个性化与多样化交织的新局面，网民群体和相关责任部门应及时对诸如低俗、粗鄙、暴戾、泄愤的网络词语进行严厉斥责和批评；反之，对于"点赞""666""给力""打 call"等积极向上的网络用语应给予相应的鼓励和肯定。如今，网络社交媒体平台作为人民群众现实社会的投射和延伸，对网民意见表达的网络话语环境不能一味地幻想打造网络话语的"无菌玻璃房"，而必须对其进行整治和净化。严肃的文本教育、公认的文化认知、共同的社会操守、严格的约束机制等都是必不可少的举措，唯有如此，才能更好地实现网络的虚拟世界与现实的真实世界的融通互促、相互联动，使各类消极的、负面的、低俗的网络用语逐渐退出网络社交平台和网民的言论视野，以期为新时代网民意见表达提供健康文明的网络话语环境。

二是科学辨别和区分不同性质的网络语言。语言规范只能在有限的范围内进行，且只能因势利导，不能人为地一刀切或强制推行。新时代网民意见表达过程中使用的网络语言属于引领内容之中的规范对象，因此需要给予科学合理的规范。这就要求相关责任部门依据我国现有语言文字法律法规及其操作标准，充分发挥其对于网络用语规范的教育宣传和示范引导作用，并辅之以网民意见表达的网络用语习惯，因地制宜、因人而异，采取精准化、区别化的规范要求。譬如对于北方地区和南方地区，对于儿童、青少年及老年人等，需要采取不同的网络用语规范及其标准，切忌一刀切地用全体网民的语言特点来看待和要求不同性别、年龄、地区、职业的网民群体，要具体问题具体分析。

三是广泛深入宣传网络用语规范的重要性。新时代网民意见表达所使用的网络语言作为一种特殊化的话语表达实践，仍然同我国的传统语言文化一样，会随着社会经济文化的发展而改变。它仍然符合一般语言发展使用的基本规律。鉴于此，为了提升引领实效，使新时代网民群体意识到非理性意见表达带来的网络话语失范现象的现实危害性，就必须整合多元社会，积极宣传规范使用网络用语的重要性。一方面，深入挖掘和盘活"家—校—社"各层次的主体力量资源，加强对社会大众规范使用网络用语的宣传教育，促进新时代网民主动学习和规范使用网络用语，参与意见表达，自觉抵制各种低俗、失范、过激的网络语言，为网民的理性意见表达构建一个晴朗干净的网络话语环境。另一方面，国家政务部门可以对接主流官方媒体联合开展规范网络用语的宣传。依托国家主流媒体的权威性、公信力和说服力，增强规范使用网络用语宣传的辐射面和感召力。

四是加强新时代网络用语规范使用的平台建设。为打造文明健康的网络用语建设平台与监控平台，需要相关引领主体全盘统筹、科学推进"广播、电视、报纸、杂志"四大传统媒体平台和微博、微信、QQ、网站、社交 App 等新媒体或自媒体平台的建设工作，积极构建风清气正的网络社交媒体空间，不断加强各类社交媒体平台网络用语的规范化建设。一方面，媒体平台主办方要在系统学习《中华人民共和国国家通用语言文字法》及其相关法律法规的基础上，自觉承担网民意见表达中的网络用语自查、审查和复查工作，尽可能地避免工作人员和网民使用不规范的网络用语，引领网民自觉抵制庸俗、粗陋的网络话语的侵蚀；另一方面，相关媒体平台应建立健全常态化制度化的网络用语审核机制，通过严把网络用语表达关，在加强对行业人员教育引导的同时，还要帮助和引领广大网民群体准确识别一些看似正确实则错误且可能在网络社交媒体中引发歧义甚至不良后果的网络语言，以此助推新时代网民意见表达网络用语的规范化建设，实现网民话语环境的有效净化。

参考文献

安德鲁·基恩，2010. 网民的狂欢：关于互联网弊端的反思 [M]. 丁德良，译. 海口：南海出版公司.

安德森，1989. 认知心理学 [M]. 杨清，等译. 长春：吉林教育出版社.

安东尼·吉登斯，2015. 社会理论的核心问题：社会分析中的行动、结构与矛盾 [M]. 郭忠华，徐法寅，译. 上海：上海译文出版社.

曾萍，2021. 中国语境中网络舆论生态建设的挑战及其优化 [J]. 思想教育研究（7）：149-153.

曾祥敏，杨丽萍，2022. 自媒体环境下首都网络舆论话语空间生产与引导：基于 2019—2021 年微博热搜的共词分析和案例研究 [J]. 现代传播（中国传媒大学学报）(3)：40-49.

查伦·李，2011. 开放：社会化媒体如何影响领导方式 [M]. 李金檣，忻璐，译. 北京：机械工业出版社.

巢乃鹏，2020. 后真相时代自媒体言论乱象及规范 [J]. 人民论坛（11）：122-123.

陈贵梧，林晓虹，2021. 网络舆论是如何形塑公共政策的？一个"两阶段多源流"理论框架：以顺风车安全管理政策为例 [J]. 公共管理学报（2）：58-69，168.

陈华栋，2015. "后微博"时代高校网络舆论特征及建设路径 [J]. 思想理论教育（2）：79-82.

陈华洲，2007. 思想政治教育资源论 [M]. 北京：中国社会科学出版社.

陈默，2021. 大学生媒介素养创建维度实证研究 [J]. 传媒（16）：87-89.

陈万柏，2003. 思想政治教育载体论 [M]. 武汉：湖北人民出版社.

陈万柏，张耀灿，2015. 思想政治教育学原理 [M]. 3 版. 北京：高等教育出版社.

陈文江，黄少华，2001. 互联网与社会学 [M]. 兰州：兰州大学出版社.

陈晓伟，董烁，2021. 嬗变、冲突与重构：新媒体视域下的网络舆论［J］. 中国编辑（5）：34-38.

程子薇，2019. 事实陈述、意见表达与我国误导性司法认定标准的构建［J］. 山东大学学报（哲学社会科学版）（3）：24-33.

崔莹，张爱军，2019. 微博舆论导向研究［M］. 天津：天津人民出版社.

邓小平，1993. 邓小平文选：第三卷［M］. 北京：人民出版社.

邓小平，1994. 邓小平文选：第一卷［M］. 2版. 北京：人民出版社.

邓小平，1994. 邓小平文选：第二卷［M］. 2版. 北京：人民出版社.

董庆文，白贵，赵树旺，2016. 美国社交媒体的冲击与影响［M］. 北京：中国传媒大学出版社.

董绍杰，于爱君，2001. 用户信息认知行为分析［J］. 中国图书馆学报（2）：25-26，59.

董向慧，2016. 微博如何改变社会：社交媒体与社会风习研究［M］. 南昌：江西人民出版社.

范建刚，崔维维，2021. 网络次生政治舆论风险及其规避：基于公共权力与公民权利的关系视角［J］. 湖北社会科学（10）：29-37.

方旭，2022. 资本意志渗透网络舆论的运行机制、表征及风险防范［J］. 毛泽东邓小平理论研究（3）：91-98，109.

斐迪南·滕尼斯，2019. 共同体与社会［M］. 林荣远，译. 北京：商务印书馆.

费德南德·德·索绪尔，1980. 普通语言学教程［M］. 高名凯，译. 北京：商务印书馆.

盖逸馨，2021. 新时代大学生网络舆论引导和路径研究［J］. 思想理论教育导刊（11）：132-136.

高德胜，凌海霞，2022. 社会治理现代化视域下民意表达引导策略［J］. 学术交流（1）：30-42.

管前程，罗俊梅，2021. 治理网络"低级红""高级黑"现象的路径分析［J］. 领导科学（12）：112-116.

郭海威，黄楚新，2021. 论中国共产党的网络舆论引导能力［J］. 传媒（9）：88-90.

郭慧梅，2019. 新媒体时代研究生网络意见表达的教育引导：现实困境与路径选择［J］. 学位与研究生教育（2）：51-55.

郭森，贾璐，2021. 削弱到重构：智媒时代的网络舆论引导［J］. 中国编辑（6）：27-32.

郭庆松，宁千慧，2022. 基于博弈论的网民舆论演化传播及其引导机制研究 [J]. 上海对外经贸大学学报（3）：111-124.

郭振雪，2021. 新时代中国网络统一战线的生成逻辑和构建机理 [J]. 西南民族大学学报（人文社会科学版）（12）：190-194.

哈贝马斯，2011. 现代性的哲学话语 [M]. 曹卫东，译. 南京：译林出版社.

何晶，晏齐宏，2016. 互联网使用与北京市新生代农民工的社会发展研究 [J]. 新闻与传播研究（4）：45-65，127.

何元庆，连榕，全莉娟，2019. 积极社会心态：正念培育的目标、机制与途径 [J]. 心理科学（2）：463-469.

何云庵，张冀，2019. 戏谑狂欢中的隐性抵抗：网络青年意见表达的话语焦虑及其反思 [J]. 思想教育研究（5）：103-108.

胡锦涛，2013. 论构建社会主义和谐社会 [M]. 北京：中央文献出版社.

胡锦涛，2016. 胡锦涛文选：第一卷 [M]. 北京：人民出版社.

胡锦涛，2016. 胡锦涛文选：第二卷 [M]. 北京：人民出版社.

胡锦涛，2016. 胡锦涛文选：第三卷 [M]. 北京：人民出版社.

胡凯，2016. 网络思想政治教育心理研究 [M]. 长沙：中南大学出版社.

黄永林，袁渊，2021. 论公民言论的自由度与网络舆论引导的有效性 [J]. 理论月刊（12）：109-115.

纪浩，魏建良，2021. 基于超级媒体人的网络舆论传播偏差仿真研究 [J]. 计算机仿真（12）：109-113，221.

贾晓旭，季岩，2022. 青年网络意见表达的新特征：以"理中客"形象构建为例 [J]. 人民论坛·学术前沿（13）：109-111.

江泽民，2006. 江泽民文选：第一卷 [M]. 北京：人民出版社.

江泽民，2006. 江泽民文选：第二卷 [M]. 北京：人民出版社.

江泽民，2006. 江泽民文选：第三卷 [M]. 北京：人民出版社.

蒋宏，徐剑，2005. 新媒体导论 [M]. 北京：清华大学出版社.

蒋艳艳，2022. 网络伦理事件舆论传播中的情绪伦理风险及其应对 [J]. 思想理论教育（6）：94-99.

揭晓，王永贵，2017. 新媒体空间生产与社会主义意识形态大众传播 [J]. 社会主义研究（4）：57-64.

库尔特·考夫卡，1999. 格式塔心理学原理 [M]. 黎炜，译. 杭州：浙江教育出版社.

匡文波，2007. 网络传播理论与技术［M］. 北京：中国人民大学出版社.

赖特·米尔斯，2001. 社会学的想象力［M］. 陈强，张永强，译. 北京：生活·读书·新知三联书店.

李彪，2016. 虚拟社会认同建构机制与引导策略研究［J］. 江淮论坛（2）：138-142.

李彪，2021. 网络舆论表达"负面偏好"的生成机制及治理路径［J］. 人民论坛（17）：102-105.

李春雷，2018. 新媒体与社会心理研究：方法、问题与取向［J］. 现代传播（中国传媒大学学报）（3）：70-73.

李丹林，曹然，2018. 以事实为尺度：网络言论自由的界限与第三方事实核查［J］. 南京师大学报（社会科学版）（4）：46-52.

李家林，2019. 新闻宣传失范现象研究：以从"客里空""高大全"到"低级红""高级黑"为例［J］. 传媒论坛（21）：110-111.

李娟，2015. 政治文化视野下的网络社交媒体功能［J］. 苏州大学学报（哲学社会科学版）（2）：32-36.

李良栋，2013. 形式主义的外部生态［J］. 人民论坛（27）：22-23.

李沁，刘入豪，塔娜，2021. 中国主流媒体网络舆论监督的观念嬗变与机制重构［J］. 当代传播（6）：47-50.

李晓云，2017. 网络群体性事件中公众意见的表达与引导［J］. 新闻爱好者（2）：56-59.

梁国初，2021. 大数据时代大学生网络舆论引导与思想政治教育［J］. 中学政治教学参考（16）：99.

廖圣清，2017. 新媒介技术环境下上海大学生的意见表达研究［J］. 新闻大学（6）：104-112，155.

廖圣清，程俊超，于建娉，等，2022. 新闻回帖的传播网络结构对群体极化的影响［J］. 新闻界（7）：24-33.

刘婵君，李明德，2019. 寻求多元信息输入与理性信息输出的融合：公众的社交媒体使用状态及其对社会治理的影响研究［J］. 情报杂志（5）：130-135，141.

刘昌华，2018. 网络空间的语言安全问题研究［J］. 华侨大学学报（哲学社会科学版）（1）：122-130.

刘海龙，2008. 大众传播理论：范式与流派［M］. 北京：中国人民大学出版社.

刘红凛，2018. 新时代如何根除官僚主义与形式主义滋生土壤 [J]. 人民论坛·学术前沿 (5)：42-50.

刘宏，栾轶玫，2016. 新闻传播理论 [M]. 北京：中国传媒大学出版社.

刘建军，2008. 中国共产党思想政治教育的理论与实践 [M]. 北京：中国人民大学出版社.

刘建明，纪忠慧，王莉丽，2009. 舆论学概论 [M]. 北京：中国传媒大学出版社.

刘庆，何飞，2021. 网络舆论中图像的情感动员机制研究 [J]. 西南民族大学学报（人文社会科学版）(11)：162-168.

刘然，2017. 网络舆论触发政策议程机制探讨：在对三起网络公共事件的比较中质疑多源流模型 [J]. 理论与改革 (2)：129-135.

刘瑞瑜，2016. 大学生网络意见表达及教育引导策略 [J]. 新闻战线 (4)：123-124.

刘毅，2007. 网络舆情研究概论 [M]. 天津：天津人民出版社.

芦何秋，2016. 社交媒体意见领袖研究：以新浪微博平台为例 [M]. 武汉：武汉大学出版社.

路德维希·维特根斯坦，2013. 文化与价值 [M]. 黄正东，唐少杰，译. 北京：北京联合出版公司.

罗俊梅，李凯，管前程，2021. 网络社交媒体中"高级黑"现象的实质、危害与应对 [J]. 江南论坛 (6)：33-35.

骆正林，2015. 舆论传播：基本规律与引导艺术 [M]. 北京：中国广播电视出版社.

马丁·海德格尔，2010. 在通向语言的途中 [M]. 孙周兴，译. 北京：商务印书馆.

马尔库赛，2008. 单向度的人 [M]. 张峰，译. 上海：上海译文出版社.

马尔库沙，1982. 家庭教育的艺术 [M]. 王秉钦，译. 天津：天津人民出版社.

马静音，曹银忠，2022. 高校网络舆论场主导权建设研究 [J]. 学校党建与思想教育 (4)：78-81.

马利，2012. 互联网治国理政新平台 [M]. 北京：人民日报出版社.

马天琛，李怀杰，2022. 新媒体时代高校网络舆论引导力探究 [J]. 学校党建与思想教育 (6)：58-60.

迈克尔·海姆，2000. 从界面到网络空间：虚拟实在的形而上学 [M]. 金吾伦，刘钢，译. 上海：上海科技教育出版社.

曼纽尔·卡斯特，2006. 认同的力量［M］. 曹荣湘，译. 北京：社会科学文献出版社.

曼纽姆·卡斯特，2003. 网络社会的崛起［M］. 夏铸九，等译. 北京：社会科学文献出版社.

毛泽东，1991. 毛泽东选集：第一卷［M］. 2版. 北京：人民出版社.

毛泽东，1991. 毛泽东选集：第二卷［M］. 2版. 北京：人民出版社.

毛泽东，1991. 毛泽东选集：第三卷［M］. 2版. 北京：人民出版社.

毛泽东，1991. 毛泽东选集：第四卷［M］. 2版. 北京：人民出版社.

尼古拉·尼葛洛庞蒂. 1997. 数字化生存［M］. 胡泳，范海燕，译. 海口：海南出版社.

彭兰，2003. 网络新闻学原理与应用［M］. 北京：新华出版社.

彭铁元，2015. 网络舆情管理学［M］. 武汉：湖北教育出版社.

皮亚杰，1990. 发生认识论［M］. 范祖珠，译. 北京：商务印书馆.

乔纳森·波特，玛格丽特·韦斯雷尔，2006. 话语和社会心理学：超越态度与行为［M］. 肖文明，译. 北京：中国人民大学出版社.

秦永和，徐璐，2017. 浅析新媒体时代大学生网络意见表达引导机制的构建［J］. 思想教育研究（2）：88-91.

秦在东，2003. 思想政治教育管理论［M］. 武汉：湖北人民出版社.

人民出版社，2019. 新时代公民道德建设实施纲要［M］. 北京：人民出版社.

尚虎平，刘洋，2021. 基于话语权的网络舆论发展趋势多案例分析［J］. 兰州大学学报（社会科学版）（5）：132-142.

尚虎平，刘洋，2021. 网络舆论影响下政府依法行政偏离研究：面向行政程序的50个案例探索［J］. 学术研究（7）：69-79，187-188.

沈杨，张宇，胡蕾蕾，2021. 相依或是相驳：网络舆论议题能否促成共同生产？：一个公共领域的视角［J］. 公共管理与政策评论（4）：94-104.

沈壮海，2005. 思想政治教育的文化视野［M］. 北京：人民出版社.

沈壮海，2008. 思想政治教育有效性研究［M］. 武汉：武汉大学出版社.

宋祖华. 2015. 从共识性仪式到冲突性实践：新媒体环境下"媒介事件"的解构与重构［J］. 新闻与传播研究（11）：27-40，126.

苏霍姆林斯基，1992. 怎样培养真正的人［M］. 蔡汀，译. 北京：教育科学出版社.

万美容，2007. 思想政治教育方法发展研究［M］. 北京：中国社会科学出版社.

王大圩, 2016. 用马克思主义新闻观指导新媒体公信力建设 [J]. 青年记者 (17): 77-78.

王冠宇, 2018. 封闭与开放: 社交媒体环境下青年群体的网络舆论引导策略探究 [J]. 探索 (4): 179-186.

王贵斌, 2015. Web 2.0 时代网络公共舆论研究 [M]. 北京: 中国传媒大学出版社.

王秋艳, 2019. 网络语言成因的传播学及心理学探析 [J]. 传媒 (1): 81-84.

王仕民, 2015. 思想政治教育心理学概论 [M]. 广州: 中山大学出版社.

王仕勇, 陈超, 2022. 良性互动与价值同构: 网络舆论情感表达与主流媒体内容生产 [J]. 中国编辑 (5): 46-50, 55.

王树荫, 2017. 中国共产党思想政治教育史 [M]. 北京: 高等教育出版社.

王雄, 2002. 新闻舆论研究 [M]. 北京: 新华出版社.

王学俭, 2021. 新时代思想政治教育基本问题研究 [M]. 北京: 人民出版社.

王妍. 从形式批评到文化批判: 20 世纪 "反讽" 研究的演进轨迹 [J]. 首都师范大学学报 (社会科学版) (6): 135-140.

维里契科夫斯基, 1988. 现代认知心理学 [M]. 孙晔, 等译. 北京: 社会科学文献出版社.

魏超, 2011. 新媒体的 "双刃剑" 性质: 论网络社交媒体对中东变局的影响 [J]. 新闻界 (5): 89-91.

魏丽婷, 2019. 如何划定自媒体意见表达的边界[J]. 人民论坛 (8): 114-115.

吴风, 谭馨语, 2021. 社交动机自我呈现: 弱关系主导下社群意见表达策略的实证研究 [J]. 现代传播 (中国传媒大学学报) (6): 157-162.

吴海江, 杜彦君, 2016. 互联网时代如何进一步加强和改进主流意识形态建设: 基于 "自干五" 现象的思考 [J]. 毛泽东邓小平理论研究 (2): 34-40, 91.

吴满意, 2008. 网络媒体导论 [M]. 北京: 国防工业出版社.

吴满意, 2015. 网络人际互动: 网络实践的社会视野 [M]. 北京: 人民出版社.

吴满意, 景星维, 唐登蘽, 2019. 网络思想政治教育理论前沿问题研究 [M]. 成都: 四川大学出版社.

吴玫, 2013. 全球化下的社交媒体与数字网络 [M]. 澳门: 澳门大学出版中心.

吴潜涛, 2003. 伦理学与思想政治教育 [M]. 郑州: 河南人民出版社.

伍廉松，万美容，2019. 冲击与引领：多元社会思潮与青年精神生活发展论析 ［J］. 思想教育研究（3）：59-64.

西格蒙德·弗洛伊德，2015. 集体心理学和自我的分析 ［M］. 戴光年，译. 长春：吉林出版集团有限责任公司.

习近平，2017. 习近平谈治国理政：第二卷 ［M］. 北京：外文出版社.

习近平，2018. 习近平谈治国理政：第一卷 ［M］. 北京：外文出版社.

习近平，2020. 习近平谈治国理政：第三卷 ［M］. 北京：外文出版社.

习近平，2021. 习近平重要讲话单行本（2020 年合订本）［M］. 北京：人民出版社.

习近平，2022. 习近平谈治国理政：第四卷 ［M］. 北京：外文出版社.

夏临，2016. 阅读史视角下的网络意见表达 ［J］. 新闻界（24）：65-72.

向长艳，2016. 自媒体意见表达与公民参与的关系建构 ［J］. 云南行政学院学报（1）：133-137.

向长艳，2017. 自媒体意见表达乱象、原因及治理 ［J］. 新闻爱好者（6）：52-57.

向长艳，2018. 论自媒体意见表达自由之边界及其限制 ［J］. 河南社会科学（9）：106-110.

项久雨，2003. 思想政治教育价值论 ［M］. 北京：中国社会科学出版社.

谢新洲，2004. 网络传播理论与实践 ［M］. 北京：北京大学出版社.

谢新洲，2013. 互联网等新媒体对手社会舆论影响与利用研究 ［M］. 北京：经济科学出版社.

徐华东，冯文华，2017. 论马克思主义新闻观的历史演进及其当代延展 ［J］. 辽宁大学学报（哲学社会科学版）（1）：107-114.

许云斐，周德良，2021. 突发公共卫生事件网络舆论风险影响因素研究 ［J］. 甘肃社会科学（4）：44-51.

薛宝琴，2018. 网络舆论引导机制研究 ［M］. 北京：人民日报出版社.

延森，2012. 媒介融合：网络传播、大众传播和人际传播的三重维度 ［M］. 刘君，译. 上海：复旦大学出版社.

晏齐宏，2016. 新生代农民工意见表达意愿研究：以北京市的实证分析为例 ［J］. 新闻与写作（3）：45-50.

晏齐宏，2020. 二元性互构：选择性接触影响下的青年网络政治意见表达 ［J］. 新闻大学（9）：56-78，121.

阳长征，2021. 网络空间中情感扩散、信息级联与舆论偏差的内生影响效应研究：基于 2015—2020 年突发事件面板数据动态分析［J］．情报学报（5）：448-461．

杨慧民，陈锦萍，2020．网络意见领袖道德想象力：内涵、特性及其价值［J］学术界（6）：140-148．

杨茹，张楚乔，2018．网络社交媒体运用与大学生文化自信培育［J］．北京工业大学学报（社会科学版）（2）：73-80．

杨维东，王南妮，2018．新时代政府网络舆论治理的路径拓展［J］．重庆社会科学（1）：41-47．

杨秀国，刘洪亮，2021．基于社交媒体的网络舆论生成与引导［J］．传媒（11）：92-94．

杨耀红，曾怡，代静，等，2022．基于前景理论的施工安全事故网络舆论监督演化博弈分析［J］．中国安全生产科学技术（1）：132-138．

杨长亚，2019．畅通和规范群众意见表达渠道［J］．中国党政干部论坛（7）：87．

易鹏，薛莎，2021．重大突发事件中的网络舆论生态修复：旨趣、价值与机制［J］．理论导刊（12）：77-81，94．

余红，李瑞芳，2016．互联网时代网络舆论发生机制研究［M］．武汉：华中科技大学出版社．

虞鑫，李一诺，2022．从流通属性到价值属性：马克思恩格斯论"舆论纸币"的当代意义［J］．青年记者（2）：21-23．

张爱军，雷艳妮，2022．全过程人民民主与网络舆论救济的人民至上性［J］．湖南师范大学社会科学学报（3）：42-48．

张春华，2012．网络舆情：社会学的阐释［M］．北京：社会科学文献出版社．

张广利，赵时雨，2022．"网络舆论审判"中的符号暴力及其风险治理［J］．长白学刊（2）：114-126．

张华，2017．"后真相"时代的中国新闻业［J］．新闻学（3）：28-33，61，147-148．

张居永，2021．全媒体时代网络舆论生态治理策略研究［J］．学校党建与思想教育（9）：81-84．

张萌，2017．新媒体背景下媒体意见表达的多元与整合［J］．新闻战线（10）：136-137．

张荣华，李洪宇，2021．社交媒体网络舆论传播与引导策略分析［J］．新闻爱好者（11）：83-86．

张文君，2019. 互联网治理机构职能体系优化路径［J］. 人民论坛（24）：136-137.

张晓月，2019. 新时代网络社群意见表达的伦理向度与矫治路径［J］. 河南师范大学学报（哲学社会科学版）（2）：30-35.

张耀灿，郑永廷，吴潜涛，等，2001. 现代思想政治教育学［M］. 北京：人民出版社.

张翼，崔华华，2021. 新时代网络意识形态治理体系现代化论析：学习习近平新时代网络意识形态工作重要论述［J］. 社会主义研究（3）：72-78.

张宇，沈杨，王杰，2021. 主体行动视角下的网络舆论政策议程触发机制探究：基于40例网络公共事件的清晰集定性比较分析［J］. 情报理论与实践（12）：88-96.

张悦，2017. 主观选择与现实约制：网民意见表达的行动剧目成因研究［J］. 思想战线（1）：124-131.

张再兴，2009. 网络思想政治教育研究［M］. 北京：经济科学出版社.

张志安，晏齐宏，2019. 感知、互动、认同与表征：舆论形成研究的社会心理分析传统［J］. 湖南师范大学社会科学学报（1）：137-146.

张志勇，赵长伟，王剑，2016. 社交媒体网络安全理论与技术［M］. 北京：科学出版社.

章楚加，2021. 重大环境行政决策中的公众参与权利实现路径：基于权能分析视角［J］. 理论月刊（5）：82-90.

赵时雨，张广利，2022.“网络舆论审判”：生成场域、诱发机制及疏导构想：基于结构紧张的分析视阈［J］. 理论月刊（4）：40-54.

郑建明，贾昊阳，2022. 网络舆论关注与企业盈余管理［J］. 山西财经大学学报（5）：108-122.

郑永廷，2010. 思想政治教育方法论（修订版）［M］. 北京：高等教育出版社.

郑永廷，2016. 思想政治教育方法论［M］. 北京：高等教育出版社.

中共中央党史研究室，2011. 中国共产党历史：第一卷（上、下册）［M］. 北京：中共党史出版社.

中共中央党史研究室，2011. 中国共产党历史：第二卷（上、下册）［M］. 北京：中共党史出版社.

中共中央马克思恩格斯列宁斯大林著作编译局，1995. 列宁选集：第一卷［M］. 3版. 北京：人民出版社.

中共中央马克思恩格斯列宁斯大林著作编译局，1995. 列宁选集：第二卷 [M]. 3版. 北京：人民出版社.

中共中央马克思恩格斯列宁斯大林著作编译局，1995. 列宁选集：第三卷 [M]. 3版. 北京：人民出版社.

中共中央马克思恩格斯列宁斯大林著作编译局，1995. 列宁选集：第四卷 [M]. 3版. 北京：人民出版社.

中共中央马克思恩格斯列宁斯大林著作编译局，2002. 马克思恩格斯全集：第三卷 [M]. 北京：人民出版社.

中共中央马克思恩格斯列宁斯大林著作编译局，2009. 列宁专题文集 [M]. 北京：人民出版社.

中共中央马克思恩格斯列宁斯大林著作编译局，2009. 马克思恩格斯文集：第一卷 [M]. 北京：人民出版社.

中共中央马克思恩格斯列宁斯大林著作编译局，2009. 马克思恩格斯文集：第二卷 [M]. 北京：人民出版社.

中共中央马克思恩格斯列宁斯大林著作编译局，2009. 马克思恩格斯文集：第三卷 [M]. 北京：人民出版社.

中共中央马克思恩格斯列宁斯大林著作编译局，2009. 马克思恩格斯文集：第四卷 [M]. 北京：人民出版社.

中共中央马克思恩格斯列宁斯大林著作编译局，2009. 马克思恩格斯文集：第五卷 [M]. 北京：人民出版社.

中共中央马克思恩格斯列宁斯大林著作编译局，2009. 马克思恩格斯文集：第六卷 [M]. 北京：人民出版社.

中共中央马克思恩格斯列宁斯大林著作编译局，2012. 马克思恩格斯选集：第一卷 [M]. 3版. 北京：人民出版社.

中共中央马克思恩格斯列宁斯大林著作编译局，2012. 马克思恩格斯选集：第二卷 [M]. 3版. 北京：人民出版社.

中共中央马克思恩格斯列宁斯大林著作编译局，2012. 马克思恩格斯选集：第三卷 [M]. 3版. 北京：人民出版社.

中共中央马克思恩格斯列宁斯大林著作编译局，2012. 马克思恩格斯选集：第四卷 [M]. 3版. 北京：人民出版社.

中共中央文献研究室，1993. 毛泽东文集：第一卷 [M]. 北京：人民出版社.

中共中央文献研究室，1993. 毛泽东文集：第二卷 [M]. 北京：人民出版社.

中共中央文献研究室，1996. 毛泽东文集：第三卷 [M]. 北京：人民出版社.

中共中央文献研究室, 1996. 毛泽东文集：第四卷 [M]. 北京：人民出版社.

中共中央文献研究室, 1996. 毛泽东文集：第五卷 [M]. 北京：人民出版社.

中共中央文献研究室, 1999. 毛泽东文集：第六卷 [M]. 北京：人民出版社.

中共中央文献研究室, 1999. 毛泽东文集：第七卷 [M]. 北京：人民出版社.

中共中央文献研究室, 1999. 毛泽东文集：第八卷 [M]. 北京：人民出版社.

中共中央文献研究室, 2002. 江泽民论有中国特色社会主义（专题摘编）[M]. 北京：中央文献出版社.

中共中央文献研究室, 2017. 习近平关于青少年和共青团工作论述摘编 [M]. 北京：中央文献出版社.

中共中央文献研究室, 2017. 习近平关于社会主义文化建设论述摘编 [M]. 北京：中央文献出版社.

中共中央宣传部, 2016. 习近平总书记系列重要讲话读本 [M]. 北京：学习出版社，人民出版社.

中共中央宣传部, 2018. 习近平新时代中国特色社会主义思想三十讲 [M]. 北京：学习出版社.

周恩来, 1984. 周恩来选集：下卷 [M]. 北京：人民出版社.

周宇豪, 2016. 网络反腐意见表达的特征与问题 [J]. 青年记者（36）：34-35.

朱艳丽, 2014. 集群行为情绪表达机制的理论构架 [J]. 领导科学（32）：62-64.

祝丰慧, 2020. 景观社会形塑下网络言论自由的本质及其价值回归路径研究 [J]. 云南行政学院学报（3）：123-127.

庄瑜虹, 2013. 网络社交媒体如何推动社会问题的解决：以"微博打拐"事件为例 [J]. 新闻世界（4）：119-120.

邹振东, 黄浩宇, 2021. 2020年台湾地区"二合一"选举网络舆论观察：基于大数据的量化研究视角 [J]. 厦门大学学报（哲学社会科学版）（6）：81-93.

ADAM BARBARA, BECK ULRICH, VAN LOON JOOST, 2000. The risk society and beyond: critical issues for social theory [M]. London: Sage Publicatinos.

ARNABOLDI V, CONTI M, PASSARELLA A, et al., 2017. Online social networks and information diffusion: the role of ego networks [J]. Online Social Networks and Media (1): 44-55.

ASAMOAH M K, 2018. The two side coin of the online social media: eradicating the negatives and augmenting the positives [J]. International Journal of Ethics Education (Springer): 3-21.

BURT R S, 1992. The social structure of competition [M]. Cambridge: Harvard University Press.

DANIELA S, LUO T, 2017. Which social media facilitate online public opinion in China? [J]. Problems of Post-Communism (64): 3-4, 189-202.

GOFFMAN E, 1974. Frame analysis [M]. New York: Harper &Row Publisher.

JANET F, BUR-ROWS R, SARAH N, 2001. Home ownership in a risk society: a social analysis of mortgage arrears and possessions [M]. Bristol UK: Policy Press.

KAPLAN A M, HAENLEIN M, 2010. Users of the world, unite! the challenges and opportunities of Social Media [J]. Business Horizons, 53 (1): 59-68.

KIETZMANN J H, HERMKENS K, MCCARTHY I P, et al., 2011. Social media? get serious! understanding the functional building blocks of social media [J]. Business Horizons, 54 (3): 241-251.

LEE S, SARA K, 1991. Connections: new ways of working in the networked organization [M]. Cambridge: MIT Press.

SHANMUGHAPRIA T, SWAMYNATHANS, 2017. Privacy preserving interceptor for online social media applications [J]. Lecture Notes in Computer Science, 53 (8): 49-57.

TSIKERDEKIS M, ZEADALLY S, 2014. Online deception in social media [J]. Communications of the ACM, 57 (9): 72-80.

后　记

　　互联网的深入发展深刻改变了网络舆论的传播环境，新时代下的网络舆论环境已经转变为一种"你说、我说、他说"的新型传播格局，多元思想文化的交流、交锋、交融愈益常态化，中国网民群体的价值取向和思想观念日趋活跃，出现了主流与非主流、正面与负面网络信息言论同时并存，网络舆论思潮纷纭激荡的新局面。在网络社交过程中，社会公众尤其是网民群体表达欲的增强与自由表达途径的增多，使网络舆论场和网络舆论环境日益复杂多元，在网络社交媒体中产生的各种非理性意见表达乱象便是这复杂多变的舆论场中的突出问题之一。国内网络社交媒体的高速发展为非理性意见表达的产生提供了一定程度的时空场域与传播载体，网络社交媒体日益成为公众获取信息、表达观点、交流情感的重要平台，同时这也对国家、政党、社会、网民群体以及网络舆论生态环境等产生了诸多负面影响。基于此，深入思考、科学剖析和研究新时代网民意见表达引领尤为重要，这对正确引导网络舆论、为社会大众提供"正能量"、促进社会团结和谐、凝聚人民力量为全面推进中华民族伟大复兴而努力奋斗具有重大的理论价值与现实意义。

　　本书由四川大学马克思主义学院在读博士研究生廖华、罗俊梅、陈双荣、钟义锟共同编写。具体分工为：廖华撰写第一章，罗俊梅撰写第四、五章，陈双荣撰写第三章，钟义锟撰写第二章。四位作者基于共同的学术兴趣与科研能力，在各位导师的悉心指导下，最终将新时代网民意见表达引领作为本书撰写的主题与内容。但在收集整理相关资料、深入实际研究以及撰写过程中，却发现这是一块很难啃的"硬骨头"，主要原因在于：一是笔者的综合分析、全面探赜和深度总结提炼等能力不足，在典型案例的选取、跨学科研究基础上的理论阐释与运用、新时代网民意见表达乱象的深入剖析及其原因与影响分析等方面还有待进一步改进与提升；二是对于本书的宏观把控与微观透视的综合分析还存在不足，在短时间内难以跳出固有思维的窠臼，很难真正做到理论深度"质"的提升。但尽管困难重重，大家在各位前辈、老师的悉心指导与层层

"把脉"下，仍得以顺利地完成了本书的撰写。本书在撰写过程中吸收、借鉴了国内外众多专家学者的研究成果，这也是本书得以最终付梓的重要理论基础；此外，本书的出版还得到了西南财经大学出版社的大力支持，在此一并表示衷心的感谢和诚挚的敬意。由于笔者的理论水平和学术研究能力有限，书中难免存在不足，恳请各位读者批评指正！

廖华、罗俊梅、陈双荣、钟义锟

2022 年 10 月 16 日于四川大学